裴毅然───著

紅色史褶裡的真相 ㈣

知青紅淚‧垂暮紅漪

自序

誰願虛度一生？走過價值低微或無價值甚至反價值的一生？出生1945～1960年的知青一代，被毛澤東忽悠為「早上八九點鐘的太陽」——似乎生當其時，趕上好時代，必能成就一番大事業。如今，知青一代歲近遲暮，精華已盡，發現一生盡落在時代凹陷處——叫一聲知青真沉重！

本集以知青為軸，實錄筆者上山下鄉，列示「深遠歷史影響」，多陳事實，少發議論。

筆者「上山」大興安嶺八年（1970～1978），顧城〈一代人〉簡括知青一代宿命——

黑夜給了我黑色的眼睛，我卻用它尋找光明。[1]

羅瑞卿之子羅宇（1944～　），文革蹲獄近五年，才明白「告訴你什麼就是什麼」的紅色教育實為規定思維不准思考。1979年，他向胡耀邦吐槽：

你們把我們都教傻了，還得我自己在共產黨的監獄裡想清楚共產黨。[2]

2016年11月9日，一位「支邊」浙江老知青函告筆者：

我們這一代經歷了不許思考、不想思考、到不會思考。

上山下鄉使我早早了解國情。每年探親回杭，八千里路雲和月，饑貧現實當然比紅頭文件更教育我。眼見為實的「局部」使我本能地質疑報刊上的「整體」，反骨漸凸。一心為共產主義「時刻準備著」的青年，竟萌生「不同政見」。迫於紅色恐怖，所有不滿50歲前只敢暗存於心，不敢發露於外。同時囿於學力，五旬之前看到的赤難尚浮

---

[1] 閻月君等編選：《朦朧詩選》，春風文藝出版社（沈陽）1985年版，頁122。
[2] 羅宇：《告別總參謀部》，開放出版社（香港）2015年版，頁302。

淺表，真正的國家內傷，很晚才知道。撮述一例——

　　1958年初春，北京高校右派師生發配昌平農場勞動，與下放幹部同一食堂，但打飯不同窗口。幹部們打出香噴噴的紅燒肉、炸雞炸魚、肉包子、白饅頭，右派師生打出的卻是窩窩頭、鹹蘿蔔、無一星油水的菜湯，天天如此，頓頓如此。

　　最難受的是打得飯來，和幹部都站在一張八仙桌前吃，各吃各的。美味佳餚能看能聞卻只見它們被送進別人的口中大嚼，而自己吃進去的完全是另一回事。而平時大家幹的是一樣的活兒，或抬著同一副筐。[3]

　　「八九點鐘太陽」不知道校園外等著我們的竟是這樣的「新社會」。知青最終成「愚青」，相當一部分終身自錮「鐵屋」，自覺摒蔽「反動資訊」，思維嚴重歪擰，還自我感覺良好，自封「國家功臣」——上山下鄉為坍塌的國家經濟撐起一角。[4]這批老知青成為標準文革遺民，至今承襲文革邏輯，還認為上山下鄉「很有必要」、「人生財富」，咒罵筆者「沒有靈魂」、「厚顏無恥」、「攻擊共和國」。紅袖章仍在籠束這批老知青，他們已無力走出文革泥淖，自願為毛共歲月殉葬。

　　本集〈老知青文化內傷〉，一位興安嶺老友（中國美院教授），2013年憤於筆者成了「反動港刊」的角兒，抹黑「共和國」，喝令我「走正道」——必須為中共「歌德」。這聲對我的咒罵再次印證思想之力，體現文革的「影響深遠」。

　　歷史很怕對比。杭州書香子弟夏衍（1900～1995），14歲公費入省立甲種工業學校，20歲公費留日（九州工大），深得政府恩澤。[5]

---

[3] 范亦豪：《命運變奏曲——我的個人當代史》，人民文學出版社（北京）2014年版，頁56。

[4] 馮驥才：《一百個人的十年》，文化藝術出版社（北京）2014年版，頁29。

[5] 夏衍：〈致羅東信〉，載《夏衍全集》第16卷，浙江文藝出版社2005年版，頁123。

1927年4月，夏衍學成回國，5月加入中共，破壞安定團結，成為政府掘墓人。知青一代大多初中畢業就被剝奪升學權利，趕入「廣闊天地」，還須時刻感恩「偉光正」，至今不許質疑「新社會」——觸犯天條的大逆不道！時代前進耶倒退耶？不該找找原因麼？

「對景傷前世，懷才誤此身。」（和珅絕筆）大部分知青生不逢時，抱憾而終。無論自覺不自覺，都無法掙脫歷史局限——終身攜帶文革底色，多少惆悵煙雨中。大多數老知青當然不同意中共的「淡化」，意識到有權利也有義務批判上山下鄉，為後代多少留下一點「千萬不要忘記」。

筆者最終還是成為「謬種」，台版拙著《烏托邦的幻滅——延安一代士林》及本套叢書，為馬列主義送葬、為紅色革命送終。

楚歌非取樂之方，魯酒無忘憂之用。既傷身世，更悲國事，歲至暮齒，思緒遠馳。狐死首丘，代馬依風；自由民主，人類方向。惟願生入玉門關，能見民主大開張。即使未能及身而見，也堅信天安門前的紅旗打不久了，中國不能獨立全球文明之外，民主自由的旗幟一定會高高升起。難道中國還有別的選擇麼？

2017-8-8　紐約

目次 ∣ CONTENTS

第八輯　垂暮紅漪

第七輯

知青紅淚

風雪興安嶺

進山

　　1970年12月25日，本人離杭赴嶺的日子。幾個月前，也在錢塘江邊白塔旁送走一位大兩歲的同學，插隊烏蘇里江畔饒河縣，「反修」前線民兵，拍了挎槍照寄回來。1968～1971年，杭州共發送25列赴黑龍江知青專車，最初兩列專車在城站，一列在南星橋，以後22列均在閘口車站。專列啟動，全場悲泣，與「廣闊天地大有作為」的主旋律實在不符，遂改到偏冷的四等貨場小站。月台很短，上萬送行者只能站立路基下。

　　車上鬧哄哄的，我胸佩上山下鄉光榮證（乘車憑證），硬沒一絲絲光榮感。滿滿一專列知青之所以「走到一起來了」，除了上山下鄉「一片紅」，還有一條重要原因：大興安嶺林區乃國營編制，45塊起薪！我父菜場會計十餘年，月薪一直33塊。

　　後得知這趟專列大多為「可教育好子女」——家庭出身均不佳，祖上不是「地富反壞右」，便是走資派、臭老九。過了50歲，才知將「黑二代」遣鄉戍疆，乃鞏固無產階級專政重要舉措。1966年，北京送往新疆建設兵團的「支邊青年大多屬三類人，所謂的邊緣分子、危險分子和壞分子。」[1]

　　身旁一位方臉老哥——杭二中66屆初中畢業生王國平。其父王平夷乃杭州市委第一書記。1967年初，省人民大會堂批鬥走資派，學校停課，家離大會堂不遠，批鬥會嫌參與觀眾不多，敞門迎客，本人小蘿蔔頭進去看熱鬧。兩位杭州正副「刺史」——王平夷、王子達（市

---

[1] 逍遙：〈被遺忘的「知青」部落〉，載蔡曉濱主編：《以生命的名義》，文匯出版社（上海）2007年版，頁84。

長），一穿軍綠大衣、一穿警藍大衣，低頭站在台側。沒想到，他兒子落難與我為伍。因讀過一些「封資修」小說，不禁暗忖：莫非又是一齣落難公子的故事？陽光之下無新事，老話一點不錯，這位落難公子，文革遠未結束，就已結束難期，周恩來批條回杭，1980年代中期進入政界，2000年4月～2010年1月杭州市委書記。

知青專列一路避讓常班列車，走走停停，一停幾小時，走了五天五夜。一車知青在硬木椅上東倒西歪鬼哭狼嚎。此前，一車姑娘小伙多沒坐過火車，對出遠門還充滿玫瑰幻想，這回可是體會深刻。後來，每年探親回杭，一再領教「中國特色」火車——超員滿滿、扒窗上下、憋尿憋屎（必備硬功）。從大興安嶺腹地至杭州，倒車四～五趟，四天三夜。從嚮往旅行到見火車就怕，成了赴疆知青集體病。本人至今一見火車仍發怵，一長串恐怖記憶。每次經過上海老北站，都會浮起知青扛包拎袋趕車場景。本人二十餘次在此北上南下。

過了嫩江，窗外越來越荒涼，大興安嶺漸漸逼近，車廂嘈雜聲漸弱漸停，一張張青春稚氣的臉龐板結呆滯。過了大楊樹、過了加格達奇、過了松嶺、翠峰、小揚氣、大揚氣……荒涼寂靜的原始森林終於迎立窗外，一下子領悟王維的「空山不見人」。終點到了，碧水——大興安嶺南線盡頭小站。空中飛舞著雪花，下午三點多，太陽就斜下山了。女生們再也忍不住，集體放聲痛哭，男生們一片沉默。這時，才明白為什麼會給我們45塊初薪。

從車站到築路二連還遠著呢。拉人的「大板」有限，只得用拉貨的「翻斗」拉人。跑一半，剛過築路一處，沒路了，翻斗車一喘一伏歪歪扭扭開在凍白道上。凍白道乃冬季便道，僅僅伐去樹木的「道影」——只有道路的影子，並無真正的道。從築路一處到二連，不到10公里，翻斗起伏折騰了兩個多小時。顛簸過大，我連糧袋帶人一起滑落車下。司機急忙停車，下來看我：「咋掉下來了？媽呀，嚇死我了！」我一點沒事，跳起身幫著往車上拽回糧袋，爬上車找地方坐穩。

　　駛抵二連，二十點多了。密林深處幾幢帳篷，閃著影影綽綽的鬼火，全連都睡了。摸黑胡亂吃了第一頓高粱米土豆乾，未洗未涮，兩人並用一條老工人騰出的被窩（我們的行李還在車站），和衣躺下。拉過棉被，一股酸臭，無奈睏乏至極，啥啥顧不得。第二天起來，天哪，什麼被子喲，被頭髒得可刮下一層膩子，起碼一年沒洗了。人竟可以睡在這麼髒的被子裡?!這條被子成為印象最深的「再教育」第一課。

　　呼中區築路一處二連的四年半，我幹過通信員、橋涵工、大力工、燒爐工、豆腐倌。第一天做豆腐，師傅示範一遍點鹵水，第二天便「滿師」獨立操作。幾天下來，琢磨出門道，拿捏住鹵水分寸。築路隊整年鑽林子，沒路的地方我們去，築完路即搬場，一條條新公路留給採伐隊坐享其成。因交通不便，全年吃不上鮮菜。夏天凍白道開化，泥濘不通車，指著豆腐「撐市面」。本人那片豆腐，食堂賣得最快，全連都說不老不嫩——「老好吃」！南方都是石膏豆腐，還吃不上鹵水豆腐呢。

　　拉磨的小毛驢與我特親。清晨，牠在帳篷外準確叩擊我鋪頭，喚我起床餵牠。秋深一上凍，豆腐就做不成了。一則用水量大，靠刨挖河冰供不起；二則築路隊年年搬家，不可能建暖房，磨出豆漿立即凍在磨上。長長一冬，全連只能啃土豆乾、脫水菜。吃得北方漢叫，南方娃跳，沒一個不想家的。築路隊冬天活少，俗稱「貓冬」，輕閒拿工資，但大家還是盼著開春，活路雖重，但能吃上豆腐，偶而還能吃上山外進來的新鮮菜。

　　1971年對蘇大備戰。冬晨六點半，天還墨墨黑，連長就來掀被窩「催床」——招呼出操。偏偏燒爐工小魏（上海病號）技術不行，爐子經常熄火。帳篷易建易卸，便於搬家，但保暖性差，爐子一熄，室溫驟降，一個個蜷在被窩裡當「團長」。連長來掀被窩，恨不得一腳踢過去！介介早爬起來尋死啊！每天幹活都已經吃力煞，定額都完不成，大清老早還不放過我們?!啥格基幹民兵，又沒槍的囉！黑咕嚨咚

圍著巴掌大的空地跑步，一二一！一二三四！有啥用場？老毛子真當打過來，我們刮不著碰不上，人家坦克難道會傻乎乎開到大興安嶺腹地來？就算開過來，槍都沒有，拿什麼去跟老毛子打？

1973年，晨操終停，大概幹部們也覺得嘸啥意思，白搭精力瞎起蹦，純屬折騰，總算饒了我們。那會兒就想：如果我是老毛子司令，只消派一支部隊拿下加格達奇或大楊樹，掐住這條惟一交通線，根本不用進山清剿，山溝溝裡這點中國人就全給收拾了——活活餓死。

我打定小九九：戰爭一爆發，不管三七二十一，丟下鋪蓋，跳上火車逃到山外再說。如不通車，步行也要沿鐵路走出加格達奇，揣張地圖沿甘河逃出絕地。甘河直通嫩江。只要到了四通八達的嫩江，就什麼都好辦了。

深山裡的政治

階級鬥爭是最重要的第一課。第一次全連大會，推出兩位「現反」——上海知青顧逸波、佳木斯知青孫剛。兩人臂戴「人盡可鬥」的白箍箍。至今也不清楚他們「反」在何處？2000年12月25日，入嶺三十周年二連杭州聚會，顧逸波從上海趕來，我問起案由，他仍不好意思，說是中學裡犯了點事，校方將材料寄到築路一處。前些年，顧逸波作古，佳木斯孫剛斷雲飛絮早「失聯」，無法弄清他們的冤案了。幸好，本人從未對他倆有任何「革命行動」。一則自己成份不佳，背脊骨本身不硬，出於「階級本能」有所同情；二則人家那麼可憐了，何忍再去踢一腳？此外，我一直覺得文革怪怪的，打心裡不認為他倆會是什麼「反革命」——會「反」什麼？敢「反」什麼？還不是捕風捉影、無限上綱？當然，這些心理活動絕不能外泄。

顧逸波有病，身體虛弱，為食堂挑水，與我同住後勤帳篷，關係不錯。與孫剛則稱得上朋友。他倆是連裡「免費出氣筒」，任何人都可以向他們發洩「無產階級義憤」。革命群眾又都是二十上下楞頭

青，經文革暴力薰陶，毫無人權意識，不打白不打，白打誰不打？「九‧一三」後，氣氛稍鬆，對他倆的歧視趨弱。

我普通話還行，大概也伶俐，第一份差事通信員。每天上築路一處寄信取信，獨自鑽林子往返三十餘里。如有順風車，工作自然更輕鬆。築路隊活路繁重，通信員乾乾淨淨，不挑不扛，絕對俏活，八大員之一。[2] 半年以後，莫名其妙被「撤職」，下放工班。原來嫌我成份不佳——偽軍官，擔心洩密。天曉得！深山老林一支築路隊，有什麼機密？但階級路線必須貫徹。力工班上土方，刨土、裝籃、挑擔，每天定額至少一立方，土質稍鬆的地段3～4立方，實在有點吃勿消。

為掙表現，一位滬青大冬天出工前上河邊學《毛選》。零下40多度，太陽都還躲在被窩裡，戴著皮手套都冷煞，居然還有這樣的學毛選積極分子！真當學進去，佩服他！如求清靜，哪兒不能去？四周都是只有白雪沒有聲音的森林，幹嘛專來河邊採冰點？還不是全連清晨都要上河邊取冰（化水洗臉），能被看見！瞧，他那雙骨碌碌的眼睛，直朝連部看呢！

1971年剛過「十‧一」，佳木斯知青孫塌鼻子探家歸返，還未到二連駐地，路遇我們修橋涵的木工班，他實在憋不住，也可能顯擺一把，向我們「廣播」驚天新聞——林彪叛國！木工班五個人被震暈了，思維足足停擺五秒！不知誰喊「抓住這個反革命！」我跳將上去摁脖子扭胳膊，幾個人押著孫塌鼻子回連部。他指天劃地：「真的！這是真的！佳木斯、哈爾濱貼滿林彪叛國的大字報！山溝溝裡就是啥啥不知道！」饒是他一再辯解，連部仍認定他不是精神病，就是散布「反革命謠言」，關他的禁閉，以防「反謠」擴散。

指導員王思信警告木工班：「不許瞎放『小喇叭』！」幾天後，來了官方消息，孫塌鼻子走出禁閉室，一臉冤枉：「還不信呢！林彪就是叛國了嘛！」可他不想想：「最最親密戰友」林副統帥，陡

---

[2] 八大員：計統調、施工員、衛生員、炊事員、材料員（倉管）、通信員、理髮員、飼養員。

然說他叛國，誰能轉這個彎子？傳達文件時，才知道有個暗殺老毛的「571工程」。毛主席那麼英明偉大，咋會看錯人？打倒一個劉少奇，又出一個林禿子，這文化大革命咋整的？咋越整越稀薄？

1972年5月初，八班放炮炸樹墩，不慎引燃山火，全連急赴十多里外火場。快到時，蘇北籍女工排長學英雄狀，奔上坡抱住一棵樹，回身呼喊：「同志們！戰友們！祖國考驗我們的時候到了！黨考驗我們的時候到了！……」像電影裡一樣。不久，她拿到了黨票。

還是老林工來點實用的，一路上向我傳授火場經驗：注意風向，不要被火包圍；不能輕易撒尿，關鍵時刻「自來水」能派大用場。八班長老久乃肇事者，帶領八班放炮惹的禍。他出身小興安嶺老林工，知道這把火燒大了，要判刑的。快到火場時，老久跪地求雨，一副大難臨頭的熊樣。

真巧，天黑前來了一場雨夾雪，火勢減弱，只燒了一面山坡。我們全身澆得稀透，工作服、毛衣線褲、從外到裡濕透。下午心急火燎趕上山，用力打火，全身汗濕，現被淋得渾身冰冷，還不能回駐地乾身取暖，得聽指揮部命令。晚上20時才來赦令——終於可撤退。全連又濕又冷又餓，一路慶幸這場及時雪，否則，增援力量上來前，至少還得堅持十多個小時。回程漆黑一片，一腳高一腳低，「道影」尖尖樹茬不時戳穿膠靴，兩個多小時才回到駐地。第二天，全連90%發燒，停工一周。這把火燒得我對森林火災有了感性認識，親嘗撲打山火的艱辛。

大興安嶺年均氣溫-2.8℃，最低溫度-52.3℃，寒溫帶大陸性季風氣候，全年降水量僅746毫米，集中夏季（7～10天），春秋兩季連月無雨，極乾燥，燃點甚低，一旦起火，迅速蔓延，很難撲滅。1987年大興安嶺「五‧六」大火，連燒27天，燒毀70萬公頃森林（1/19大興安嶺面積），三座城鎮成灰，193人喪生，六萬餘人無家可歸；1949年以來全國毀林面積最大、傷亡人員最多、損失最慘的特大林火。漠河縣長高保興名揚全國，漠河全城被燒，僅高縣長與消防隊長兩家紅

磚房像出土文物一般矗立。消防隊長不敢獨保自家，也為拍馬屁，拉
上高縣長，調推土機堆土保護兩家房子，再調消防車不停澆水。大火
過後，兩家巋然完存的房子刺痛全國。高保興削職為民，利用老關係
做木材生意，賺了些錢，在海南買房養老。1970年代初，高保興尚任
碧水林場場長，我和他喝過酒，至今記得其長相。

吃・拉・性

◎ 最要命的「吃」

　　大興安嶺無霜期（植物生長期）僅90～110天，無法耕種對氣溫
要求較高的糧食，只能種點土豆白菜。築路隊又是開路先鋒，所有開
墾都由我們去挖第一鎬。隆冬周天寒徹，全山凍成一塊硬石，一切給
養全靠山外運入，進山食品必須防凍，不抗凍的鮮菜水果無法「支援
大興安嶺建設」。

　　南方知青最大的問題當然是「吃」。每月30%細糧（僅一斤大
米），70%粗糧，小米、高粱就算好東西了。每天看著碗裡「三年
陳」大餷子、窩窩頭，南方嘎子個個發愁，苦相擺出，叫爹喚娘，深
切體會「民以食為天」。

　　主食如此，副食更糟。南京乾菜廠的脫水白菜、土豆乾是「主
打部隊」，餐餐頓頓，兩張老面孔。燒煮時不起油鍋，熬水硬煮，起
鍋時潑一點豆油，有時連這點油都潑不上。幾頓下來，沒有不求饒
的。但不吃東西怎麼行？每天那麼繁重的活，再怎麼也得硬撐著咽下
幾口。最初，還有帶來的食物，一兩周後，不得不完全與老工人「同
吃」。每次上食堂打飯，心情複雜，至今絲絲縷縷十分清晰。夏天，
偶而運來幾筐黃瓜、茄子、雞蛋（最後兩三公里得抬進來），全連一
片歡騰，湧自心底的喜悅，還有什麼比「吃」更盛大的節日呢？

　　這一段興安嶺伙食使我對「吃」終身敏感。後來研文治史，閱讀
人物傳記，一直很關注飲食。切身體驗告訴我：「吃」在很大程度上

決定人物情緒，直接影響各項行為。

1934年10月22日，共青團中宣部長黃藥眠（1903～1987），在上海被捕，判刑十年，蹲南京「中央軍人第一監獄」——

早上吃稀飯，兩條很短的鹹菜；午飯同晚飯是吃米飯，那些米要嘛是很多沙子、穀粒，很粗糙，有時還有些發黴的氣味……一年吃四種菜。冬天過了，天氣轉暖的時候，吃黃豆芽煮湯——清火；入夏以後，吃蘿蔔——解毒；秋天以後，就吃蠶豆——補氣；到了冬天以後，就是吃爛白菜——準備過年。一個星期吃一次肉，每人只分給兩塊，其大小厚薄就像刮鬍子的刀片，連吹口氣都會起飛。[3]

這所監獄的囚伙等同國軍士兵標準。黃藥眠對牢飯充滿怨恨，詳述食譜意在證明所受虐待。然較之我們興安嶺伙食，「中央軍人第一監獄」的囚伙可稱上品。不說豆芽、蘿蔔、蠶豆、白菜，餐餐米飯就攢我們好幾條橫馬路！一禮拜還有兩片鮮肉，還不饞死美死？比較總是相對的，「相對論」處處適用。

1936年6月，中共黨員郭影秋（1909～1985）進了徐州大牢：

在監獄裡吃的也很差，每個犯人每頓飯兩個雜麵卷子、一小碗冬瓜湯，早晚各一頓。[4]

雜麵卷子那也是麵呵，冬瓜湯在大興安嶺，絕對美味哩！後來得知紐倫堡納粹戰犯的伙食，更失衡了——早餐熱騰騰的咖啡、麥片粥，中午肉菜、晚上燉土豆、麵包和茶。[5]就是秦城監獄，林彪四虎將黃吳李邱，中晚兩菜一湯，午餐米飯、晚餐麵食，每週一頓菜肉餃子，半月一次小油餅；1977年春節後雞蛋加青菜（或菠菜）的兩菜一湯，就算「伙食品質明顯下降」。1981年1月25日李作鵬領刑17年，

[3]　黃藥眠：《經歷：我所經歷的半個世紀》，上海文藝出版社1987年版，頁338、392。
[4]　郭影秋：《往事漫憶》，中國人民大學出版社（北京）2009年版，頁52。
[5]　蕭乾：〈紐倫堡審戰犯〉，載《蕭乾全集》第三卷，湖北人民出版社2005年版，頁351。

「流放」太原，伙食標準每天一元，外加一磅牛奶，遠遠超過當時國民平均水準。[6]

山裡罐頭敞開供應，但價昂味次，1～3元／聽。初食尚可，再吃無味，三吃必膩。本人至今怵「罐」，防腐劑防了腐也敗了鮮。那會兒，「嘴裡淡出鳥來」，加之青春鼎盛、活路繁重，個個餓虎。每年探親，未及到家，到了哈爾濱或天津，就有狠嗑一頓的強烈願望。1972年初，首次探家，築路二連一幫杭州知青在天津「登瀛樓」大吃一頓：天津對蝦，拔絲桔子……佐以啤酒。回家後，母親見我筷劃帶風，心疼萬分：「餓狼一條，真餓壞了！」

「吃」對南方知青乃基本問題，許多行跡今人難以想像——

北大荒農場兩知青為爭一碗病號飯——蔥油鹽粒熗鍋的麵條，一個往碗裡啐一口唾沫，另一個馬上也啐一口：「我不嫌你，咱們就一人一半吧！」[7]

最無法接受的是不讓南方知青「做小鍋」。知青從南方扛點大米鹹肉、火車托運點麵條香腸，誰都不妨不礙，差啥不讓？我們本就不是那兒的人，從小形成的飲食習慣。可偏偏就不讓，說是資產階級作風——「差啥不能和老工人『三同』？」（同吃同住同勞動）。做小鍋就是搞特殊，嫌棄工人階級，看不起俺們「肇州土垃垃」。時尚專詞：踢小鍋。連裡幹部見了知青「做小鍋」，像見了階級敵人一樣起恨。後來，南方知青集體抗暴——發出憤怒的吼聲。頭頭們一則欺軟怕硬，二則想想何必去管人家吃什麼？「做小鍋」才合法化。

集體生活，二三十人一頂帳篷，誰也無法暗吃獨食。「三肇」（肇州、肇東、肇源三縣）農工看看我們的小鍋，再看看自己飯盒裡的大饅子、窩窩頭，難免不平。但你們吃不上大米鹹肉，就要禁止我們吃嗎？硬要我們「三同」，不是「紅眼病」麼？南方娃已在此吃大苦，差啥還要禁止人家吃細糧？當時，只覺得委屈，但說不出什麼道

---

[6]　《李作鵬回憶錄》，北星出版社（香港）2010年版，下冊，頁744、801。
[7]　馮驥才：《一百個人的十年》，文化藝術出版社（北京）2014年版，頁31。

道，甚至覺得集體生活「一致性」，好像也占點理。1991年，我入杭大攻碩，開始研究人性人權，才明白那會兒被剝奪了最基本的人權。食用個人食品，他人無權干涉，更無權「不許」。

◎也要命的「拉」

在山裡，排泄也甚令人撓頭，類乎一項工程。雖說「天當房，地當床，森林到處是茅房」，清一色和尚的男工連，隨便方便。但不與人鬥，得與天鬥。冬天，小心翼翼走進有邊無頂的高腳茅棚，除屁股受凍，更得關注增速很快的屎柱，防著戳頂屁股。夏天更麻煩，大得嚇人的長腿蚊、一咬就起包的小咬、比扎針還痛的瞎兒蠓，「辦公事」得戴上蚊帽，速戰速決，耽誤不起的，誰都不敢慢工出細活。這方面的軍人素質，自然天成，環境是最好的老師。

山裡人都知道，築路隊最苦。採伐隊好賴挨著公路，交通便利，一貓腰搭個順風車就可哧溜下山，家裡托運點食品也方便。築路隊就慘了，專往沒路的林子裡鑽，辛辛苦苦築好路，都留給採伐隊。剛剛住習慣一個「點」，秋天就到了，年年搬家，一年比一年往山裡搬，交通線越拉越長。

林場採伐隊能住木殼楞或馬架子，年年抹泥，保暖多了，爐子滅了一下子還冷不下來。築路隊只能住帳篷，爐子一滅立成冰窖。森林調查隊也鑽林子住帳篷，但他們每年就幾個月的夏活，整冬山下貓著。有家屬的老工人，家都安在山下，雙層玻璃的磚房，火牆火坑，一個冬天都暖暖和和。

二連兩位主要領導──于世福（1935～1997）、王思信（1937～2015），還算不錯的基層領導，後均升任呼中區委書記。1997年5月27日，老于頭（吉林德惠人）病逝哈爾濱。老于頭有一則經典笑話：明明不能生育，硬給評全區「計畫生育標兵」，戴花照片掛在區委樓前櫥窗。王思信現居河南老家鹿邑縣城，前些年電話「拜訪」，寄去一些拙文。1978年10月離山前，最後一次回築路一處，王思信時任築路一處書記，邀我上家喝了一頓送行晨酒，炒了最高檔的雞蛋，感念

至今。

◎ 興安嶺的「性」

　　起初，築路一處防患未然，專門成立「尼姑連」──女子一連，駐地離大隊部最近。呼中築路一處從新林區遷來，原稱築路大隊。分開男女，防止麻煩的戀愛。僅僅一年，「尼姑連」就撐不下去了。築路隊的放樹、抬木、歸楞、上土方，男人都不一定頂得下來，嬌嫩的女生怎麼行？理論上的「半邊天」，終究只能與男性同酬，無法同工。無奈，只得打散女子連，分別插入「和尚連」。二連分到一個排（多為上海女知青）。女工排來的那天，全連男工一起出帳篷看熱鬧，不時起鬨一二、怪叫三四。

　　女工排來後，很怪的，男工說話文明起來，往日的粗野相對收斂；吃飯會端著飯碗走出帳篷，有意無意往女帳篷瞟幾眼。尤其與女工一起幹活，那個熱乎勁兒！其時，本人十八歲，受的文革「無性教育」，不通人事，更不知男女合編不僅符合生理結構，亦合心理互補。幹活上，女工可幹一些輕俏活：鋪路面、搞檢測、拾柴禾、幫幫廚、種種地、裝裝籃（輔助男工上土方）；生活中調節氣氛，收效神奇。後來才知道：「男女搭配，工作不累！」

　　1972年，後勤班來了一位「犯錯誤幹部」──三連長袁珍，生活錯誤，搞上東北女知青「唐大褲衩」。據說那晚與「唐大褲衩」有約，摸進女宿舍，因不熟悉地形摸錯床，姑娘一聲驚叫，電燈一亮──東窗事發。山裡條件也忒艱苦太轉磨不開，幹點風流韻事，竟要如此冒險──只能在集體宿舍裡進行。

　　後勤班木工常朋久、大鋸匠老孫頭，與老袁頭乃肇州老鄉，常常拿他的錯誤打趣。某晚，前三連長在坑上拍著襠部：「都他媽怨你！這個臭老二，都他媽你惹的禍！你要是消停一點，不啥事兒都沒了？」全後勤班爆棚笑翻。我與這位「三連長」相處甚洽，他好像很喜歡我，老說：「小伙兒咋長得這水靈！南方嘎子就他媽比咱東北強一疙瘩！」

　　連裡四位家屬入嶺伴夫，大鋸匠小田媳婦最年輕最俊。築路一處尚未在山下建房，密林深處的二連更沒招待所，四家只能合住一頂1/3小帳篷。每家領地只有兩床鋪蓋的寬度，中間竹席攔隔一下，晚上絕對無法說悄悄話，這邊喘一口氣，隔壁都聽得煞煞靈清，什麼都得「悄悄的，打槍的不要」。每晚，全連八幢帳篷近百號老少爺們兒，最得趣的話題：小帳篷裡現在哪樣？四家八口，臉對臉、隔壁隔，咋整？起夜回來上錯床，咋整？盡鹹吃蘿蔔淡操心。沒想到，本人最初的「性教育」竟如此進行，總算知道男女在一起，會發生一點事，好像還不是什麼好事。

　　1976年春，此時我已「下山」，執教呼中第二小學。全校春遊上山採果，剛出校門，見一狗直往另一條狗身上爬，隨口問邊上小藍老師：「牠們在幹什麼？」東北姑娘小藍一臉嗔怪：「唉呀！你?!」她以為我在調戲她。其實，我真不知道兩隻狗在幹什麼。

　　山裡流諺：「一有權二有錢，三有聽診器，四有方向盤。」司機絕對俏活──穿得乾淨，又有技術，「點頭是票，剎車是站」。山裡人可以不巴結區委書記、不在乎區長，但非巴結司機不可，每年得靠他們往家拉柴禾。對知青來說，與司機相熟，搭個順風車，也是便利大大的。這般如此，「方向盤」很得姑娘青睞。「四有」之中，南方知青一有勿有，靠什麼去吸引姑娘？當然，如果知道我們能返城，行情肯定勿一樣，但誰有這樣的先知先覺？

　　南方知青在嶺中行情甚低，加上南北隔閡，一般都是南方人找南方人。二連那一排女瀘青，很快「訂購」一空，各花有主，幾無遺剩，最後還真出了幾對「二連夫妻」。

　　1975年5月，憑杭州蔬菜公司書記（好友之父）一封信，我從築路二連調至區文宣隊、呼中二小，小力工成了文化人。那幾年，幾位嫂子熱心介紹，幾位東北姑娘示好，我都小心躲閃摒擋。孔雀東南飛，誰願在山裡扎根一輩子？進山後，饒是那幾個上山下鄉積極分子，也不敢再闊談「扎根論」，他們也十分後悔。山裡成了家，豈非

真正扎根，永遠回不去了？「二小」一東北青年女教師半嗔半怨：「小裴子，只要你想回去，就一定能回去！」

工傷・酗酒・賭博・幹仗

◎特大工傷

劉江灣乃連裡「第二高幹」，父母均13級，僅低於王國平的老爹老媽。1972年5月29日，他從杭州探親回連第二天，六班與我們木工班同車上工，顛簸的翻斗車裡，劉江灣興高采烈宣布不久就調回杭州，說杭州正在放映朝鮮影片《鮮花盛開的村莊》，裡面一位姑娘特胖——「六百個工分」。林彪事件後，老幹部復出，劉江灣的父母官復原職。當時，父母有權沒權，只須看看子女在哪。

中午，接我們回連吃飯的翻斗開上去了，木工班收拾好工具在等車。突然，那輛翻斗急速開來，司機一臉驚惶，杭州知青樓大良在車上急切搖手，示意不停。等我們步行兩公里回到駐地，指導員王思信臉色都變了，沒頭蒼蠅一樣在操場上跑來轉去，六班出大事了！

那天，六班的活兒是為取土場硼樹樁，炸鬆樹根，以便推土機起草皮，用下面的土鋪墊路面。放完炸藥點完撚，全班八人躲進公路涵洞數炮，數著數著少一炮。按林業部安全條例，24小時後才能排啞炮。六班長佳木斯知青張俊峰，小興安嶺南岔老林工，不知咋想的，冒出一句「上去看看」。劉江灣、滬青王棟梁、東北小知青管希伍（剛就業）衝在最前面，喊著「衝啊！殺啊！」一陣山風，導火索復燃，啞炮驟響！劉江灣炸穿腹腸，當場歸西。小東北一條腿硼飛，無法止血死在下山車上。滬青王棟梁送呼源區醫院，截肢後因破傷風死去。下午，上現場揀拾遺物，一片血腥氣，我從樹梢勾下小東北「一隻腳」——一隻裹著肉足的球鞋，真切感受死亡之近。

辦喪事時，我奉命到大隊部陪上海趕來的王棟梁父母。王母哭著說：「要是曉得這裡介苦，隨便哪樣都勿會放伊來！儂介小，也到這

裡來吃格種苦頭？」18歲的我不知如何安慰王家姆媽，也回答不了她的提問。

　　追悼會上，追認三位遇難者「共青團員」。整理劉江灣遺物，箱內竟有幾隻避孕套。藏有這種非常不革命的東西，看來這小子已提前「做過人」。大家心情複雜，既有點「這個」，又有點「那個」。劉江灣等人的墓在築路一處駐地附近，後成公墓群。三位知青雖撈到土葬，1979年知青大返城，至少二十年無人祭掃矣。撫恤金很低，好像只有兩百來塊。2006年夏，我攜妻兒與「魔鬼」、茂林、陳小榮等二連山友重回興安嶺，特去碧水築路一處「七公里半」。完全不認識了，偌大一片家屬區沒了，青草幽幽，林木鬱鬱，全都「還林於山」了。

　　2004年，築路一處裁撤，全區築路隊合併，駐紮呼源。全區山上不設居民點，除少數檢查站與保護區工作點，全體下山，上山幹活專車接送，當天往返，毋須駐紮山上。集居山下，既提高林工生活質量，亦為防火。「七公里半」尚有幾戶不肯搬遷的「釘子戶」，拒遷山下，斷了電，還熬守山上。至於劉江灣等人墳墓，蕩然無存。據浙江老知青、區人大嚴副主任（女）介紹：1998年呼瑪河發大水，沖走「七公里半」公墓，劉江灣等真正「青山埋忠骨」矣。

◎ 工傷頻發

　　工傷頻發，源於不遵守操作規定。林業部規定採伐必須間隔70米，連裡縮短至35米。實際採伐為趕進度，剛入林區的新手不知樹倒砸人的厲害，尤其不知大樹刮帶小樹，採伐手的間距往往不超過十米。築路一處年年工傷死人，都是伐樹砸人。老工人說這是山神要的祭品，每年少不了的。1970年底剛到那會兒，就聽說一年沒出工傷，沒給山神「上供」，老工人心裡都懸著，不知今年輪到哪個晦氣鬼兒？幾天後，聽說三連砸死一女工，全連這才鬆氣。這次一次死仨──「超額完成任務」，估計山神今年不會再要「上供」，明年後年都提前供上了。

大傷年年有，小傷三六九。一天，「小姑娘」鄒一飛只差半米就「拍」進去，小樹梢刮了一下。不遠處同時開鋸的小吳子，那棵樹沒「順山倒」而是「橫山倒」，等到叫起來，「小姑娘」撒腿再跑，已來不及。就這一下，鄒一飛終身帶傷，陰濕天氣，腰部酸疼，都會讓他想起「興安嶺紀念」。本人也有類似危險——只差幾十釐米就光榮負傷了。

工傷對男人來說是硬的，擱在明處；對女人有可能掖著藏著在暗處。新林區女子架橋連許多女知青，或扛抬過重或冷水浸泡，不少失去生育能力。那位上了畫報封面的女子架橋連指導員（上海知青），一路升上去，官至省婦聯主任，據說亦染此疾。其時，林區架橋機械化程度甚低，扛抬重量超過女性極限，架橋所需整根原木，一群精壯男人都不一定抬得起來，架橋對女性完全「性別不宜」。可為了那個「半邊天」理論，為體現「無產階級文化大革命成果」，硬叫這個勁，硬搞「女子架橋連」。真不知，這一「文革成果」能證明什麼？

◎酗酒・賭博・幹仗

十幾歲的娃娃，從小生長繁華滬杭，來到只有幾幢帳篷的原始森林，氣候寒冷、活路繁重、伙食惡劣，吃大苦、受大罪，日腳難熬，那個思鄉那個想家！難道非此不能反修防修？不能繼承「無產階級江山」？開發大興安嶺的重任，為什麼要由我們這幫南方嘎子來承受？為什麼不讓讀書只讓幹活？只要我們的體力不要我們的智力？生生剝奪我們的求學權利？

「階級情」哪裡抵得上家鄉情父母親？每晚，鬼火搖曳的油燈下，全連各幢帳篷此起彼伏唱起〈知青之歌〉，傷感、哀怨、迷惘、淒涼……多少人躲在被窩裡偷哭。什麼接受再教育，明明發配當苦力！工資雖比山外高一截，但生活條件這麼差，衣食住行樣樣要命，關內農民都不願來的「高寒禁區」。知青100%寧願回城當每月16塊的學徒。就我個人意願：只要能回杭，拉大糞車都幹！每天清晨，山下小火車一叫，一山知青盡望鄉。每人心裡都掛著沉重問號：真在這

兒扎根了？一輩子了？青春就這麼默默腐爛在山溝溝裡了？那幾個上山下鄉積極分子，早已不好意思捋胳膊捲袖子呼口號了。他們發現廣闊天地並非「大有前途」，自己也棄如秋扇──「積極」未得任何回報，沒當上什麼「長」，也是最不值價的「南方嘎子」！

1971年夏，一位杭州知青來了回杭調令。連裡封鎖消息，此人名聲不佳，手腳不乾淨。指導員王思信嚴肅交代我「押送」他到大隊部，面交人保股長。一路上，我認真執行任務，看得很緊，生怕他跑掉。其實，我與這位老鄉很熟，中小學每天經過他家青年路口炒貨攤，他常在攤上幫忙，經常照面。其父乃一中型廠長，連裡少數幾個「紅五類」，這次調令乃其父手筆。一路上，他再三向我聲明：「我不會抓進去的，是調回杭州！」我哪裡肯信，當然相信組織，心想：「這小子，撒謊！」後來，回杭探親碰到他，告知進了某廠，這才明白連部「良苦用心」──擔心疲疲遢遢的他辦回杭，惹引全連滬杭知青思鄉，更不易拴住我們的心。二連54名杭州男知青，除此人調回、一位病退、劉江灣大行、王國平因周恩來手令辦回、本人考上大學，均熬到1979年才南返回杭。

林中生活極枯燥，一年看不上幾場電影，賭博成為無法避免的主旋律。受條件限制，沒法玩國粹麻將，只有撲克。一開始還拐個彎賭罐頭，很快轉為方便得多的耍錢。不到半月，我就熟悉所有牌路──十三道、爭上游、四十分、三打一、梭哈。幾次輸欠百餘元，幸好贏家沒逼我還賭債，要不連探家的錢都沒了。入嶺第二年轉正，二級力工，月薪54塊，似遠高於江南插隊、北大荒兵團，但嶺中啥啥都貴，加上每年探親，興安嶺知青的血汗錢大都「鋪了鐵路」，剩不下幾個。

喝酒更是必修課。不喝酒，還能幹啥呢？剛到那會兒，「魔鬼」周維平心情鬱悶，一氣喝了兩斤「二合一」（酒精兌水），兩天兩夜未醒，腳心湧出一塊紫血泡。後來才知酒精中毒，如扛不過來，有可能「永久中毒」。入嶺前，本人毫無酒量，不久居然有了半斤白乾的

量。一次竟至八兩，腦子還清醒，卻第一次「吐了」。上海好漢施龍
生（1952～1981），賭酒皆精，豪爽仗義，不恃強凌弱。知青大返城
後，他沒有辦「頂替」的條件，滯留嶺中。1981年5月1日，他在阿爾
河林場採伐工段，外出看友，酒後回工段，行至分岔，龍生要抄小
道，逞能與惟一同伴分道，行至距工段不到一里，不勝酒力，倒臥凍
死。5月初，嶺中夜溫仍在零度，那晚又下大雪。最後時刻，他掙扎
爬了一段，拖出一行雪印。那位走大路的伙伴，回工段後不勝酒力，
倒頭便睡，萬萬想不到龍生兄弟「不行了」。

有知青的地方必有武鬥，一則文革餘緒，二則也缺乏文鬥所需的
文化。二連最大一次武鬥發生1972年底，兩伙上海人「打相打」。上
海好漢夏百川（外號夏伯陽）頭被繃開，另一伙「白髮」為首的七兄
弟，也有掛花的。起因很小，不值一提，居然以命相搏。知青忍耐度
低，一語不合，輒訴武力，群毆群鬥。連裡幾位滬杭知青去蹲區看守
所「笆籬子」。杭青「魔鬼」出手相幫夏百川一伙，蹲了八個月「笆
籬子」。本人中學同學胡秋三，蹲的時間更長，一年多。吃官司沒什
麼手續，不審不判，全憑公安局的「感覺」。

滬青老姚，身長一米八五，恃力拿了滬青老秦的板材，一米六五
的老秦追出去，兩人在寂靜的公路上打起來，無人勸架，不知最後怎
麼收的場。六班長張俊峰，杭州話學得極棒，人也長得賊精神，滬杭
知青打架時吃誤傷，鼻子挨了一斧背，留下「終身紀念」，不知後來
找對象可受影響？

越落後的地方越推崇武力，誰有力氣誰老大，嘍囉越多。本人弱
小一族，不被欺負就算祖上積德。再說，也不屑於這種爭力鬥武，打
來打去有啥意義？能打出個啥來？為哥們義氣掛彩，又沒撫恤金的。

本人的知青經歷存有非常不愉快的記憶。本著與人為善，就不在
此傾倒了，但點點滴滴在心頭，不可能忘掉所受傷害，也不願與那些
惡意傷害過我的人「相逢一笑泯恩仇」。社會進步非常重要的一點就
是降低此類傷害，人際關係秩序化，行為分寸法律化。凡是將自己的

快感得意建築在他人痛苦之上，當然是「沒文化」，不可能「持續發展」。

在山裡，我吃過麅子肉、黑瞎子肉、犴大犴（四不像）、野生魚。1971年「十·一」，一頭犴大犴上了老常頭的套，夜裡傳來絕望吼叫。節後老常頭帶著一行人巡山溜套，那頭犴大犴已被黑瞎子吃得只剩下一張皮四條腿。我們吭哧吭哧抬了四條腿回來，仍然很重。老常頭說這頭犴大犴至少600來斤，公的。吃牠的那頭黑瞎子個頭也不小，吃飽了上河邊喝水，蹚出一條專用熊道。根據那條道的寬度，能估算出牠的個頭。雖然我們拿了短刀斧子，真要面對三百公斤的黑熊，誰怕誰呢？

一年秋天，一頭野狼想吃連裡小豬，剛下完崽的母豬拼死護崽，與孤狼惡鬥半宿，狼沒占到便宜。大興安嶺無霜期太短，植被稀疏，食草動物本就不多，食肉動物更稀少，只有不挑食的黑熊與孤狼。

最初的自學

築路隊只有過期報紙。我最愛讀《參考消息》，尤喜文采飛揚的長句，抄錄不少好詞佳句。實在沒讀的，啃了一遍《毛選》四卷，包括注釋。築路隊四年半，抄了半本《唐詩三百首》——最主要的文化工程，被老常頭（區黨委委員）斥為：「淨讀封資修！」他責問我為什麼不多讀讀毛主席的書？唐詩當然比《毛選》有滋味，注釋也很有嚼頭。家書中我漸漸用上好詞佳句，得到父親鼓勵。每年回杭，能讀到一些「不健康小說」。1975年，自學有了三項成績：一、字典查速大幅提高；二、稍懂平仄格律，能塗寫不成調的五絕七律；三、寫了電影劇本〈戰鬥並沒有結束〉（遭全連嘲笑）。哪知這點出於本能的閱讀，竟是此生最最重要的「本錢」。

《杭州日報》副刊編輯毛英（1926～2006？），住上珠寶巷25號我家樓上，長女與我中學同班。我捧著〈戰鬥並沒有結束〉去請教。

他看後有點驚訝，得知我用兩周寫成，鼓勵了幾句。多年後才明白以當年水準，寫劇本實屬「貪大求洋」，應寫點詩與散文，一則勤練筆，二則容易發表，或可沾沾毛編輯的近水樓台。不過，這個報廢劇本也不算完全白寫，嘗試大型題材後，自信大增。

江河萬里，其源也微；大鵬凌雲，其初也弱。如果我也算一條小河，那麼源頭就是大興安嶺的呼瑪河。如果沒有風雪呼嘯下那盞小油燈，沒有那幾年失敗的習作，沒有這點最初的酵母，既不可能以初中生直考大學，更不可能躋身學界。

1975年5月，靠髮小父親的條子，得調山下。「貴人」乃杭州蔬菜公司書記蘇錫文。1974年秋，呼中區主管文教後勤的副主任張永泉，赴杭商請支援蔬菜，髮小父親陪了張副主任一天，遊西湖拜岳廟謁靈隱。1975年春節，我探親回杭，得知我在呼中區，蘇書記寫條請張副主任「關照」。回嶺後，持條找到張副主任，他問我與蘇書記的關係，我說了平生惟一大謊：「舅舅」。張副主任問我想上哪兒，我說在杭州參加過中小學文宣隊，他一張字條將我借調下山，進區文藝小分隊。

嶺中春來遲。下山時，山嵐徐徐，大山還綠，杜鵑新紅。從築路一處搭「大板」下呼中，開入一片空曠平原，漫山遍野的映山紅（杜鵑），美極了，江南絕無的壯麗山景——萬壑古木綠，千山響杜鵑。心裡蹦出一聲「啊！——青春」，後面跟著一聲很輕的「愛情」……20歲的我尚未嘗愛情，只有一團朦朧的紗霧、悄悄鼓脹的衝動。

1975年10月，省文藝調演結束，小分隊解散，張副主任再安排我入呼中第二小學。其時，區裡每年要從杭州蔬菜公司調撥幾車皮鮮菜，沒有這點「客觀原因」，怕還無法得到這一「戰略大轉移」。

這次調動實為人生重大轉捩點，意義深遠。擺脫重體力勞動，有精力自修，且有電燈，可早晚閱讀。同時，有了二三學友——中學教師于學彬、區團委幹事吳少紅。于學彬（1951～），原籍天津寧河縣俵口莊貧農，抗戰後祖父拖妻將雛（五個孩子），闖關東奔遠親，

黑龍江木蘭縣種菜為生。1970年，于學彬高中畢業，貶逐山區中學任教，1974年又被「相中」支援大興安嶺，文革後獲省教育學院、哈師院本科文憑，1987年調秦皇島經濟管理幹校，副高。

吳少紅（1953～），父母供職《浙江日報》，1970年11月入嶺，蒼山林場女子班長，因會寫文章入林場政工組、團委書記、上調區團委幹事；1979年返杭，考入杭師院，同濟大學繼續教育學院辦公室主任、副研。

兩位學友的文化底蘊都比我高，書讀得比我多，文章寫得比我好。萬事起頭難，最初的切磋砥礪尤為珍貴，支撐最重要的「開始」。

1975年探親回杭，借回兩冊西方名著：亞當‧斯密《國富論》（上）、柏拉圖《理想國》。半部《國富論》對我影響極大，得知財富與地理與人口的關係，明白城市為什麼總挨著江河，除生活取水，運輸便利也是重要原因。這一「發現」非同小可，當時雖未直接體現重要性，但從此注意事物的關聯性。很晚才知道這就是最基礎的邏輯訓練。《理想國》不太看得懂，許多陌生名詞，呼中第一中學教師徐永裕（滬青）親切借走，屢催不還，拖欠至今。

1977年春，《大興安嶺報》副刊編輯與地區群藝館老孔，下基層找作者座談，鼓勵文學青年「踴躍投稿」。1976年9月，我在《大興安嶺文藝》發表處女作——詩歌〈青春篇〉（56行），區裡文學青年，文教科通知忝陪末座。四句詩人編輯，剛在《詩刊》發了作品，大講創作經驗，說一首詩描繪工人作家熬夜寫作——清晨有人推門而入，作家伏桌而睡，煙缸升起最後一縷輕煙。他唾沫噴濺：「這一縷輕煙，可了不得！」他還說：「在毛澤東旗幟的褶皺裡，集合著人民七億，褶皺裡，妙呵！」

晚上，我上招待所找他們，遞上自己未發表的詩作。群藝館老孔翻了翻，說我的詩有激情，預言好好努力，說不定日後超過詩人編輯。第一次得到專業人士鼓勵，受寵若驚，一再表示不可能。我的謙

遜是真誠的，人微思寡，窘淺的知識底盤使我不可能張開「想像的翅膀」。《大興安嶺文藝》那首〈青春篇〉，稚嫩不堪，呼喊式的「緊跟」，甚至有「反擊右傾翻案風」，藝術上只會押韻對仗。

無論如何，嶺中的詩歌習作，打下最初的基礎，最重要的第一台階。青年時代的志向乃一生發展的初始動力，絕大多數掉隊者都輸在這一環節。當年我一無所有，只有這點志氣了。

上了大學，讀到王勃的〈滕王閣序〉，才明白「每天總得讀點什麼」，就是「窮且益堅，不墜青雲之志」。後來讀到《後漢書‧馬援傳》，才知「窮且益堅」的出處，明白凡事必有承傳。如今，歲入暮年，得續上一聯：「老當益壯，甯移白首之心」？

精簡‧高考

1977年秋，我被呼中二小精簡。別看吃粉筆灰的「孩子王」，很令山上知青眼熱。採伐隊、築路連，露天作業，活路繁重，且有工傷之虞。學校乾淨文氣，能吃上區機關食堂（窩窩頭也比山上好吃），不住帳篷住磚房，薪水差得不多。

那時教師沒門檻，科長股長的七大姨八大姑，只要認識幾個字，一個個塞進來，呼中兩所小學嚴重超編。精簡令下達，只能裁撤沒根基的南方知青。論水準，「二小」被裁的四位南方知青要比東北老娘們高出大一截，不少東北老娘們僅初小生。我被精簡至呼中營林所，回到小力工。

這次精簡對我刺激甚深。此後兩次高考、五次考碩、五次考博，這次「被涮」一直是塊磨刀石。精簡也使我深刻體會「中國特色社會主義」——只講關係不講效率，只講權力不講能力，一切在人不在理。

1978年9月，我以全區文科初試第一、複試第二考入黑龍江大學中文系，大紅海報貼在電影院門口，山鎮一時側目，南方知青議論紛

紛，東北人也有反應：「論文化，還得數南方娃兒！硬能考上吶！」「『二小』咋精簡一個大學生？」呼中二小教師最高學歷為加格達奇地區師範生。全區教育界僅一位本科生——畢業於內蒙師院的中學教導主任。「二小」書記劉春生（高二生），見了我咪溜牆根。沒想到他會這麼躲避我，我可不會趕上去奚落他，考上了，證明自己了，還跟他較什麼勁兒？他也是執行公事，精簡南方知青，阻力最小呵！

劉春生猴臉尖腮，教師大會上蹦出名言——「大學教授也不一定教得好小學生！」當年只覺得不對勁，但說不出所以然。如今自然很明白了：小學教師成為大學教授至少需要10年，教授轉崗小學教師，最多兩月。此間難度有可比性麼？劉書記硬敢貶教授而抬小學教師，「經典」折射出呼中二小所能達到的辦學質量。

1977年冬第一把高考，我未過初試，數學缺腿。可憐的七〇屆初中生，只學到一元一次方程，語文只教毛詩詞，英語僅會一句「Long Live Chairman Mao!」26個字母、音標都沒教。物理只教一點農機基礎，最基礎的公式定理都被「革命」了。我不怕失敗，工餘全力自學，九個月從有理數認識拱到排列組合、參數方程。第二把再考，居然初試第一！具體成績忘了。複試355分（語文65、數學59、政治77、歷史76、地理78），雖無高分，但較勻稱（科均71分），數學沒太拉後腿。自以為強項的語文考得不咋地，很失顏面，發表詩歌的「筆桿子」，胸口別兩支鋼筆，語文才這點分。這次高考也使我清醒意識到自己基礎薄弱，必須以勤補拙。

1978年全國統考，全國考生610萬，錄取40.2萬（包括大專），錄取率6.6%。本人的355分，若在北京可進北大（哲學系320分）、上海可進復旦（中文系330分）。黑龍江雲集京津滬杭百萬知青，全國重點院校撥給黑龍江的名額又少，考分再高也只能進黑大、哈師院。我下鋪一位老高三，406分。呼中區文科狀元396分，一位滬青，志願全填南方院校，最後竟「落難」齊齊哈爾師院。也因文革的「深遠影

響」，1978年全國高校招生人數比1957年（44.3萬）約低1/11。[8]

離山前上呼中鎮文教股辦手續，一位四旬女幹事嗑著瓜子：「考上的咋盡南方娃呢？」她見我錄取通知書上「漢語言文學」，一撇嘴：

你這不是中文系！……別高興得太早，學完了還得回來！

我暗忖：「回不回來，可由不得你！」至於「漢語言文學」不是中文系，此婦太無知，「漢語言文學」乃中文精確表述。那句惡毒的「學完了還得回來」，十分普遍的社會心態：自己不行，也看不得別人行，還硬敢「曬」出來。黑大開學典禮，「抗大」出身的黨委書記白汝瑗（1915～1987），宏聲擲言：「你們畢業後，大概不會再去捏鋤頭柄了吧?!」你想想，我什麼心情？

感受·收穫

出山了，人生的冬季過去了，該死的八年「再教育」！攜走我最寶貴的八年青春！當然也有點收穫，熟悉了山情、感受了人情，洞察了國情，還有開口即隨的國罵──他媽的！最實在的收穫是「五年以上工齡」──帶薪入學，呼中營林所每月發我基本工資41.77元。黑大中文系七八級一班，本人年齡最小（24歲），卻為首富。同學多為兵團農場知青，32元／月，加10%邊境補貼，35.2元／月。呼蘭農民老劉（31歲），一等助學金22.5元，得往家寄10元。1982年畢業，回山辦工資手續。此時，知青大都離山，只有幾粒「種子」遺撒山裡。

◎再教育

所謂「再教育」，除了服從聽話、好好幹活，關鍵還得自甘平庸，不能有任何追求（無論精神上還是知識上）。如此這般，才可能成為合格的「無產階級接班人」。呼中二小期間，我本能地每天閱讀

---

[8] （英）麥克法夸爾、（美）費正清編：《劍橋中國人民共和國史》，謝亮生等譯，中國社會科學出版社（北京）1990年版，上卷，頁190。

點什麼，不願虛度光陰，並不知道「知識改變命運」。社會環境整體貶知化，知識分子「臭老九」，並不鼓勵青年求知。副校長徐連生見我「鑽研業務」，嘲曰：

小裴，我知道你好學，但又怎樣？還不是得在咱這山溝溝裡過這一輩子？

徐副校長三十來歲，模樣周正，多少有點才，但像大多數東北老爺們，喝大酒侃大山，與一女教師整出花邊新聞，副校長被擼，貶為中學教員。

讓一代青年走向原始而非文明、重體力輕腦力、崇粗糙貶精緻，只看重「階級感情」，無視最基本的人性、最基礎的理性，作孽呵，虛耗國家力量呵！本人虛擲八年歲月，全國2000餘萬知青虛耗十年青春，太不珍惜「祖國花朵」，太浪費「八九點鐘的太陽」了！一代青年的才能才情，國家最重要的發展資源。虛擲我們的青春，罪孽深重呵！「偉光正」、毛澤東，你拿什麼應答我這一聲質問？

向青年提供種種發展機會、鼓勵他們實現人生價值的熱情，不正是社會文明的一道刻線麼？引導青年往何處去，直接體現社會發展方向。大多數知青的人生軌跡——下鄉～下海～下崗，還不證明上山下鄉大方向悖謬？否則，大多數知青怎會中年普遭淘汰？上海檢察院主辦的《檢察風雲》載文——

上個世紀八十年代，遼寧國有大中型企業面臨轉軌和大批工人裁員下崗，形勢十分嚴峻……瀋陽市死水一潭，毫無生氣，國企紛紛倒閉，下崗職工百萬，市容髒亂差，社會治安惡化，生活在這座城市裡的人們看不到任何希望。[9]

1980～1990年代的下崗者大多是知青一代，這總不是階級敵人的「惡攻」吧？知青一代整體不發揮，受損的當然不僅僅是知青個人，更是整個國家。1980年代，絕大多數知青夫婦窮愁困頓，他們的後代

---

[9] 鄭金玉：〈行走在漫長蛻變路上的省長〉，載《檢察風雲》（上海）2015年第24期，頁55。

只得到貧困的童年。

　　知青從「廣闊天地」至多學到一點簡易技術，更多的還是知青對工農的「再教育」：①傳播城市「食文化」，分料配炒的小鍋菜遠比一鍋燴美味精致。②輸送醫衛常識——喝酒不能輪用一杯，洗腳盆不能打飯。③演示「衣文化」，穿出曲線與色彩。④解析教育的重要性，知識改變命運，文化決定品質。⑤傳授地理知識，糾正「亞洲沒有肇州大」。⑥滲入現代性愛觀，夫妻不僅僅過日子生孩子，還得對性子找樂子，小說裡的愛情啦、藝術中的樂趣啦、文化中的意境啦，「執子之手，與之攜老」……最終當然先進感染落後、文明濡化野蠻，知青教育工農。

　　上山下鄉運動完全失敗，極大傷害城鄉各階層。家長哭泣、知青反對，農民抱怨。河南一位村支書如此「歡送」知青返城：

　　我們很高興他們走了。他們是我們的負擔，他們搗亂，我們之間沒有什麼共同的，我要用一半的精力來對付他們。[10]

　　更痛心的是：掠奪式採伐，毫不顧惜森林資源，築路二連一年的取暖用材就燒掉一面山坡。熊熊鐵爐吞噬一塊塊鮮木，心疼極了——城裡搞都搞不到的上等木材呵！1963年，新華社記者張廣友（1930～2008），寫內參〈小興安嶺的森林採伐問題〉——

　　這種不分大樹小樹，不分當地條件一律砍光的皆伐方式，不僅人工更新跟不上，而且按目前採伐量計算，小興安嶺林區現有的森林，只要30年就將全部採光。

　　林業部很重視這篇內參，「說出了他們想說而又不敢說的心理話」，在送審稿上補加：「林區實行大面積皆伐，不只是小興安嶺的問題，而是全國性問題。」林業部長要說點真話都「不敢」哩。中央也不是不知道剃光頭「皆伐」的惡果，硬就解決不了。1981年，四川岷江上游河道及山坡上，還堆積著很多「大躍進」時期砍伐的木材，

---

[10] 伍國：〈往事還要再提〉，載《書屋》（長沙）2006年第6期，頁53。

二十多年了還未運出去。[11]1990年代，大興安嶺被迫全面封山禁伐，本可採伐50年的林木資源，20年就給踢騰光了。

　　1976年4月6日，廣播裡傳來「天安門事件」，我隨口對滬籍女教師包文妹說：「天快亮了！現在是黎明前的黑暗。」包乃全鎮出名的大齡單身美女（28歲），愛護地喝止：「儂勿要瞎講！」9月9日毛澤東死，杭州女知青蔣莉萍失魂落魄跑來：「老裴大哥，毛主席死了！這怎麼辦？怎麼辦？我們以後怎麼辦？」天塌似的。這次，我沒再「瞎講」，但強烈感覺：國將大變。

　　往惜沉為記憶，青春並不美好。生不逢時的知青一代，坑坑窪窪，斑斑痕痕。荒謬的上山下鄉只能與文革一起證示毛共的荒唐、知青的倒楣。我們的青春勞作未能換來國家的現代化科技化，歷史註定知青將為那一段「赤謬」支付終身代價。本人外語缺腿，中年補課吃力異常，嚴重拖滯主業進展，求學之路相當艱難。無論於公於私，能不控訴「偉光正」麼？

2007～2013年　上海

連載：《南方都市報》（廣州）2013年4～8月（刪削稿）

2013-4-16；5-21；7-12；8-23。

11　張廣友：《抹不掉的記憶——共和國重大事件紀實》，新華出版社（北京）2008年版，頁122。

重回興安嶺

　　出山後，千山萬壑的大興安嶺凝為心中一角。八年青春融入的千里林海，風雪呼嘯、茫茫皚皚，周天寒徹……

　　過了35歲，才知人這玩意兒很怪，才理解那句名言──現實總是灰色的，回憶才是永不褪色的長春藤。在山裡那些年，喊啊叫啊哭啊恨啊，一個勁要遠遠蹬開那鬼地方──今生今世永不見！可這會兒，卻又夢繞魂牽難棄難卸。

　　我不是積極報名再三請願、哭喊上三天三夜才獲准奔赴邊疆。實在沒辦法，無法逃避上山下鄉，墨墨黑的成分，背脊骨不硬，再說姐弟倆總得走一個呀？姐姐病留，我就得走。杭州要武中學六九、七〇兩屆初中生同時畢業，二十個班，兩個班升高中。本人成績年級前五，全班一致派定我升高中：「你這樣的人不升學，誰升學？」但我知道自己的命。喉嚨梆梆響的女工宣隊長、左得可愛的女班主任顧老師，會饒過我麼？父母早不敢「亂說亂動」，更不敢替兒子上學校稍稍努力一下。一句「抵制上山下鄉」，可不是鬧著玩的！血血紅的「紅五類」都擔戴不起的。且姐姐病留，我無論如何只能走向「廣闊天地」。

艱難回嶺

　　八年青春、八年鄉愁，都埋留興安嶺了。時光倒流、歲月重度，當然不願再走一遍「興安嶺之旅」。文革之難由國人集體承擔，我們正值成長期，影響自然更深遠。文革青年馮驥才（1942～）：「『文革』進入我們的血液」。[1]可不，我們這一代至今一張口還

---

[1] 馮驥才：《一百個人的十年》，文化藝術出版社（北京）2014年版，頁1。

不是「文革」？我與拙妻常用語「敢不敢向？」（「敢向毛主席保證！」），這輩子都改不掉了。三十年紅色教育怎能沒一點深刻沉澱？此生已難拭紅色思維的底色了。

1978年10月23日，揣著黑龍江大學入學通知書，離山在即，莽莽林海、一幢幢帳篷、一間間「馬架子」、一座座「木殼楞」……投去最後一瞥，倒有些擺放不下。最後的留戀，略帶虛矯的傷感。

黑大畢業後回杭，娶妻生子、考碩考博、職稱房子……人生功課聲聲催急。剛結婚時，想帶拙荊去興安嶺，看看自己「戰鬥過的地方」。1986年兒子降世，又想等其稍長帶上，接受一點「傳統教育」。光陰似水，歲月如流，八十年代倏忽而逝，九十年代也「嚓嚓嚓」在飛。這事那事，這絆那絆……哦，還有最最麻煩的經濟問題，來回一趟怎麼也要幾千塊。1990年代，家裡那台14寸黑白電視機每每使我失卻「打報告」的勇氣。每年暑期，只能心裡發狠：「明年一定去！」就這麼，今歲不戰，明年不征，三拖四捱，直至1998年，離山整整20年了！

我的大興安嶺委實過於遙遠，知青專列走了五天五夜，火車真的坐怕了。即便臥鋪往返，漫長的鐵路線仍是一道心理障礙。就算咬咬牙放血乘飛機，也只能飛到哈爾濱，仍須倒騰兩趟車，兩天一宿。

1995年升副教授，1997年終得入復旦攻博，人生功課告一段落，似可稍稍喘息。1998年暑假，中國現代文學研究會太原年會，排除萬難攜子北上，先赴太原開會，再轉道赴嶺，多少省點旅費。

到達哈爾濱，恰逢北方大廈「知青赴北大荒三十周年圖片展」。去加格達奇的列車尚早，北方大廈離火車站不遠，步行十分鐘。1975年夏，省文藝調演，我們呼中區宣傳隊代表大興安嶺地區參演，住過幾天高檔的北方大廈。很晚才知道，北方大廈乃1958年大躍進作品，為召開中央全會準備的。[2]

2　李力安：〈為「潘、楊、王」事件甄別平反及其他〉，原載《黨史博覽》（鄭州）2016年第6期。轉載《讀書文摘》（武漢）2016年第9期，頁21。

　　圖展主題「青春無悔」，感覺甚不佳。無論如何，知青當年再純潔再崇高，都無法掩飾基本事實：一段愚昧近瘋的歲月、國家大倒退的十年。我們青春熱血澆灌的只是一朵永遠不會開花的烏托邦。上山下鄉運動，任口號如何美麗如何形而上，都無法掩飾經濟停滯、丟卸就業包袱這一形而下實質。也因知青當年太單純太狂熱，才心甘情願受騙；因那樣希望獻身，最終被剝奪得一乾二淨。

　　我們不應留給後人似是而非的崇高、給錯地方的熱情，不該停留於抽去本質的現象。否則，真正對不起知青先烈。很想問一句「無悔派」：上山下鄉能留下什麼值得繼承的價值？難道不應與文革一起「澈底否定」麼？

攜子回嶺

　　大興安嶺山口——加格達奇，滿語「生長樟子松的地方」，須在此等候進溝的小火車。大興安嶺不美嗎？春天，映山紅層林盡染如詩如夢；夏季，萬木爭碧河清水幽；秋天，空山傳響野果透香；冬季，千峰銀裝萬嶺素裹。還有，棒打麅子瓢舀魚，野雞飛到鍋裡來；上下八珍的飛龍熊掌；四不像犴大犴、咬一口嘴唇起包的野山參……但當你真正進入，哦！就會發現什麼是詩，什麼是現實。吟詠〈林區三唱〉的郭小川畢竟不是林區人。大興安嶺的真實：春天，山嶺解凍道路泥濘，築路隊兩三個月與外「失聯」；夏季，飛蚊小咬瞎兒蠓鋪天蓋地，叮得你鬼哭狼嚎，出恭方便必須戰鬥速度；秋天，小戰會戰大決戰，嚴冬之前萬事忙，築路連隊大搬家；冬季，零下五十度，男女辨不開，吃水用麻袋，出門用腳踹！

　　一段順口溜——

　　興安嶺，真奇怪，冬奇冷，夏曝曬。蚊蠓小咬三班倒，餐餐高粱脫水菜，吃時特別飽，餓得實在快。

　　前清時，流放犯也未到過的地方。日偽時期，覬覦嶺中木材，畏

於高寒四進四退。1950年代開發大興安嶺，也兩進兩退。

天寒地凍的山溝溝，髒汙的帳篷裡，知青的「活思想」誰也瞞不了誰。只有一個念頭：回家！只有一個盼望：探親！那種氛圍中，上山下鄉積極分子不好意思再捋袖亮拳唱高調。梁曉聲的知青小說，不少地方寫得很虛很假。當然，不能全怪小梁先生，不這麼寫，作品就露不了臉。有什麼辦法，一個虛假的時代，不可能接納「真實」。

火車一點點往山裡開，駛向大興安嶺南麓終點的碧水。越來越濃的森林，一片片熟悉的山嶺，一個個熟悉的站名。一草一木都關情，處處惹目傷懷。很想和兒子說些什麼。但又能和小學剛畢業的他說些什麼？——我們之間畢竟橫亙著32年時空。

喏，我當年住過的那種帳篷！老爸當年築的就是這種集材道！

這是翻斗台！打涵洞的鐵道兵烈士墓！貯木場！呼瑪河！

兒子木木點著頭。他能理解帶他進山的用心麼？對他來說，這次進山與往年暑期旅遊沒什麼兩樣。從根本上，一代人的歷史只屬於他們自己，下一代已不可能面對父輩的時代。我當然不會希望後代也經歷上山下鄉。

時間凝固了

一過林海，進入呼中區。每座車站那麼熟悉：宏圖、奮發、蒼山、雄關、險峰、宏偉，呼中在望。還是二十年前的原貌，時間在山裡凝固了。呼中沒什麼變化，熟悉之至的呼中一中、呼中二小，還是二十年前的老房子。

離山前三年半，我下山到呼中。山裡人稱鐵路沿線為「山下」，林場、築路隊才叫「山上」。本人16歲進山，24歲出山，每每激起學生滿堂驚呼：「哇，整整一個抗日戰爭喂！」八年中，我幹過跑腿取信、築路力工、燒爐夜工、燒荒種地、刮過樹皮、做過豆腐、伐木上楞、舞蹈演員、小學教員……還有許多報不上名的工種：和大泥、甩

大牆⋯⋯

進山前，聽說山裡很不妙，林木儲量告罄。1970～1980年代毫無節制的採伐、鮮木取暖，森林資源極度透支，1993年後被迫限採，近年澈底封山。失去支柱性產業，山裡一大坨人咋辦？50萬人呵！呼中區就五萬。僅靠營林育苗，用不了這麼多人，養不下這多張口。這些年，能往山外哧溜的都哧溜了。去年僅開五個月的支，今年都八月了，才開了兩個月，還是70%。呼中二小原支書張鳳海（惟一曾賞識我的領導），怕連粗糧都吃不上哩！他家仍和二十年前一樣，空徒四壁，泥灶土坑。去時正值傍晚，他都沒敢留飯，意思一下都沒有。臨別前，往他手裡塞了一張50塊，救救急吧，他死活不收。

小心翼翼與山裡人交談，儘量避免差距感（薪差近十倍），避免觸碰痛處。沒去看一些熟人，昔日感情仍在支配我，那些很痛的往事無法釋懷。心裡鬥爭激烈——當一回耶穌吧！另一聲音立即響起：「不，該記住的還得記住！」最後，還是沒去，忘記過去就意味著背叛，雖不至於追償當年屈辱，但也不該忘卻那些惡人的嘴臉。

中國的落後是全面的，反映在人際關係上，調節妒嫉的社會能力特弱。當年，南方知青「弱中之弱」，誰都可以踩踏，南方浮萍任由北方水浪推搡排擠。喏，本人被呼中二小精簡，不夠資格當小學教師，如今執教高校，失笑之餘不免倍感沉重。當年在嶺中確有「落難公子」的感覺，考上大學不過回到本就屬於自己的起點，上學地點在哈爾濱而非杭州，並不值得特別高興。1979年大返城，一些入學東北高校的知青退學南返。我有點動搖，也想退學頂替母職回杭。

呼中二小幾位學生趕來看我，很驚訝：「裴老師，沒想到你還會回來。」當年的小學生也都爬上三十，為父為母了，有的還是有點聲響的「正科級」。兒子很驚訝：「老爸，怎麼這兒也有你的學生？」

離山前，租了一輛車去「山上」——築路二連原駐地。「七公里半」築路一處還在，二連則不知已搬至何方「雲深處」。還是想去看看，想讓兒子看看老爸「最艱苦的地方」。當年帳篷前那幾棵小樹，

該有點徑圍了吧！然天意相阻，車至碧水，大水毀路，距離「山上」
那幾個點還有二三十公里，無限歎恨，只能與孩子在路斷處拍一張
照，算是這趟重回興安嶺最盡處的留念。

回杭後，心緒難平，輾轉反側，寫下本文——

大興安嶺，我回來了，帶著兒子；

大興安嶺，我回來了，無論如何，我是從你這兒出去的；

大興安嶺，我回來了，此生永懷呼中、永懷碧水；

大興安嶺，我回來了，帶著兒子，為他也搞有你的一抹綠意。

1998年8月　杭州・大關

原載：《北方文學》（哈爾濱）2002年第5期

老知青回嶺說真話

2006年暑期，攜妻挈子隨一小型老知青團重返第二故鄉——大興安嶺呼中。區政府竭誠接待，在山裡四五天，食宿、交通，承蒙區旅遊局長立體照拂，甚懷感激。作為學人，為了第二故鄉，為了那兒的明天，我在座談會上說了幾句真話。

1998年夏，我曾回興安嶺，這次再回興安嶺，第二故鄉變化較大。與區領導稍接觸，感覺思路清晰，年輕有為。他們很看重老知青的人脈資源，希望老知青能為第二故鄉作點貢獻，積極投資。蕭山老知青徐建初（浙江蕭山金馬集團董事長），已計畫向呼中投資千萬，一期資金運作到位。不過，阻礙當地發展的一些負面因素也值得關注，成績不說關係不大，問題不說可不行。

本次回嶺高潮乃老知青座談會。幾天走走看看尋訪老友，區裡最後安排座談會，區長領著一溜部門領導出席。我以為意在傾聽老知青「回嶺觀感」，帶給當地一些新鮮見解、山外思維，包括批評建議。會前，正分頭準備發言，為第二故鄉建言獻策，旅遊局長來打招呼：

你們那位裴老師，說話較直，與我談到應該為職工增薪加資什麼的，是不是讓他下午發言時悠著點，少說負面話。

「回嶺團」領隊立即向我傳達，要我照顧大局，千萬顧及區領導顏面，人家招待吃住，你就說些順耳好聽的。我只得點頭應承，下午發言時說了不少言不由衷的諛詞。因實在想為第二故鄉出點力，也想實質性感謝區裡的熱誠接待，拎著心說了20%直言。

就只20%直言，還是闖禍惹了事。那位旅遊局長不再與我打招呼，意思「你這人……」。那麼，我說了些什麼？竟如此惹惱區裡？

一到呼中，立即感受到嶺中思維後滯，再接觸熟悉一些「老人」與各層次人員，發現不少弊病。20%的直言也就兩小點——

一、山裡人計畫經濟思維還較濃重，「等靠要」傾向明顯。如區政府
　　賓館改制轉軌，政府盡力與接手方協調，要求儘量安排原人員，
　　以免下崗失業，原人員仍不滿轉軌前後薪差；再如政府為木耳猴
　　頭種植戶免費提供夏季養殖房，開闢免費養殖基地，養殖戶得寸
　　進尺要求政府幫助銷售，解決「後顧之憂」。
二、對當地特色旅遊的文化定位提了一條小建議，請區裡考慮調整一
　　下旅遊宣傳標語。

　　就這麼兩條意見，夠不上什麼「逆耳」，亦無甚「力度」，更未
批評區領導，就受不了吃不下了！一聲長嘆，感慨萬千──山裡落後
確實全方位，區領導竟連這點話都聽不起！

　　南方老知青好不容易回一趟嶺，帶進一些新鮮空氣、不同思維，
傾聽一下不同聲音，多幾種思考角度，不也是收穫麼？莫非幾天「鞍
前馬後」，就換一點不值錢的諛詞頌語麼？只能聽好話，聽不得一點
不同聲音，僅此一點，便可斷定山裡春風未度──官員思想還停留於
計畫經濟時代。差別也十分明顯：整個大興安嶺地區年產值50億，杭
州一個蕭山區就2000億。區域差異不僅體現於形而下經濟領域，更要
命的是形而上人文差距。

　　會前那位打招呼的旅遊局長，不知是否出自領導意圖，如真銜命
而來，山裡的現狀與未來，可就真正堪憂矣！怎麼能打這樣的招呼？
也許我少見多怪，未諳官場規則，但憑常識，如果只想聽一些「歌
德」，又何必召開座談會？還開得如此興師動眾？既然是走過場的儀
式或純粹為了招商引資，又何必邀請我這樣的文化人與會？

　　說實話，我們發言前，區宣傳部副部長介紹情況，一口一個「在
區委的正確領導下」，二十多分鐘沒一句「不足之處」，已使我強烈
感受「實質性落後」，領略當地與現代意識的大差距。據說，區政府
之所以熱情接待我們這一小型知青團，旨在招商引資。但若只介紹正
面優點，不涉及負面不足，投資者會相信麼？智商會如此低麼？誰都
明白，只有正視不足，才是真正的誠意，才可能贏得合作意願。

能否聽得起話，體現執政能力哩！只能聽奉承媚語，聽不得不同聲音，資訊封閉，決策時只能剛愎自用，糾錯時長勢必拉抻。而且，越落後的地區，官員似乎越聽不起話。反過來，越聽不起話，越聽不到反面意見，也就越得不到有效資訊與糾錯思路，政事也就辦得越因循守舊，越不可能有起色。創意既缺，異思已絕，還可能有跨越式發展麼？那位打招呼的旅遊局長堵塞的不僅是正常言路，更是折斷領導的觸鬚，為領導羅織了一張溫柔罩網。看得出，這位未屆不惑的旅遊局長八面玲瓏四面得水，呼中十分兜得轉的人物。這樣的人得色得勢，實在既是呼中落後的結果，也是落後的原因。

山裡還有許多令我驚詫莫名的奇事。前些年國務院下撥的全嶺職工高寒補貼173元／年，兩年多了，除加格達奇區，其他三縣四區職工全未領取，聽說該款被挪用興建形象工程──加格達奇一處廣場。不少人上訪，至今無果。最令我吃驚的是：有人反映當地申報高級職稱，除向區人事科呈送材料，還得交兩萬塊錢，否則鐵定評不下來。前些年辦「以工代幹」轉正，要交1.35萬。前呼中區委書記鄒成長子鄒鳳翔不幹，沒繳這筆款，沒辦轉正，後單位精簡，因無幹部身分，提前五年下崗，鬱悶至今。

山裡只呆了幾天，深感南北差異，從上到下認可形形色色潛規則。山裡口頭禪──「我們這兒就這樣！」不滿、無奈，夾雜著認同。為此，建議有關部門考慮幹部南北互調，讓一些南方幹部上東北服務幾年，帶去一些相對先進的思路、方法及人脈，既有利扭轉當地人治風氣，亦促進東北經濟轉型，為當地招商穿銀針引紅線。

2006-8-16　上海

原載：《黑龍江日報》「內參」2006年9月（刪節稿）

附記：

2006年夏回嶺前，想為「第二故鄉」貢獻一點教學經驗，為區裡中小學教師開一次講座，輸送一點山外現代教育理念。行前，向區文教局提了申請，未得任何回應。此次組團回嶺的感覺遠不如1998年那次個人行動，不僅與知青嶺友無法交流知青運動等問題，還得忍受其中一兩位的嘲笑揶揄，還未入嶺就盼著行程結束了。

白駒鑽隙，又七年了。很糾結，還會第三次回嶺麼？回去幹什麼？僅僅懷舊？還是……爭取有生之年再回嶺一次吧，最好能為第二故鄉做點什麼，最好帶上第三代，「傳統教育」呵！只是，第三次回嶺得悄悄地來，再悄悄地走，不帶走一片雲彩，不驚動任何「冒號」！

近年，十分關心老知青晚景，更關注上山下鄉研究。作為知青，我是幸運的，上了大學、躋身學界、高校教授，總算未被淘汰。但當年壯志凌雲的老知青，不少已淪為亟需救助的「弱勢群體」。

北京赴新疆知青老于（1938～　），中專生，1960年因言「勞教」，1966年強送新疆生產兵團；1979年平反，1986年回京；1994年經鬧訪解決戶口，退休金僅300多元；靠天安門替遊客照相、跑山東批發蟈蟈掙生活費。與兒子擠七八平米小屋（借朋友的）；老婆早離了，兒子高中沒畢業，一直搞不定工作。[1]

另一位北京老知青于金旺，六七平米居所，腦梗、嚴重糖尿病，老婆離去。老知青蘇秀英夫婦皆患癌症，小康之家傾家蕩產，丈夫已逝……[2]這些老知青會「青春無悔」麼？

比弱勢老知青更可怕是「無悔症」。弱勢老知青還可救助，「無悔症」老知青已難救治。而且，他們還在誤導後人，似乎上山下鄉還

---

[1]　逍遙：〈被遺忘的「知青」部落〉，載蔡曉濱主編：《以生命的名義》，文匯出版社（上海）2007年版，頁79～88。

[2]　呂國興、趙昂：〈請記得看看老知青〉，載《工人日報》（北京）2013-2-3。

有值得歌頌的一面，就像薄熙來重慶「唱紅」，暗暗為「激情燃燒的年代」招魂。

2006年、2013年　上海

與杭州市委書記的知青緣

　　2010年1月20日，任職十年的杭州市委書記王國平（1950～　），終於退下來了。此前，聽說王書記多少與判死刑的副市長許邁永有牽連。許邁永（1959～2011），栽於杭郊西溪濕地工程，涉案金額逾兩億，專案組贈號「許三多」——錢多房多女人多。不過，許副市長只是西溪濕地工程副總指揮，正職可是王書記。許副市長出事，王書記似乎也不會太乾淨，至少負有領導責任吧？又聽說王書記仰仗「乾爸」（江澤民）罩著，得以「軟著陸」。按規定，像他這樣的正部級（省委常委），65歲才到點，剛滿六十就去職——不處理的處理，不可能沒一點原因吧？

　　王書記在杭州有一群特殊「戰友」。雖然王書記早已不願見他們，但這批「二連戰友」卻不可能忘了王書記，何況電視上時見王書記。王書記喜歡上電視，杭人送號「明星書記」。二連知青五十多人，全稱大興安嶺呼中區築路一處二連，相信王書記至少還叫得出十位嶺友的名字。

密林小力工

　　1970年12月25日，王國平與我們同車赴嶺。筆者16歲，王20歲。按街道編隊，我與王同屬上城區湧金街道，因此鄰座。知青專列開了五天五夜，很快廝熟。

　　王為杭二中（省第一重點）高中生。文革一起，其父王平夷（杭州市委書記）被打倒，心情抑鬱，肝病而死。其母肖冰（《杭報》總編），也被打倒，只發生活費，家道中落，很快兜比臉乾淨——沒錢。1969年1月，王國平插隊杭郊富陽春江公社，轉赴大興安嶺，看

上國營編制、高寒津貼（工資的45%），一下車45元／月，半年後定級，一級力工50～55元／月（按日計薪）。對知青來說，相當豐厚的高薪了。王國平既想自養（插隊「倒掛」）[1]，也想奉母，棄江南轉東北，離杭郊農村入興安密林。

王國平告訴我：家裡本有三千存款（我家不足50元），其父病重時每天一支野山參吊命，每支近百，很快窮癟下來。饒是「刺史之後」，也與我們「黑五類」同車赴疆。當時就閃念：阿會又是一齣「落難公子」？相比我們「新二屆」初中生的「下愚」，「老三屆」的王國平鶴立雞群，可謂「上智」。他告訴我「三大高原」、「四大平原」、列寧遺囑、史達林弄權、大學生從不疊被（繩繫被腳）……我們特崇拜他。

同車知青中，我算讀了點書，雖比王國平差一截，但比其他「新二屆」高一點，且會下圍棋。王也喜歡圍棋，帶著棋具，一上車就過招了。本人市體委煉就的童子功，棋藝明顯比他高一截。王國平很快與我親近起來。築路二連帳篷裡，王與我鄰鋪，一度「拼伙」（合伙吃飯），不僅是工友棋友，還是最談得來的文友，他的文史知識也只有從我這裡能得呼應。曲裡拐彎的俄共權爭，沒幾個知青有興趣，就我聽得有滋味。他多次嘆惜：「裴毅然，可惜了，這麼小就沒書讀，如果不是文化大革命，你能……」

「太守」挨鬥記

其父王平夷（1912～1970），我還真見過。1967年初，省人民大會堂批鬥二王大會，「走資派」市委書記王平夷、市長王子達站立台側，低頭挨鬥。本人小學六年級，學校「停課鬧革命」，閒來無事，家離杭州政治中心的市府不遠（步行十分鐘），天天去看大字報、聽

---

[1] 倒掛：不僅不能為家中增加收入，還得由家中倒過來補貼。

大辯論。那天，人民大會堂大門四敞，任人進出，進去一看，原來批鬥「杭州太守」。至今印象清晰，二王個頭差不多，神情落寞，當然沒了「主人翁」氣概。

王平夷，四川開江普安場大石橋村人，1932年赴京求學，「一二・九」運動中加入「民先」（中華民族解放先鋒隊），「七七」後赴延安，1938年入敵後，浙江金華編《浙江潮》（週刊），7月入黨，金（華）衢（州）特委青年部長、金（華）義（烏）浦（江）蘭（溪）總辦事處主任、新四軍浙東縱隊金蕭支隊八大隊長；抗戰勝利後，華野一縱政治部宣傳科長、《前鋒報》副社長；1949年5月隨軍南下，杭州勞動局長、市財委副主任、市委副書記兼副市長，1955年市委第二書記；因第一書記、市長由省領導兼任，實際主持杭州市委；1970年6月18日鬱鬱病逝。

公子微賤時

作為高幹子弟，王國平有一股掩飾不住的貴族氣。腕戴瑞士名錶「勞萊克斯」（其父遺物），里巷人家能戴上「上海牌」（120元）或杭產「寶石牌」（60元），就已「你們家裡介該貨（有錢）」。若有一塊地球徽標的瑞士「英納格」，將濺起一片「乖乖嚨裡咚」。王冠徽標的「勞萊克斯」，誰見過？聽都沒聽過喂！

王國平有兩套很惹眼的黃軍裝，軍帽也是正品。最貴氣的是一副隱形眼鏡，我們弄堂子弟聞所未聞的洋貨。一天冬晨，他上河邊取冰洗臉（爐上融冰），丟了一片隱形鏡，急得團團轉，價值上百元不說，杭州也很難補配。幾個鐵哥兒們全體出動幫他找，雪地裡小小透明鏡片很難找，好一陣才找到。從此，他一般不再戴隱形鏡。

呼中築路一處，小小副科級單位，一把手鄒成（17級），資歷不過「跨過江」（抗美援朝），很牛皮了，訓斥機械連司機：「什麼『機工』，有啥牛皮的？就那推土機，掛個大餅子，狗上去也會

開！」來了一位杭州市委書記的公子，人還未到，名聲已傳。王國平
很快脫穎而出，班長、副排長、排長，1972年4月入黨，指導員王思
信為入黨介紹人，再升副連長，知青中的好苗苗。王國平的言行甚合
「標準」，其母肖冰給連部寫的信，全連大會宣讀：要求連首長對國
平嚴格要求，要國平在「毛主席的革命路線下奮勇前進……」

周恩來手書

入嶺既久，到底難熬。住帳篷點油燈、吃粗糧幹重活，高粱米窩
窩頭、土豆乾白菜乾，數月刮光腸油，日子相當艱難。一聞食味，眼
冒綠光。連裡殺豬，那邊豬毛還沒褪，這邊就一個個「哈拉子」（口
水）淌出來了。而且讀不上報、看不了書，更看不到出路，大好青春
默默腐爛在深山密林，縱有千丈萬丈革命豪情，也很快癟落下來，沒
一個不想回城的，只恨父母「不行」，沒本事將自己「辦回去」，只
能憋蹲山溝。那些夜晚，王國平沒少在鋪上翻烙餅，暗暗歎息。

1973年初春，王國平離山回杭。刺史公子，硬不一樣哩！他的離
山得於周恩來手令。1972年2月21～28日尼克森訪華，26日尼克森飛
杭，周恩來陪同，是夜宿杭。這一晚改變了王國平的命運。晚宴後，
周恩來抽空接見浙省官員，點名要見王平夷遺孀肖冰。肖此時還在杭
報「牛棚」，臨時換了一件乾淨衣服上杭州飯店。周恩來問她有什麼
要求，肖說身邊無子女照顧，周當場寫手諭，責成浙江省內務局（人
事局）辦理王國平調杭。

有了周恩來手諭，從浙江內務局到黑龍江內務局，再到大興安嶺
地區勞資局、呼中區勞資科、築路一處勞資股，一路暢通。王國平上
浙省內務局報到，不是不容還價的組織分配，而是徵詢志願：「你想
幹什麼？」王國平回答：「我想讀書。」沒問題，先安排杭州重工機
修廠，再推薦合肥工大（稀有冶金專業）。肖冰、王國平母子並未像
他們宣稱的那樣——「堅決聽毛主席的話，堅定不移地走與工農相結

合的上山下鄉道路」，兩年就唏溜了。最堅定的「扎根派」，一個華麗轉身，成了「拔根派」。

第二次握手

1978年，我考上黑龍江大學中文系（深謝王國平的「看得起」）；1982年畢業，分配浙省政協。王母乃杭州市政協副主席，我打電話要王國平聯繫方式，肖冰同志十分客氣，告知其子電話。王國平時在杭州煉油廠研究所。周恩來手令只能將他從大興安嶺調回，送入合肥工大，接下來的道路仍風雪迷漫。此時，從中央到地方，文革派尚未澈底退出歷史舞台，老幹部雖然「回來了」，只能蔭及子女就業，尚無力托舉升官。這一大背景下，王國平此時憋蹲基層，毫無貴相。

我騎車去看他，他身穿藍大褂，見我是省級機關幹部，年輕有為，酸酸地說他們工農兵學員不吃香，大專學歷都不承認，得回爐，「你這樣的正牌本科生才吃香，還有學士學位。」此時，他正申報助理工程師（初級職稱），抱怨回家得洗孩子尿片，不知道這是「黎明前的黑暗」。萬萬沒想到，這是我們最後一次見面。是年，我28歲，他32歲，別時相約「常聯繫」。

1983年，中共開始搞「第三梯隊」，王國平「紅色諸侯」出身，下過鄉、入了黨、進了學，「又紅又專」，名正言順進入梯隊，很快超越先他入仕的我。第一項職務：浙江化工研究所輕化室副支書。「第三梯隊」本就是接班人工程，王震有話：「不交班給自己的後代，難道交給我們的掘墓人？」以王平夷、肖冰夫婦的浙省政壇人脈，王國平一路拾階而上：杭郊桐廬縣團委副書記、縣辦主任、余杭縣委副書記、書記……

中央有「太子黨」——曾慶紅、李鐵映、葉選平、鄒家華、俞正聲、劉源、陳昊蘇、喬宗淮、廖暉、習近平、薄熙來……地方上也有相應的「公子黨」。但杭州會出「父子書記」，無論如何超出我們當

年的想像。

王國平成為「省市領導」，一些親友知道我們之間有舊，不免會問「此人如何」？老實說，我還真一直都說他的好話。青年王國平繼承其父「一二·九」遺風，思想純正，仁慈少私，沒有高幹子弟驕嬌二氣。想想總要有人當官，市委書記的兒子難道就當不得麼？我還真是他的忠實擁躉。

侯門深似海

1999年秋，我復旦博士畢業在即，按行情可入杭州大學中文系（杭大尚未併入浙大）。杭大乃我碩士母校，又是杭州人，忠誠度絕對可靠（京滬名校博士皆不安心外省）。杭大中文系主任陳堅教授乃本人師長，偏偏副系主任吳秀明作梗，判我「水準不夠，年齡偏大」。此前，我上這位副系主任家「磕過頭」（拎禮輸誠），請省作協主席葉文玲、市作協主席薛家柱打電話說項。但我有三項「致命缺陷」──年齡比吳副主任小兩歲、復旦博士又明顯超壓他工農兵學員、且與吳同一專業（現當代文學），他或感到「威脅」，拒不收我。

為能留杭（不用搬家，照顧父母），拙妻要我去找王國平：「有關係這種時候不用，啥時候用？」此時，王國平為省府祕書長，官脈甚廣。想想自己副教授、復旦博士，完全符合進杭大的硬件，僅因人事格擋，「國平同志」只須給杭大任何一位領導掛個電話，稍拉一把，即能搞定。

此時距離「第二次握手」17年了。王國平歷任餘杭縣委書記、杭州市委副書記兼組織部長、嘉興市委書記、省長助理、省府祕書長，官運正亨，節節走高。一些嶺友不斷撩撥我去聯絡他，寄一張賀卡什麼的。我一則「清高」──不為雄名疏賤野，惟將直氣折王侯；再則大官門前熟人多，瓜田李下，怕疑附驥，就不去湊熱鬧了吧。但內心認定若真有事去找他，至少還能「接見」。此前，一位二連嶺友已抱

怨，1980年代王妻（浙省高幹之女）就給他臉色看了，弄得他上門無趣，怏怏而退。難度明擺著，奈何遇坎，王國平還說得上話，17年求一回，且非為難之事，一個電話耳，說不定人家會念舊……我說服自己給他打電話。

前哨戰得搞到他的電話號碼，東托西轉，總算從省府熟人處得到「祕書長」電話。拎著心打過去，雖然還不是省裡「主要領導同志」，電話已極難打，不是忙音便是沒人接。努力一周，打了十多次，總算找到祕書，問清身分，仙人指路，囑我下午上班後十分鐘打過去，「這個時候一定在辦公室」。

當電話那頭終於傳來熟悉聲音，我趕緊通報姓名，匯報即將從復旦博士畢業，有點事想見他，打擾他一刻鐘。他態度冷淡，說是很忙，要我過一陣再找他。我抱怨：「你的電話好難打。」他沒接話碴，並未告知宅電（手機尚未普及）。瞬間，我澈底領會祕書長的「很忙」。擱下電話，一陣羞愧一陣悲哀，親身經歷「侯門深似海」，一個祕書長就高高在上——如此對待微賤之交。再說本人也不是沒有一點身分，好賴也是高知吧？

人家「很忙」，能不去粘就不去粘吧。此時，上海財經大學關設經濟新聞系，要我前往主持。雖然不願調滬，但留杭無門（也聯絡其他杭州高校），只好舉家遷滬。此後，當然沒再打擾王國平。他當他的官，我教我的書；你說你的官話，我寫我的文章；你辦你的官差，我為我的民主。無論現實生活還是思想理念，無論公私，完全分道揚鑣，就是面對面坐下來，也都明白分屬「兩個陣營」——他要維護的正是我要拆除的。當然，在他看來，以他「省部級」之尊，還值得理會我一個知識分子？

此生不再見

如今，他下台了，從一方諸侯小山頭下來了。此前，既未為他上

台歡呼，今天也輪不到我歡送他下台。他在台上既然不願見我，下了台我也不想再去見他。不便再見了，還有什麼可說的？兩相尷尬耳！我們之間無非再演一遍歷史故事：人一闊，臉就變；富易妻，貴易交。

1999年9月打給王國平的那個電話，成為人生之恥——居然以為人家還會念舊！不過，這個電話也是試金石——試出人品。若不打這個電話，還真不好憑空猜度王書記。區區地方官，爵未及侯，就已如此「深似海」。不說當年「毋相忘」，至少數年興安嶺知青情吧？竟不願支付一刻鐘，弄得此生不願再見，什麼「人民公僕」，誰信？患難老友都不肯「僕」一僕，還能有多少「無產階級胸懷」？陳勝稱王、劉邦稱帝，還宴請一把鄉里父老哩！

往大了說，只要當今官員還普遍「為官忘友」，中國社會性質就未脫封建，距離民主平等遠著呢！應該說，青年王國平的素質還是不錯的，他都逃不脫「一闊變臉」，只能再發潼關長歎！放在歐美，小小州級官員就如此「忘友」，任何一家小報爆點料，前程就到頭了。也就是在缺乏公眾監督的中國，官員一個個「偉光正」，除非倒台，任何報刊不得播報負面新聞，王書記才會才敢「忘舊」，一聲「我很忙」，輕輕送走青年時代的患難交情。

拙文之所以拖到今天才寫，一則他在台上怕沾「附驥」，雖是反面文章，仍恐被指「訕君賣直」；如今他走下「主要領導崗位」，沒了這層顧慮。二則不想再等十年，也想讓他耳根現在就燙一燙（有人在說壞話），不認微賤故友，人家也要稍稍「回敬」一下。在此轉告一聲王書記，一位你十分熟悉的二連嶺友恨曰：「等王國平老了，挂了一根拐杖出來，我跑上去拿走拐杖，讓他跌一個跟斗！」並非我一人對你有意見哩！

網上傳聞：王國平妻兒及親屬大規模涉足杭州房地產，家產超過80億。還說王國平大肆揮霍市財政，借開發西湖大貪特貪；西湖邊木凳，市政部門採購竟2000元／條。杭人傳言：「來了王國平，杭州被

刮三層皮。」網上說王妻陸海鷹（父母亦浙省高幹）原為廣廈房地產財務老總，經濟問題嚴重，擔心影響丈夫仕途，辦了假離婚，云云。如果這些醜聞屬實，我這位知青嶺友則可謂「官別三日，必須刮目相看！」

王書記「刺杭」，手筆多多，包括「救杭房地產24條」、2009年市府豪掠土地出讓金120億（超過京滬，下屆市府已無地可賣，GDP失去「第一增長點」）……2008年杭州房價下跌，多家房地產商資金鏈瀕臨斷裂，10月王國平推出24條房地產「新政」救樓市，外界擲疑，王國平公開表態：救樓市不是為了救房地產商，而是救經濟、救銀行、救百姓，「房價下跌最大受害者是老百姓」。此話一出，頓成「經典」。王「刺杭」十年，杭州房價飆升十倍，市區接近2萬人民幣／平米。

當然，也不能說王書記沒一點政績，有人評曰「功大於過」。從城市建設到公共服務，他管得很寬，頻上電視。十年書記，四換市長。杭諺：「杭州只有市委書記，沒有市長。」如此貪名，他大概不知清代杭州太守謝時雨的大堂名聯：

為政戒貪，貪利貪，貪名亦貪，勿騖聲華忘政事；
養廉宜儉，儉己儉，儉人非儉，還崇寬大保廉隅。

王國平刺杭，杭州多出貪官，許邁永還是其副手。書記管官，沒管好下屬，至少用人失察吧？王書記下台，省委書記親自宣布，用詞「免去」而非「離職」，網傳他違背中央房地產宏觀調控政策，不是壓抑房地產而是「救市」，懷疑為親謀利，云云。

縱然網上負議全是誣衊，王書記不願給我15分鐘，至少知青嶺情未經得起烏紗考驗，也是誣衊嗎？就算微疵小節，亦凝時代特徵，說明一點王書記的官品吧？

2010-1-20～27　上海
原載：《開放》（香港）2010年2月號

我的自學路

　　我的青春小鳥早已撲撲飛去，悠悠歲月凝為飄渺記憶。但那一階段的自學，深深沉澱在血液裡氣質中，形成今天的「我」。回想起來，若無那時的自學，此生將生活在長長的「黑暗」中。

　　幼年對我影響最大的是連環畫《岳飛》──岳母刺字，精忠報國；怒髮衝冠，還我河山！「三十功名塵與土，八千里路雲和月。」如今誦讀〈滿江紅〉，仍心潮澎湃，壯懷激烈。小學三四年級，磕磕絆絆讀大人書──《紅岩》、《紅旗譜》、《紅日》、《歐陽海之歌》……紅色文學對我們這茬「紅領巾」影響終身。高昂的英雄主義孕育激揚理想，許雲峰、江姐、陳然等紅色烈士「我們願，願將這牢底坐穿」、孟良崮上血雨飄……都使我慷慨激昂熱血奔騰，只恨晚生三十年，未趕上成為英雄的年代。

　　入隊宣誓時那句「為共產主義事業──時刻準備著！」真不是照葫蘆畫瓢嘴裡蕩蕩的。那時，我們最恨的人是甫志高（《紅岩》叛徒），最惡毒的綽號也是甫志高，比蔣介石更爛更壞。雖然我們紅衛兵一代喝狼奶長大，滿腦組裝蔣匪美帝赤色詞彙，另一面也形成大公無私、祖國至上、寧死不屈等一系列崇高氣質。

　　1970年底，北上大興安嶺原始森林，築路隊帳篷原始生活，風刀霜劍，艱苦備嘗。零下四五十度風雪呼嘯的寒夜，之所以頂著上司喝斥、同伴不屑，守著小油燈，一邊啃著難嚥的窩窩頭，一邊疙疙瘩瘩爬讀《唐詩三百首》，就是靠少年時代積聚的那股氣。一次，我趴在鋪蓋上抄錄《唐詩三百首》，副指導員伸頭一看：

　　你小子為什麼不讀毛主席著作？抄這些「封資修」?!越讀越修嘞！

　　如今，這本《唐詩三百首》靜靜矗立書櫥，我知道自己從它那裡起步。那會兒，只覺得自己的青春不能在大山的褶皺裡默默腐爛，不

能就這麼喝酒打牌了此一生，總該讀點什麼學點什麼。而我只有這本《唐詩三百首》，從它那裡，我明白得再讀點其他書，才能讀懂每首詩後面的注釋。

讀唐詩被領導訓斥，讀《毛選》又遭同伴諷刺——

喲喲，這小子介用功，想當官嘞！

快來看呵，我們這裡要出博士了！

真有點頂不住哩！被孤立、遭嘲笑的滋味相當難受，全靠胸中那股氣，勉強堅持下來。

整整八年，我盡一切努力找書讀書，抓到什麼讀什麼。而這樣的幸福日子只有探親回杭的一個月，每年絕大部分時間不得不在原始森林熬受「書荒」。連部那幾份報紙成了死死不肯放過的追求對象，每期《參考消息》都細細啃上一二個晚上，抄錄好詞佳句，積攢下一點詞彙。後來，才知道這就是桐城派所謂的「詞章」。

日記成為自我打氣、訓練文筆、記錄心得的小泳池，最初的文字訓練還真就來自那幾年的日記。那陣子流行《王傑日記》，不少知青在日記中學著一天自問50個「為什麼」，抄寫豪言壯語，噴濺激情，作英雄狀，惦著「有朝一日」發表。[1]幸好，我不習慣那些臉燒耳赤的「假大空」，只簡錄生活內容、閱讀心得。

本人名為初中畢業生，但1968～1970年文革正鬧得歡，實在沒學到什麼東西。1978年，憑藉自學以小學底子僥倖考入大學，邁上人生最重要的一級台階。也由於自學，堅定了志向，最終走上治學人生。1984年7月，請辭浙省政協，頭也不回地離開省級大機關，前往人稀水清的專科學校，目的只有一個：不坐班，有時間自修。

1985年，一位香港廠主（妻家親戚），邀我上深圳主持他的辦事處，專賣生產牛仔布的機器，底薪五百，外加深不見底的提成。那幾年我正窮得叮噹響，月薪70多塊，500塊月薪，難以抵擋的誘惑。與

---

[1]　馮驥才：《一百個人的十年》，江蘇文藝出版社1991年版，頁205。

妻開了一周床頭會議，我問她「咋辦」？她推避「你決定」！下海從商，大方向轉舵，不合從學志向，最終謝絕門外的「芝麻開門」。此後，每遇艦尬貧困便懊惱一番——怎麼放棄這麼好的發財機會?!而我之所以如此不識好歹，不奔財路奔學路，實在也是我們這一代的重大局限：生長貧窮歲月，不識金錢之力，只識「惟有讀書高」。

貧困中堅持自學確實不易，得立志稍高，鄙棄瑣屑，才能專注於學。看得稍遠，才能戰勝最危險的敵人——流俗、惰性。趣味脫俗，人格才會相應高潔，才有勇氣應對各種挑戰，頂住起步階段殺傷力極大的揶揄嘲笑。

從根本上，任何學習都是自學。師傅最多領進門，修行必須靠自身。開合甚大的文科，更是如此。即便攻碩攻博，能否學有所成，關鍵仍在自學，沒有積極進取的求學之欲，怎麼可能將前人智慧、各種知識挪入自己大腦？誰幫得了這個忙？

從學士拱到博士、從助教爬到教授，本人雖然學歷正規，台階清晰，但只要看看趕考記錄便可明白征途之難：二考學士、五考碩士、五考博士、七考託福（留學英語）。人生有時看起來只差一小步，但這一小步卻需要積累幾年甚至十幾年才能邁過去。

自學祕訣很簡單，惟兩字耳——堅持。功利心不能太強，不能急於求成。爬坡過程中，不能急切於「短平快」。自學道路雖然漫長，也相對扎實一些。我這樣的「龍江哥兒」能邁上學術台階，吃上學術飯，確是青年時代「十萬個沒想到」。

自學在靜，潛心修行，不求風景而風景自近。事實上，也正因為學階長長，跋涉者才漸漸寥落。最怕「小富即安」、「小成即驕」，莊子的「小知不及大知，小年不及大年」，下階不知上階風景，實為境界性認識。1986年我兒出生，寧波籍高中生保姆竟說書不用讀得太多，大學沒必要讀（明知我是大學生），初中低了，高中正好！

萬事有度，也不能過於謙卑，「與其自卑，不如自滿」。自滿畢竟眼睛瞄上，能將你往前帶一帶；自卑則眼睛朝下，會成拎不起來的

豆腐。相比自卑的放棄，自滿的爭強多少可愛一些，維護住那一寸最緊要的自信。當然，最好不卑不亢，恰分適度，只問耕耘不問收穫，以出世態度做入世學問，即使達不到目標，至少不會踏步原地。惟青年時代不易拿捏分寸，兩害執輕，只能「與其自卑不如自滿」。

如今，本人終日書房，冬夏不輟，晨昏讀寫，理念簡單——生命有限，盡可能幹點益己益人之事。更何況還能整出點文章、著述，掙點稿費、版稅。從順序上，好像也必須「獨善其身」，而後才有能力「兼濟天下」。

學問與經濟，一理想一現實，有矛盾也有連繫。自學山道上，不能太看重物質回報，只能「創造條件也要上」。若必先鋪設經濟基礎，再投身學問，怕是已提不起那股勁，也拉下人家一大截了。任何行業，百舸爭流，無不競爭激烈。

再介紹一點求學心得。青少年閱讀只能從淺近優美的文學進入，20歲前至少得讀點文學名著。大學階段須接觸理論，從形象文學漸入抽象史哲，資訊密度加大，漸漸「吃力」。而這一「吃力」恰為提高閱讀能力必經台階，西方教育立旨「通識」，追求博學洽聞，根基即在於深刻理解「博」為「專」的基礎。很多學子在「求博」台階畏難而棄，返身他顧，未能看到上一台階風景。堅持者既讀史哲，再讀文學，一馬平川。如40歲還未讀到史哲，未啜入人文精華，思維與概括能力必受限制，只能盤旋較低層次。

本人寫作過程亦呈台階型。1980年代中期，一心惦著赴美「洋插隊」，好不容易托香港妻戚辦好經濟擔保，拿到美國猶他大學、匹茲堡大學攻碩入學通知書，辦好護照，1988年10月13日終於進入上海美領館，卻以「移民傾向」拒簽，「1Y」——一年內不得再申請，此後四年五拒。為留美專攻外語七八年，鬼哭狼嚎，苦了自己誤了光陰。1991年，萬般無奈返身入杭州大學攻讀土碩士，十分功利地開始寫作（完成作業、發表論文），最初寫影評劇評、散文雜文，散發杭城報紙與《名作欣賞》，此為只能關注「詞章」的第一台階，年近

四旬矣。

　　稍後，碩士論文要求必須閱讀文藝理論，閱讀由是提速，順道得悉名士花絮、史海軼聞，一則則短篇汩汩而出，今編為《撩看民國名士——名絮集錦》（大陸版《翻書黨》）。此為第二台階，即隨著閱讀深入，已能發現各類題材，擁有一點桐城派的「考據」，年齡40～43歲。

　　1997年，以43歲「高齡」入復旦攻博。博士得高深於碩士，閱讀、思考再上台階。這一階段，論文發表漸暢、層次漸高，2000年出版《二十世紀中國文學人性史論》（其中兩章為博士論文），是為第三台階，稍築理論基礎，擁有哲理思考能力，算是進入桐城派的「義理」，是年46歲。文革誤我，一路滾爬，成熟甚晚，全賴不甘自棄。

　　2002年，48歲評上教授——「革命到頭」。此時，竟對文學失去興趣，移師史學，由文轉史，2004年出版《中國知識分子的選擇與探索》，2005年開始在香港發表史評、政論，是為「第四台階」，年過五旬矣。

　　此後，由博返約、以通馭專，60～63歲出版專著：《烏托邦的幻滅——延安一代士林》、《紅色生活史》、《紅色史褶裡的真相》（六冊叢書），是為「第五台階」。

　　我還在攀援，希望攀上「第六台階」、「第七台階」。

　　不少學生很看重學習方法，常問我有什麼捷徑。學習方法當然是有的，最精煉最核心的也就四個字：邊幹邊學。先跳入水中，然後才會游泳，在岸上比劃，永遠學不會。先投入，然後才會有「方法」。四字訣適用任何學科任何專業。同時，人際差異很大，適合自己的學習方法只能摸索自得，伴隨學習過程漸漸清晰。

　　桐城三要素——詞章、考據、義理，分別對應文史哲。本人從文學開始，由易至難。興安嶺打下「詞章」基礎；攻碩攻博的《二十世紀中國文學人性史論》為「義理」；知識分子研究掌握一點史料——「考據」。本人的求學經歷無非再次印證前賢經驗。總之，不停步、

慢慢走，邊讀邊寫，閱讀效率儘量最大化。此外，高校教席也是不可或缺的條件，教學相長，學以致用，興趣與功利齊飛，收穫共晚霞一色。純粹業務玩票，很難專精化。

2015年6月20日，Email致秀威負責編輯，隨手敲出一段求學經驗，她建議綴加於下──

一、確立較為遠大的人生目標，有一努力方向，今天的學習積為明天的台階，步步遞進。如本人攻碩課程論文、學位論文成為評副教授台階，攻博成果評了教授，「一魚二吃」。二、儘量做今天能做的事，如我為報刊撰寫名人軼事，既練筆又積累，形成現代知識分子研究的「原始積累」。三、只能邊幹邊學，不能等學好了再幹。如等學好了，廉頗已老，不想幹也幹不動了。此外，學程漫長，若無現實收益，沒一點功利激勵，堅持不下來。不能僅靠志向、興趣支撐一生求學，最好以學為業，邊積累邊成長。具體的操作性方法：看到哪寫到哪，遇小寫小（報屁股），遇大寫大（論文、專著），最後可達「開中藥舖」──撮材入方。

再濃縮一下：堅持方向、永不言棄、碎步慢走、摒拒流俗。文化之事，畢竟高蹈，不太挨得著官職、金錢，只能靠內心的「自以為是」。

本人生逢亂世，孤身黑屋，瞎打瞎撞，全憑感覺。2017年9月紐約法拉盛暫居處，讀到余英時先生治學心得的幾段文字：

西方的學問以專題研究為正宗，其中必有主題，然後從各方面細節去論證，最後建立起一個結構的整體，這正相當於中國所謂由考據通向義理的途徑。

我的具體建議是：先選定自己的專業領域，再就研究題目相關範圍選出一兩部最主要的經典，下切實功夫，以之為基地，以後再隨新研究題目擴大到其他經典。

鼓勵青年人讀好書，不是任意找一本書，而是老師推薦的。而且要看他這本書是怎麼寫成的，從這方面注意。不光是說他講了什麼主

張，這事是次要的。要看他怎麼樣得到這些結果的，這樣你就能學到針法，金針就在這裡面。[2]

實在太幸運，我竟無意間踩對台階：選定專業→閱讀所涉經典→擴大閱讀→形成專題研究。尤其《烏托邦的幻滅——延安一代士林》，選題、主旨、結構，似合西方「以專題研究爲正宗」、中式「由考據通向義理」。人生確需運氣，一路摸索走來，方向未偏，眞正上蒼眷顧、祖先冥佑！

富潤屋，德潤身。研治文史的最大收穫是遠避世俗，長親聖賢。讀聖賢書、知前賢事、思時賢理，再分泌一點自己的思考，留聲於世，留思於後。雖不富裕，卻觀古今於須臾，撫四海於一瞬，寧靜致遠，登泰華而小天下。若無這份價値追求，以利視學、以金衡學，對人文學科缺乏興趣，最好趁早轉身，不必在痛苦中耽誤時間。況且，「理科學生的書越讀越薄，文科學生的書越讀越厚。」（華羅庚語），[3] 人文學子必須以讀爲樂。人生苦短，愉快第一，何必強迫自己？因此，投身學界，第一要素還是那個很古老的「興趣」。

五絕　求學心得

少壯苦耕耘，中年勤探尋；旨遙行旅遠，學淺問難深。

初稿：2003-7-24；再改：2004-7-29；增補：2015-6-20
原載：《自學考試報》（西安）2003-11-7

---

2 余英時：《我走過的路》，聯經出版公司（台北）2012年版，頁59～60、140、181。
3 《八十三封書信——許良英、李慎之書信集》（增訂版），同心同理書屋（北京）2010年版，頁19。

我的復旦路

　　數次考博復旦，來去匆匆，只得皮相。1994年春，初訪復旦南區，參謁這所江南第一名校研究生宿舍。濃郁的書卷氣陣陣撲面，一張張學子之臉、一雙雙崇智之眼……其時，商潮初起，全民經商——十億人民九億商，還有一億待開張。個個奔錢，人人浮躁。走進復旦校園，如入一片綠洲，陣陣別樣感覺。

　　1997年秋，終得「高齡」進入復旦，也成了「南區人」。一學期下來，恍若「入此深山」。

　　首先，復旦口音雜陳，大江南北長城內外，真正南腔北調。其次，農家子弟約占一半。初略驚訝，不久旋解，想想甚合情理：一則城裡子弟出路既廣心思便活，驕嬌二氣，不像農家子弟一窮二白全力拼學；二則學府之地，搞研究做學問，不是花架子比劃兩下子就能糊弄下來，走入學術山階者好像只能是下層子弟；三則考試錄取，程序相對嚴謹，競爭相對均等，錢權相對黯淡，農家學子才相對有機會。

　　入復旦不久，發現學校周圍生意最旺的除了食舖，便是書店。粗略數點，大小近二十家，還有專賣盜版書的「黃魚車」！市場經濟已將書商訓練得嗅覺特靈，他們不知書的內容，但知道哪本書好賣。復旦文理工商，門類眾多，學子莘莘，書箱只只。書商賺了想要的錢，學子得了想要的書，兩相盡歡，皆大OK！

　　復旦南區還有一道別致風景線，他處很難見到的一種廣告。紅紅綠綠的招貼「婚姻中介」、「操心紅娘」，一張張深入南區。將這樣的「溫暖」送進江南最高學府，除了稍惹氣惱，還不得不佩服其中的精明。男博女碩一個個忙事業奔前途，沒功夫解決麻煩的個人問題，人家就是專門幫你解決這一難題。至於收費，招貼上不寫的，要寫也僅「面議」。想來不會低。生意人算過的，時間上不肯支付的人，金

錢上一般總要大放一些。

經濟學、管理學，南區最牛專業博士生。別小看這一張張準博士的皮，身披此皮上海灘轉一圈，找一家數千塊的兼職，據說「勿要太容易哦！」可惜這樣熊掌與魚兼得的復旦學子太少，大多數準碩士準博士只能守著每月300塊獎學金過日子，熬學滬上。大概熬得實在太苦，也可能靜極思動，復旦碩士不少放棄直升博士而就職掙票，引得外面學子一副饞相，陣陣唏噓。

陪讀亦是南區一景。陪讀原非國產，復旦亦無這方面安排。但人家三四十歲大老遠青隴晉陝趕來，配偶陪讀亦合情理。陪讀得自己解決住宿，復旦規矩，博士生兩人一間宿舍，但總有種種原因占臥而不宿校者（如本人），其臥兒便十分合理地歸了「迫切需要者」。更有相中大上海教育水準的，不僅妻子陪讀，下一代也接來「跟讀」——入學附近小學。一間宿舍裡拳打腳踢，苦雖苦點，但為了明天的麵包，一家三口倒也有說有笑，關起門來成小統。如不能「占空臥」，便尋覓周邊居民租屋。復旦四周有條件的滬民當然不會放過這一「近水樓台」，開學季總會貼出各種小彩紙——「吉屋招租」。

復旦，大上海的一角，蟄伏著希望，也蠕動著生命的喘息。

1998-1-18　杭州‧大關

原載：《杭州日報》1998-6-24

《復旦報》1998-10-17

我的「作協」路

　　拙文〈作協門檻曾甚高〉，原載上海作協內刊《上海作家》（2008年第3期），不意天津《文學自由談》轉載（2008年第6期）。日前，《文學自由談》主編來電，鼓勵我就此話題再深入深入，再自由自由，接續一篇。放下電話，搜尋電腦庫存，還真有一些未入前稿的材料，可成一「續」，這回將自己也搭上。

胡山源申請入會之續

　　五四名家王魯彥（1901～1944），其「未亡人」覃英（1906～1993），1957年由中西女校調上海師院第一院（文科），中文系副主任，胡山源的領導。覃英得知胡山源申請作家協會被拒，正在鬱悶，稱她「作協」有熟人，可幫忙搞定。覃英乃中共黨員，與「民主人士」胡山源不可同列而語，故信心滿滿。胡山源記述：

　　有幾次，她說得非常熱烈而肯定：「他們已有人來向你聯繫了嗎？」我說沒有。她說：「明後天一定會有人來！」可是明後天沒有人來，以後也終於沒有人來。

　　反右前「鳴放」，上海師院第一院黨委副書記蘇寧（1923～　　），動員胡山源向黨提意見。胡山源最初發言：對黨沒什麼不滿意，即便有一些，亦屬細末，不提也罷。同事包玉珂（1906～1977），《上海——冒險家的樂園》編譯者，一旁慫恿：「你不是對作家協會不滿意嗎？」蘇寧便鼓勵胡山源講說此事，大小也算「意見」。拗不過勸駕，胡山源口氣和緩地陳述數次申請被拒的經過。蘇寧聽後，拍胸脯打包票：「那沒有問題，由我們去為你辦理入會手續就是了。」蘇寧又聽說胡山源的文章發表不了，也滿腔熱忱：「那容易得很，由我們

推薦，就一定可以發表。」其時，組織威力熾烈，上管天下管地中間管空氣，包辦一切，蘇寧才大包大攬。

不久，胡山源劃「右」，正式罪狀「為胡適辯護」，估計一定還拖掛「對黨不滿」，對「作協」有意見不是對黨不滿麼？胡山源記述批判大會——

諸人中，包玉珂最欣欣然有喜色。蘇寧沒有出席，但我知道，我的戴上「右派分子」帽子，他是很有關係的。[1]

至於蘇寧的包票，不用兌現了。

入會申請數叩皆拒，且為淪「右」誘因，對胡山源刺激太深，晚年回憶錄中多處提及，耿耿於懷。

兩則入會軼事

1990年代初，王小波（1952～1997）也想加入中國作家協會，但作品發表不了，無法實現願望。一次，王小波參加北京「作協」研討會，很失望，會上討論的問題實在無聊，入會興致就此淡了。[2]

今日作協，對大多數作協會員來說，除一本會員證與五年一次的作協大會，也就一份似是而非的「社會承認」。加上「作協」年年擴容，印上名片都有點「那個」，加不加入，實在嘸啥啥。不過，凡事總有例外。對某些編輯來說，無此頭銜，茲事體大，說來澀重。筆者長年投稿《文匯報》「筆會」副刊，與一女編聯繫較密。關係一熟，話語便多，一次通話問及怎麼不見其名署欄？責編列欄，雖為「搭車」，亦明責任。電話那頭，她有點尷尬，說是該報規定：非中國作協會員不予「出名」。幾年後，終見該欄一亮其名，忙去電話祝賀。不想回答：年屆退休，最後幾個月「安慰安慰」。作協會員，斤量如

1　胡山源：《文壇管窺》，上海古籍出版社2000年版，頁290～291。
2　丁東：《精神的流浪——丁東自述》，秀威資訊公司（台北）2008年版，頁148～149。

此之重，唏噓多日。看來什麼都是「須到用處方恨少」。

　　很長一段時間，心裡一直縈繞這位女編之事。實在出怪，責編「出名」竟鉤掛作協會籍？出此規定，不外鼓勵尚缺會銜的編輯多寫多發，爭取加入作協。然編輯不一定非得是作家，編與寫畢竟兩條河，編得好、選得準，甘當人梯綠葉，識俊選優，這份勞動不應承認麼？編輯能力為何需要「作協」會籍證明？如非堅持這一「本欄傳統」，事前就應非中國作協會員不聘，以避矛盾。既聘之又難之，徒惹不快徒增不諧，何苦？

　　再往深裡說，各種「值得商榷」的規定，根子還是未「以人為本」。行為的身後畢竟是認識，行動終究體現思想。哲學的貧困一定到處綻露，成為下一步「改革開放」的對象。

我的「作協」之路

　　筆者「五〇後」，成長於1960～1970年代，「作家」炎炎正熱，人氣指數堪比影星，很多青少年懷揣作家夢，只恨門檻太高，可望不可及，踮不著夠不到。我的文學夢，也是從小種下的。

　　1978年秋，本人入學黑龍江大學中文系——全校最出挑最有聲響的一個系。而中文系最奪目的是七七級，出了幾位才子。副系主任周艾若（1927～　），周揚長子，請來不少文學名家開講座。不久，七七級辦起「大路社」。稍後，幾名「大路」才子加入省作協，紅榜貼在主樓大廳，撓得我們很想成為才子的「七八級」，那個眼直！那個心跳！三位省作協新會員：大路社長曹長青（後美籍政評家）、小說組長李慶西（後文評家）、評論組長李福亮（後《北方文學》主編）。大路社也因這幾位「省作協會員」身價騰昂，還在校就進了作協，那……

　　說得稍遠一點，1942年8月延安，魯藝學生穆青（1921～2003）、張鐵夫（1922～2006），一再拒絕進《解放日報》，「當時

我們都不願當記者，一心想努力成為一名作家。」各級領導何其芳、陳荒煤、宋侃夫、周揚，再三動員，周揚與他倆在延河邊走了幾十個來回，才說服兩人投身新聞戰線。[3]

餘生不晚，入會甚晚。整個1980年代一直攻讀外語，為獲取研究文學的資格而爬坡，1991年才進杭大攻碩（中國現當代文學）。1996年，在同事王克起副教授及夫人葉文玲（省作協主席）提攜下，總算當上作家──加入浙江省作協。是年，本人42歲，文學碩士、副教授，發表了幾篇文學論文、一二篇小說、幾十篇散文、評論。葉文玲對我說：「作協該進來的沒進來，不該進來的都進來了！」葉文玲也是從初中生奮鬥上來，深知鼓勵對「未名者」的作用。

剛入省作協，王克起先生見我有點船到碼頭車到站，似乎革命到頭：「慢著，這才是省的，上面還有全國的。」2000年復旦攻博結束，自杭調滬，轉「作協」關係於上海作協。2001年申請中國作協，按通知寄呈兩本專著，久無音訊，想來被拒。自忖文學研究終屬二線，不像搞創作於一線，研究作家並不證明就是作家。如此這般，此後多年不再惦記這一茬。一則中國作協會籍無關發稿、不涉實利；二則大學業績考核重論文而非作品，發表五篇小說不如一篇「核心」論文。[4]

從成果上，刨去學術專著、論文，文學創作方面，本人雖發表九篇小說（中短篇），近千篇散文、雜文、評論，自忖終未成名，與中國作協或有距離，醜媳婦就別見公婆了。更重要的是發生「價值轉移」，有了比作家更高的追求目標。

2007年10月，出版學術隨筆集《歷史皺褶裡的真相》，收入67篇已發表拙文。看看還像樣，原載報刊有點檔次，加上少時的「作家夢」、那位女編的際遇，同時想再摸摸中國作協門檻到底多高，2008

---

[3] 穆青：〈魯藝情深〉，載《人民日報》（北京）1988-5-26；參見艾克恩編：《延安文藝回憶錄》，中國社會科學出版社（北京）1992年版，頁140。

[4] 1990年代後大陸學術期刊分三檔：權威（中央級）、核心（省部級）、一般。重點大學要求教授每年至少於「核心」發表一篇論文。

年初發大興再遞申請。半年後，中國作家協會發來賀函，要求寄繳
310元（審讀200元、會員證30元、四年會費80元）。越三月，寄來一
本製作精良的中國作協會員證，編號9155（大概第9155名會員）。隨
後寄來《作家通訊》，得知中國作協現有會員8522名，[5]各省市作協
會員4萬餘。[6]本人博導、復旦陳鳴樹教授乃中國作協老會員，告知中
國作協最初會員僅700餘。

從省作協到中國作協，本人走了12年，老冉冉其將至才解決「組
織問題」。較之一上來就加入中國作協的青年作家，我以文學教授
入會，當然太落後了。若非命逢文革，斷不至於如此不爭氣。有什
麼辦法？我們這一茬生生趕上「史無前例」，成為文革「深遠歷史
影響」。好在歲過天命，心態緩平，已能阿Q——享用過程也是一份
收穫。

一本中國作協會員證，對中老年會員來說，除了自我安慰，似
無餘用。寫作畢竟一室私事，「依靠組織」，時過境遷矣！對任何一
位作者來說，該怎麼寫還怎麼寫，能怎麼寫就怎麼寫，入不入「作
協」，關係不大。真若才高八斗如子建、才氣縱橫如從文如愛玲，金
子總會發亮，市場化了，不入「作協」，照樣星光閃爍。到時，不是
你以「作協」為自豪，而是「作協」以你為驕傲。

重慶網絡寫手老羅：

網路時代，作協機構有什麼現實用處？對網路寫手來說，入作協
抵不上一萬次點擊量。

另一網絡作家：

我們並不在乎能不能加入作協，成為作協的一員對寫作不會起到
任何幫助，我們只需要讀者的認同。相反，作協的事務性活動還會影

---

[5]　范黨輝：〈2008年中國作協會員發展工作綜述〉，載《作家通訊》（北
　　京）2008年第4期，頁4。
[6]　陳熙涵：〈長篇小說陷入「怪圈」〉，載《文匯報》（上海）2004-7-8，
　　版9。

響我們的創作。從創作方法、觀念等方面來說，傳統作家與我們這些網路寫手都有差距。即便作協同意我們進入，這些傳統作家當面說說笑笑，背後卻瞧不起，我們力量單薄，沒有能力與他們對抗，還不如不與他們為伍。

《詩刊》編輯部副主任閻延文透露：2006年以來，他至少推薦千首網絡詩人與草根寫手的詩作，一首都未發表，「不是因為品質，而是因為對作者身分的質疑。」此時此刻，「作家」名號，事關重大呵！一位網絡詩人抱怨：向詩歌刊物投稿十幾年，一字未發，只能轉而尋找網路平台。更年輕的網絡寫手從一開始就未指望得到「體制關注」。[7]

當今「作協」，除了傳統的聯誼、統戰，竊以為應致力寫作自由與競爭公平化，保護作家各項權益，尤其著作權、知識產權，以及更重要的人權。唉，當真放實話，大家又不是不知道，「作協」可辦差事不多，文人軋堆是非多，徒生摩擦徒增煩惱。各地「作協」實應精簡，最好裁撤，文學之事可不是人多好辦事，恰恰人少好幹活，寂靜深處出精品。

2008-12-31～2009-1-1　上海

原載：《文學自由談》（天津）2009年第2期

7　吳越：〈作協降低門檻仍難吸引網路寫手〉，載《文匯報》（上海）2009-4-21，版7。

我與圍棋

全國圍棋愛好者約200萬（絕大部分男性）。眾多付費頻道，我家只購天元圍棋頻道（20元／月），收看者僅我一人。圍棋於我，說來話長，如果不是文革，我或有可能成為專業棋手。

有點童子功

1963～1964年，中等棋力的外公一度住在杭州見仁里我家，巷口就是青年會市體委棋室。外公能與省冠軍張李源教練平手對弈。傍晚，母親命我上棋室拉外公回家吃飯。任務不易完成，外公與張教練正殺得起勁，不太拉得回來。次數多了，與張教練自然熟稔。1964年春，張教練持介紹信上杭州教仁街小學，先找校長後找我，要我挑幾位同學去學棋：「找跟你要好的！」

平生第一次握有重大決定權，很是根據親疏挑選一番，四五位同學「入圍」。數月後，同學一個個告退，放學後堅持去棋室的，只剩我這個「隊長」。我之所以堅持下來，很大程度得於母親的鼓勵：「學棋會聰明的」。她為我買了一副玻璃圍棋，4.05元，中小學階段最大一筆興趣投資。另一筆投資為一塊乒乓拍，一面光板，一面膠皮（無海綿），1.25元。小門窄戶，存款從未過百，母親已很捨得為兒子下本了。那年，我小學三年級。這位張教練，後來調教過馬曉春、俞斌。

一天，我上棋室，張教練拉住我，不讓一子要對殺，可他讓九子我還輸，不禁叫起來：「那我怎麼走得過你?!」他笑笑：「看看不饒子，你能活多少？」我嘟著嘴落子，一門心思求活，可處處被殲，好不容易活出一塊——45子。我小臉紅漲，不聲不響往棋盒回子。張

教練卻表揚起來：「不錯不錯，本想吃光你的，能活出一塊，不容易了。」這一盤棋，讓我領教了什麼叫差距，萌發了精進棋藝的願望。有一陣，被窩裡打電筒看日本小型棋書《次の一手》。

兩年後，文革爆發，外公回原籍挨批鬥，驚嚇致死。青年會棋室冷落下來，不遠處一直冷寂的市府大大熱鬧起來。市府高牆大壁，張貼大字報最佳之地，且在市中心、西湖邊，鄰挨全市最大百貨商店，很快成為杭城文革風暴中心。大字報滿街滿牆，這個觀點那個派，比圍棋好看多了。我天天上那兒看大字報——關心國家大事，棋室自然去得稀了。

1970年底，我將遠赴大興安嶺，上棋室向張教練辭行。他神情落寞：「唉，要不是文化大革命，一定將你留下來，進集訓隊。」要武中學數學沈老師也有一句：「要不是文革，裴毅然你一定能考上大學，至少浙大。」浙江大學在杭人眼裡，相當滬人眼中的復旦。16歲的我還不理解這兩句話的份量，傻乎乎告別要武中學與市體委棋室。我不知道文革一起，圍棋歸入「四舊」，陳祖德、吳淞笙、王汝南、華以剛等國手下鄉進廠，1970年國家圍棋隊正式裁撤。此時，圍棋在日本發揚光大，發源地的中國竟瀕臨絕種——失去「國家項目」地位。1966～1973年，陳祖德七年未好好下過棋。儘管周恩來指示：圍棋不能絕種！

一上火車（要開五天五夜），棋藝便派上用場。身旁方臉大哥乃杭二中「老三屆」王國平，杭州市委書記之子，一聽我會下棋，馬上擺出棋具，車還沒到臨平（市革委會頭頭象徵性在市郊送一下），已被我殺翻。王國平很感歎：「到底青年會裡學過的，童子功呵！」進山後，我倆同一築路隊，同一帳蓬，鋪挨著鋪，一到週日，王國平輒拉我過棋癮，棋力差距甚大，讓他二三子能仍贏。王國平後任杭州市委書記兼杭州棋院名譽院長。

與華以剛過招

八年興安嶺，最美好的韶華，最黯淡的歲月。1973年春，王國平靠周恩來的條子回杭，沒了弈棋對手。1976年初，因惦著「童子功」，獲知北大荒農場「棋青」聶衛平進了國家隊，鼓足勇氣致函黑龍江省體委，諮詢省裡是否舉行圍棋比賽，願通過比賽證明實力，或可進省隊。省體委還真回信：暫無開展圍棋活動的計畫，以後如立項，會與我聯繫，鼓勵我為邊疆建設多做貢獻，云云。這封信，收存至今。

我不知道：1975年國家圍棋隊又差點下馬，體委又有裁撤圍棋的動議，全賴陳祖德、吳淞笙、華以剛、羅建文、王汝南、聶衛平六人聯名上書，女乒世界冠軍鄭敏之（陳祖德妻）通過陳毅之子直遞鄧小平，鄧及時批示，中國棋脈才又一次得以保存。1980年，國家體委正式下文解散圍棋隊，這次多虧方毅副總理批示，中國圍棋再次度過危機。[1]

八年「上山」，每次探親回杭，總要上青年會棋室轉轉，過過棋癮，也靈靈市面。1973年，陳祖德娶乒乓國手「小燕子」鄭敏之，喜糖發到杭州，本人沾享一粒。浙江棋壇專業者惟張教練一人，省亞軍孫義章乃藥店營業員。季軍徐先生無業，整天城隍山茶室下指導棋，衣著髒舊，難以自養。請教棋藝者能敬上一包「飛馬」香煙（兩角八）、請吃一碗「片兒川」麵（一角八），他很高興了。我入嶺第一年月薪45塊，第二年54塊，相比當時普遍低薪，算有幾個銅鈿。上城隍山向徐先生請教兩盤棋，既敬兩包「飛馬」，局後再下山請吃麵，徐先生那個感激，如今憶及，惟有悲傷。四旬徐先生，一手燦爛棋藝，落魄至斯！

杭州還有一位著名雙槍將董文淵（1919～1996），象棋「四省棋

[1] 陳祖德：《超越自我》，中央編譯出版社（北京）2004年版，頁212、194～195、242～245、291。

王」（江浙閩魯），1930年代成名滬港，1962年全國圍棋第四名。因生活作風屢犯錯誤（判刑五年），孤寡一人，借居兄弟家，街頭修鞋為生。我們去請教棋，必備謝儀——兩包飛馬牌。杭州棋界還有一位比賽中贏過陳祖德的竺源芷，浙大土木系講師，境遇最好了。

文革前，杭州舉行過一次少年賽，從冠軍一直排至第九名。圍繞這批「頭銜棋手」，又有一批學棋青年，約二十人。這批人即當時杭州棋壇「二梯隊」，奈何生不逢時，無一吃上專業飯。半個世紀過去了，這批當年的「棋青」還在出入杭州各茶室、棋場。一位與我極熟的「棋長」（某屆杭州業餘冠軍），在他最有發展的1970年代，其父母（工程師、小學教員）再三警告：「圍棋、圍棋，又不能當飯吃！」這位老兄先上浙西江山縣插隊，學過木匠，回城後以書畫社營業員終老。但杭州棋脈卻靠這支「二梯隊」承傳下來，帶出一茬茬赫赫有名的浙籍棋手——馬曉春、陳臨新、俞斌、宋容慧……已產生的31位中國九段棋手，主要產地：京滬浙粵川豫，當然得於這些省市的棋脈傳承。

1973年，國家圍棋隊恢復集訓，滬人華以剛以全國亞軍身分來杭，摸一下南方各省棋脈，與我有兩局之緣。那年，華以剛24歲，我19歲，授三子。第一局，他不太在意，輸了；第二盤，他集中精力，我輸了，口服心服。棋高一著，縛手縛腳。

1980年代後期，圍棋上了電視，只要華以剛講棋，就捨不得走開。華講棋很有激情，語言幽默，不時抖點棋壇花絮，如馬曉春的浙東嵊縣話「該我下」、北方俚語「討厭不吃炒麵」、「要唱山歌了」、「這手一結，古力回家要吃不下飯了」、「李昌鎬早到半小時，玩失蹤了！知道躲哪去了嗎？——為不給主辦方找麻煩，憋在廁所裡！」尤其分寸拿捏甚好，知道廣大棋迷的水準，難易適當，解我之欲解，析我之欲析，擺出何以如此這般的變化，使我這一層次的愛好者既欣賞棋局，又明白棋理。歲月荏苒，快四十年了，見他與我一樣由青蔥到成熟，由成熟到老去，心裡那股勁兒，真是萬千複雜於一瞬。

棋效綿長

　　沒吃上圍棋飯，此生一憾。那會兒如進浙江省隊，至少六段七段，說不定八段九段⋯⋯歷史不能假設，人生沒有如果。不過，若無圍棋給予某些「形而上」啟示——實力來自積累、形勢決定選擇、前後形成配合⋯⋯以我名為初中實則小學的學歷，絕難考入大學。1977年10月21日宣布恢復高考，11月初考，12月第一把統考，1978年7月20～22日第二把統考，一共也就九個月。我中學數學零基礎，完全自修，從有理數拱到排列組合，考了59分，總分355分，過了省文科全國重點線，邁上人生最重要的一級台階。最近，女棋手宋容慧（1992～）說她幼年學棋，鍛鍊了邏輯，數學課程特輕鬆。

　　進了黑大，本想以詩歌整出點動靜，入學前已有詩歌發表《大興安嶺文藝》。不料，最出鋒頭的是圍棋——黑大圍棋冠軍，「粉絲」一大群。畢業後，南返回杭，進了浙省政協，只幾盤棋，便贏得相當人緣，得到許多老翁賞識，包括特赦國軍中將曹天戈（李彌副司令）、少將章微寒（軍統浙江站長）。最最想不到：圍棋幫我搞定愛情。拙妻貌甜性靜，行情甚俏，對我猶豫不定，帶我去見她最信賴的外公。一聽我會下棋，外公擺出棋盤，兩局下來，不僅輕取外公、舅舅，還贏得他們對我的「投票」。婚後，得知具體評語：「會下棋的人，一定老聰明，好格好格！」（紹興話）

　　至此，棋效還十分功利化於形而下，30歲後升入形而上，影響更宏觀。1980年代中期，我屁股還坐不住，各種方向誘惑多多，尚不能靜心閱讀「滋味典籍」，惟圍棋能使我迅速入定。電視預報有棋賽，會像節日般欣欣然，一周前就伸長頭頸等起來。那幾個小時，目不轉睛，不煩不躁，守靜功力由是煉成。「入定」乃治學基本功，多少青年學子不耐寂寞，因躁失靜而掉隊，未能看到上一台階風景。圍棋助靜，沒想到的邊際溢效。

　　弈棋必備的縝密思考、精確計算、形勢判斷、前後連貫、平衡兼

顧、靈活變化、淡定大器……棋如人生，從圍棋中得到許多感悟，如
準備與鋪墊的必要——有前一手才有後一手、無機會時耐心等待……
我的第一篇學術論文，亦由圍棋觸發靈感。一次，劉小光九段電視講
棋，提及他在德國教棋，德人思維直線，無法理解圍棋的「見合」
——幾個選點優劣共存，很難確定哪一點絕對正確。德人堅持認為：
一定存在最佳點，只是你沒發現。劉小光感覺很難向德國人解釋東方
的「見合」。這一中西思維碰撞，引我撰就〈漢英二語與思維定勢比
較〉，這篇論文初載香港《語文建設通訊》（1993年2期），後入北
京第二外國語大學參考文庫，也是本人所帶碩士生教輔讀物，啟發學
生如何從生活中發現學術選題。48歲撰寫的短篇小說〈愛情段位〉，
用圍棋解讀愛情，瀋陽《芒種》編輯邊讀邊笑，旋即發表。

2000年，由杭調滬，沒了棋友，加上工作繁忙，教務研務雙雙吃
重，告別實弈，偶而電視觀弈。但棋效仍在發酵，進入「潤物細無
聲」的哲學層次，增助我的學術研究，選題漸漸大型化，感覺有能力
把握宏大選題。如文學與人性、經濟與文學、知識分子研究、延安士
林研究、中國共運研究、剖析赤潮、反右研究綜述、大饑荒研究綜
述……我的研究路子有點像武宮正樹的「宇宙流」——取外勢、大模
樣作戰，氣勢大而變數多，缺點是不易掌控。我也很欣賞大竹英雄的
藝術美——寧可輸棋也不下難看愚形。反過來，武宮正樹、大竹英雄
的勝局，贏得很漂亮，形式與內容完美結合，棋藝勝境。

最近，對圍棋的理解再上層樓。圍棋作為惟一電腦尚未戰勝人腦
的高智商棋種（按：AlphaGo戰勝李世石於2016年3月、戰勝柯潔於
2017年5月），除體現中華文明的博大精深，還傳遞祖先一系列哲理
結晶，無窮變化之間凸顯辯證均衡。長槍大斧、單邊突進、只知用
力不懂運勢的棋手，很難達到高級勝境。經歷了暴烈的二十世紀，
這方面的教訓尤其慘痛。文革否定傳統否定祖先，愚蠢之至，莫此
為甚！我常常覺得一方棋盤猶如武則天無字碑，高深莫測，無聲勝
有聲。

　　守先待後，當然是對待傳統文化惟一之道。數典忘祖，妄稱太陽從自己腳下升起，世界因我而改變，實為必須防堵的「大逆不道」。妄念必惹大禍，就像不按棋理而行，必敗無疑。

　　此外，對局必須面對輸贏，「事不避難，義不逃責」，每一步棋都必須為後果負責，得有擔當精神，承受失敗。上了一定年齡，積有一定學養，感悟到的棋效也就越深。

　　「棋效」還在我身上綿延，守靜、充實、養志……古人將琴棋書畫作為重要修養，含蘊豐實。學術研究也是一盤棋，跟著自己的感覺走，根據不斷調整的判斷一步步落子，或能弈出一路新變化、蹚出一片新論域。

2011-12-10～20　上海

原載：《上海作家》（內刊）2012年第5期

《南方都市報》（廣州）2013-3-8

集郵與求學

　　1984年春，攜妻婚旅，首程長沙。那會兒火車甚慢，饒是「直快」，杭州到長沙（914公里）也要十多小時。硬臥鄰鋪乃中年郵迷，得知我倆均有郵政家庭背景，他來了勁。拙荊外公乃杭州最早郵政職員，擁票「大龍」「小龍」、孫中山臨時大總統首日封。家慈也是郵局老職員，接觸大量郵票。此兄再三再四推銷集郵經，給我倆上了一堂集郵課：從歷史知識講到第二儲蓄、從保值增值延伸至後代繼承……還有核心警句──以郵養郵，成為我後來一再轉授歷屆學生的「人生名言」。

　　1980年代，大陸普貧，這趟婚旅也是咬牙血拼，哪有閒錢玩集郵？感覺集郵乃富人雅好，窮人玩不起的。但這位老兄向我們介紹了具有普遍意義的「從投入到產出」──

　　最初，確需一筆啟動資金──「以錢買郵」，不過毋須專項撥款，稍稍傾斜一點，便能東摳西擠去買一兩版郵票（首次聽說整版集票）。幾年下來，便攢下一點可供交換的「餘票」，進入第二台階「以郵換郵」──以「重票」去換「缺票」。品類既多，本錢漸大，與郵友交換的實力也越強，登上第三台階「以郵養郵」。最後，毋須再注資金，來到第四台階──「以郵養人」，依靠郵票自養，甚至養老。以興趣始，以功利終，完成人生優美旅行。

　　長沙握別時，此兄鄭重贈言：祝你們集郵成功！

　　彈指間，快三十年了。最初囿於經濟，此後囿於時間，我們從未啟動集郵工程。婚前已集郵的拙妻，本屬票友而非發燒友，也就每年買一本集郵冊，平日無暇亦無心去擺弄那一大摞郵冊。不過，郵雖未集，「以郵養郵」卻深留心底，常常產生由此及彼的聯想，尤其將集郵與求學治學連繫起來，從「以郵養郵」掛鉤上「以學養學」，心得

漸積，或值一述。

　　治學首須求學，積累期漫長，不像歌手演員得名快成名早。一般說來，即如王國維、錢鍾書這樣的一流才子，從高中算起，至少需要15年左右的投入期，才能進入收穫期。山階長長，山頂遙遙，只投入不產出，最為難熬。1944年，柯靈（1909～2000）勸張愛玲（1920～1995）：既擁八斗高才，不必於淪陷區刊物急急發表作品，以保持政治純淨。張愛玲沒聽進去，高叫一聲「出名要趁早呀！」——當今青年經典語。青年大多心浮氣躁，走捷徑抄近道猶嫌不及，哪有「十年坐得板凳冷」的定力？至於追慕身後的「吃冷豬肉」，呆子喲！漫長的爬坡與急於事功的浮躁，恰好構成學界的「登岱十八盤」，專門淘汰那些缺乏耐力的「青青子衿」。

　　學子如修士，修學如修道，首在虔敬，第一得認同方向。否則，青燈黃昏，冷雨寒窗，日腳難熬，絕難堅持。諸葛亮〈誡子書〉：有志才有學。「志」乃「學」之導，無投入便不可能有產出，無積累便不可能增學，無堅持便不可能成學。而無學便無思，無思則無識，無識難成言，無言不成文。積學既久，心得自出，這時才可能進入收穫期，發表一二有點深度的論文。

　　當然，任何領域都有風險必有淘汰。相當意義上，淘汰也是必須的。中國人多，哪兒都擁擠，學界空間亦有限，無法容納過多湧入者。如今學界漸復翰香，社會地位看好，附庸風雅的假學子假學者大量冒出，淘汰力度若不再跟上，豈不當真「教授滿街走，博士一條狗」？

　　筆者當年不知學途漫漫，37歲百無聊賴玩攻碩，閒著也是閒著，弄個小目標奔奔，好歹鬧個碩士，提點身價。「六‧四」前後，知識不值價，學界人氣慘澹，沒多少人讀研，碩士很好考。尤其在職生，報名人數甚至不足錄取名額。1988年北京五萬碩士生名額，考生僅兩萬。1991年，我報研杭州大學，全校110餘名額，其中在職生33名，報名僅28人，參加考試23人，過線18人（估計這還是大大降低標

準）。此前，本人四考碩士不售，這回撿了漏，分數還挺高，外語不考聽力，在職生中竟得第二。不過，得學位不等於有學問，何況那會兒既窮且困，不可能超功利——爲學術而學術。攻碩的功利性強得很，用杭俚來說就是「一魚二吃」——既得學位又撈職稱，將攻碩的課程論文、學位論文拿去發表，轉化爲晉升副教授的資本。快四十了，還是個講師，到底叫不響。

雖說近賢者益、近學者智，畢竟山門冷寂，學海無涯，征途漫漫，心旌搖搖。1992年春，一位學長見我一把年紀還找不到北，點撥道：「做學問說簡單也簡單，兩個字——閱讀。」我抱怨天天閱讀仍沒感覺，找不到題目——「獨上高樓，望斷天涯路」。他仰頰一笑：「讀多了，感覺會來的，會來的！」我遵囑靜讀，心氣漸寧。1993年初，傾囊9000元購回286電腦及打印機，記錄筆記、資料歸檔、修改塗抹，效率大增，不用再央求老婆一遍遍謄稿，找回不少自尊。不到一年，那抹頂頂重要的「感覺」，果然一點點來了。影評劇評、雜文散文、詩歌小說、論文論著，最後由文入史，由史返文，由文再返史，越學越寬，越玩越大，博士、教授什麼的，一項項給玩回來。

猶如初入郵道的新手，求學需要一筆「啟動資金」——耐心閱讀。等到投入漸積，才可能漸有產出，擁有與人交換藏郵的「原始積累」，進入「以郵養郵」，郵味方濃，郵趣漸增。求學之途，靜心閱讀就是那筆「啟動資金」，也是最難籌集的「原始積累」。每位青年學子都會自問：「值不值」？「我行不行」？不少研究生都有這一困惑，不敢傾力向學，生怕雞飛蛋打。自問自疑，自信失堅，意興闌珊，揮別學途。惟吃上學術飯，搞上專業，終身向學，職業需求的強迫+價值追求的興趣，或可推聳你進入良性循環——以學養學。此時，一般已過「而立」接近「不惑」矣。學界之所以業餘絕少玩得過專業，實爲投入決定產出，數量決定質量。

回首學途，感慨多多，濃縮精華，確似「以郵養郵」。世事大抵末異而本同，集郵之道也能說明治學之訓。此外，學問養心，學厚識

深，學者晚年大多會收到一份最珍貴的人生收穫——老禪入定，擁有年輕人深為羨慕的「成果」。

2006年5～6月　上海

原載：《南方都市報》（廣州）2014-3-27

從八十年代文學走來

我們七七級、七八級大學生，1980年代正是「三觀」定型期（世界觀、人生觀、價值觀）。1978年10月，本人走出興安嶺，入學黑大中文系，直接沐浴八十年代文學成長。畢業後南返，浙省政協機關蹲了兩年，嗆水政壇，自調高校，執教文學。如今回首八十年代文學，恍如隔世，提供一點「三親」（親歷親見親聞），或為資料。

史家金言：不被敘述的歷史不算歷史。八十年代文學需要被敘述，本身就是斤量。當今中國文化界弄潮兒，大多從八十年代走來。

文學：第一個躍出戰壕

八十年代，解凍初期，老一代「無產階級革命家」餘威尚熾。文史哲、政經法等領域，左咒仍念，縛繩尚緊，無法動彈，文學因形象思維，「解放」餘地相對較大，一時「文學熱」。一詩新成，全民誦讀，一文甫出，全國爭閱。1979年，《詩刊》發行量摸高百萬，今天無法想像的天文數![1]而之所以出現「文學熱」，乃國人十多年不讀書，絕大多數中青年只有閱讀文學作品的能力，只有形象思維的能力，缺乏閱讀史哲政經所需的抽象思維能力。

那陣子的「文學熱」，數斑可窺。1978年北大中文系開招碩士生，現當代文學專業六個名額，考生六百餘。考題之難，筆者以六旬文學教授都無十分把握。第一天閱卷，無一人過50分，等閱出一張上50分的卷子（凌宇），「全場轟動，競相傳閱」。第一名錢理群70多分，吳福輝60分，錄取的其餘三人：溫儒敏、趙園、陳山。

---

[1] 查建英：《八十年代訪談錄》，三聯書店（北京）2006年版，頁77。

吳福輝（1939～　）：

已經十幾年全國人民不讀書或說唯讀《毛選》一本書了，北京王府井新華書店明早出售一本十九世紀文學名著，天不亮門口就排起長龍。[2]

黑大七七、七八級，中文系分數最高、哲學系次之、經濟系最低，歷史系則在文革中被「革命」──撤銷了。杭州大學無經濟系，只有政治系，1981年才從政治系闢出經濟系。如今，風水輪轉，財經專業二十餘年分數線穩居榜首，文史哲一直墊底，澈底淪為大學校園的「第三世界」。

當年，史學哲學不能直著說明著說，彎著說隱著說的文學因而獲得「用武之地」，藉助「形象思維」的模糊性向讀者輸送「時代需要」──控訴赤左、追求人權。八十年代的文學熱，並不是八十年代特別偏愛文學，而是八十年代文學承擔了一系列社會功能，背負「不能承受之重」。社會需要文學傳遞「風起萍末」的資訊，國人也只能從文學中感觸「解放」到哪一步。尚未走出「政治第一」緊箍圈的八十年代，國人只能繼續關心政治，他們不知道還有什麼可關心、值得關心。

北師大中文系學生右派陳紹武（1937～2003），21歲淪「右」，文革回籍務農，吃飯都成問題，其子憶述──

在吃飯都是個問題的年月，父親還是想辦法買了一台收音機，保持著他幾十年如一日的清晨六點半和晚上八點收聽中央電台新聞聯播的習慣。雖然身處社會的最底層，一文不名，屬於被專政的對象，但他還是努力保證自己每天必須在第一時間內聽到「黨」的聲音，關注著國家的走向。[3]

2　吳福輝：〈融入我的大學〉，載錢理群主編：《尋找北大》，中國長安出版社（北京）2008年版，頁194、192。
3　若葵：〈父親的「戲劇」人生〉，載俞安國、雷一寧編：《不肯沉睡的記憶》，中國文史出版社（北京）2006年版，頁216。

　　百年中國文學，五四與八十年代兩大亮點，社會轉型的時代需求乃是托舉兩大時段文學的地基。兩大轉型期，文學都是第一個躍出戰壕的衝鋒者。八十年代的中國，亟需揮落一身左塵。無論經濟基礎、生活方式、思維邏輯，還是審美標準、習慣用語，都在一點點掙脫左繩左箍，提供給文學的素材特多。哪兒都需要改革，哪兒都需要開放。朦朧詩、傷痕文學、反思文學、改革文學、尋根文學、先鋒文學，巴金的《隨想錄》、李澤厚的《美的歷程》、劉再復的《性格組合論》……從詩歌到小說，從散文到雜文，從創作到理論，文學星光燦爛，還不時惹引公案。沙葉新《假如我是真的》（1979）、白樺、彭寧的《苦戀》（1979）、戴厚英《人啊，人！》（1980）、汪雷《女俘》（1982）、張笑天《離離原上草》（1980）……都折騰出不小動靜。戴厚英《人啊，人！》聳動天聽，須勞「總設計師」親閱親審是否「反黨反社會主義」。

　　1980年前後，全國形勢乍暖還寒，勒痕深深，心存餘悸者眾，敢於解放者寡。霸道的「統一」處處可見，一例可證——

　　如果誰在1980年代總是路過中學門口（尤其那些教學質量一般、生源較差的中學），最常見到的一景肯定是傳達室門口某個教務主任或班主任模樣的男老師，兇神惡煞似地手拿一把剪子堵在那裡，截留和修理那些經過眼前的留長髮的時髦男生。……像喇叭褲這類時髦服裝，有一個「冠冕堂皇」的稱呼——「奇裝異服」。喇叭褲和男生的長髮、女生的燙髮一樣，在我的中學年代（1979～1985），都屬《學生守則》裡禁止的。[4]

　　在此亟須「解凍」的時刻，文學的第一要素不是技巧、語言，而是見識、突破。只要稍微大膽一點，思想解放一點，便是「言前人所未言、發前人所未發」。1978年的〈傷痕〉、〈班主任〉、〈愛，是不能忘記的〉；1980年的〈西線軼事〉、〈人到中年〉、〈陳奐

---

[4] 徐江：《啟蒙年代的秋千》，寧夏人民出版社2007年版，頁14。

生上城〉；〈幹校六記〉（1981）、〈棋王〉（1984）、〈老井〉
（1985）、〈紅高粱〉（1986）……篇篇形成衝擊力。1986年，張賢
亮的〈男人一半是女人〉、王安憶的〈小城之戀〉，稍稍寫了一點
「性」，不得了，戳擊社會神經——嚴重「涉敏」。

　　大學校園，中文系最出鋒頭：文學社團、話劇演出、詩歌朗
誦、寫作經驗介紹、誰誰加入作協、誰誰文章發在什麼地方……說
來不信，「撐市面」的都是中文系。哪兒有中文系，哪兒就熱鬧，
都說這批才子將來如何如何。黑大中文系七七級學生李龍雲（1948～
2012），黑龍江兵團北京知青，1978年創作話劇《有這樣一個小院》，
趕上丙辰天安門事件平反，黑大學生劇團初演哈爾濱，調演上京，得
陳白塵賞識。經南京大學校長匡亞明特許，李龍雲1979年破格直升南
大中文系碩士生。文學圓夢，點燃多少文學青年那盞幽幽心火。

　　三十年後，當筆者深入研究「反右」，發現1957年高校「右派」
還真數中文系師生為多，北大、北師大、南開……莫不如是。蓋文學
專業師生多血質、高敏感、易激動、偏張揚，容易成為「出頭鳥」。

　　八十年代文學一浪接一浪，一波連一波。一下子可以突破「大
我」，能夠「小我」了，鮮花四開，來不及採擷。黃子平（1949～　）
扔出一句俏皮話：「小說家被創新之狗追得路邊撒泡尿的工夫也沒
有。」王蒙則說作家「各領風騷三五天」。國人討論文學似悠悠萬事
唯此為大，慷慨激昂虔誠認真，就像基督徒討論《聖經》。八十年代
學界有共同話題，青年學子甚至有「世界主義」情懷。劉再復演講
「文學主體性」、「性格二重性」，聽眾上萬。《讀書》編輯部每月
一次「讀書日」，參加者甚多，不少人騎車幾十里「趕會」，陳平原
從海澱北大趕來。

　　八十年代的種種特徵，說明國人思維尚未走出反右～文革鑄就的
同一化。九十年代以後，「學界共振」現象不復再現。2000年以後，
作家恥談文學，學者恥談學術，北大同學聚會最起勁的話題：房子、

裝修。[5]

文學教學

　　七七級、七八級中國現當代文學課，絕大多數「三無」──無教材、無作品、無講義。我級當代文學教師乃副系主任周艾若先生（周揚長子），第一堂課一落座，抱臂宣布：「教材，沒有！作品選，沒有！教案講義，也沒有！」那麼遙遠的西方文藝理論、歐洲文學史，倒有正規教材，近在眼前的中國當代文學卻沒有?!當今青年已很難理解，恰恰因為現當代文學的「近」，才造成它的「遠」。

　　極左年代，中文系教師都不願接「現當代文學」的課，尤其當代，太貼近現實，風險太大，但又不能刪掉這門課，「階級鬥爭」前哨陣地呵！負責教學的副系主任艾若師，只好自己頂伕。反右後，文學教師以政治排序：最紅的講理論、次紅講當代、再次講現代、最次講古代。[6]成份不潔者還真上不了「現當代」的講台。教材之所以沒有，誰敢寫？這個作家已打倒，那個評家有問題，寫誰不寫誰都是不得了的政治問題，借你十個膽，也不敢充此好佬。丁玲、艾青、蕭軍、陳學昭等延安作家、詩人，都在打倒之列，誰敢惹臊？與狼共舞？

　　中青年現當代文學教師，大多只知「魯郭茅、巴老曹趙」。報考現當代文學碩士，僅須再瞭解艾青、丁玲、郭小川等，就算齊活兒了。郁達夫、沈從文、路翎、錢鍾書、蕭紅等，教師大多僅知其名，未讀其文，圖書館也很難找到他們的作品。至於張愛玲、林語堂、朱湘、施蟄存、廢名、穆時英、徐訏、穆旦、李金髮、蘇青……中青年教師連名字都沒聽說過，遑論我們青澀後生。

5　查建英：《八十年代訪談錄》，三聯書店（北京）2006年版，頁77、31、73、131、37、260、256。

6　此諺現代版：一流學者搞古代，二流學者搞現代，三流學者搞當代，四流學者搞港台，末流學者搞理論。

　　作家作品評析，一仍五十年代舊腔，「政治標準第一、藝術標準第二」，至多打打擦邊球，批批江青、姚文元，指斥郁達夫後期「沉淪」、胡風文藝理論未跟上「社會主義現實主義」、丁玲〈三八節有感〉寫了不該寫的陰暗面……「階級論」仍是不能突破也不敢搖撼的鐵框，文藝必須為政治服務。畢竟，中國知識分子被打爛的屁股剛剛結痂，不敢多說一句話，不敢多走一步路。

　　最麻煩的還是「基本建設」。1920～30年代，內地四川中學、職校以上教師多為留學生。[7]1970～80年代全國高校教師，一半以上1950～60年代留校生、工農兵學員，只有成分沒有學問，能搬說解析教材就算「好老師」，沒有也不敢講個人觀點、研究心得，更不可能傳授治學方法，教師們知道無有學生立志治學。

　　文科因「階級性強烈」，遠比理工科麻煩。文革罷黜此前所有「封資修」教材，文革期間所編教材又處處硬傷，顯失「時效」，無法襲用。可新式教材一時編不出來，不少課程沒教材，我們七八級寫作課教材為印製粗糙的油印本，十篇範文，五篇為現今中小學課文：〈誰是最可愛的人〉、〈從百草園到三味書屋〉、〈記一輛紡車〉、〈白楊禮讚〉、〈藤野先生〉。饒是如此基礎，我們當年也大都沒讀過，否則教師也不敢提拎出手。

　　最沉痛的是價值方向。老資格的陳隄副教授（1914～2015），當堂嘲笑學生的「作家夢」，痛批「成名成家」，以蕭軍延安放言「要當世界第一作家」為引，認定想當作家是白日夢，好像「作家」高不可攀，誰想當作家跟犯罪似的。陳隄先生要我們甘當「一顆永不生銹的螺絲釘」。

　　我當時就覺得「螺絲釘」不對勁，但不知道為什麼不對勁、哪兒不對勁。現在當然明白了：難道不是個人強才可能民族強、國家強？個人弱了，單元弱了，細胞無力，民族、國家還可能強麼？倒置個體

---

[7]　胡一哉：〈我的家庭與歷史〉，載狄沙主編：《懷念胡一哉》，2001年自印本，頁134。

與集體的價值順序，極左思潮最具蒙蔽性也最害人之處。這位六旬副教授拎著錯誤當訓戒，真正誤人子弟，害學生匪淺。

萬萬想不到自己也會吃「現當代文學」的飯。1984年，我從熱氣蒸騰的省級機關主動請調蕭條散淡的戴帽大專──浙江政法專科學校。八十年代的高校（尤其大專）仍是知識分子收容所，教師們一個個低眉縮脖，自慚形穢，自我感覺很不佳。本人三十歲，從省級大機關「急流勇退」，親友多為我惋惜，無法理解，甚至懷疑「犯了什麼錯誤」？

講授〈沉淪〉

郁達夫名篇〈沉淪〉，第一篇涉性白話小說，中國現代文學第一本小說集，現代文學史必經車站。除了當年打破性禁忌引起轟動效應，還有文學史方面的價值，不能刪，也無法跳過去。黑大時期，我第一遍讀〈沉淪〉，大大驚訝：「這個郁達夫！五四那會兒就這般開放了?!」給我們上〈沉淪〉的老師，半遮半掩、吞吞吐吐，還未怎麼說，就臉紅。1921年的郁達夫敢寫，1981年的大學教師卻不敢講。至於「手淫」、「窺浴」、「聽幽」，更是諱莫如深。尷尬之中，這位中年教師扔出一句「經典語」──你們自己去看！

八十年代中期，輪到自己講授〈沉淪〉，切身體會這篇小說對教師的心理考驗。性教育當時一片空白，全社會一片性朦朧，只知既髒且陋，崇拜「坐懷不亂」、「不近女色」，性禁忌十分強大，「性回避」乃主旋律。張潔短篇小說〈愛，是不能忘記的〉，那麼一場感天動地的愛情，既未碰手尖，也未涉「三字經」，似乎一沾「性」就玷污了神聖的「情」。

幾個輪次講下來，才意識到〈沉淪〉具有性啟蒙意義。現實中人人都得面對的事，為什麼不能大大方方拿上桌面，將這方面的經驗傳遞於後？饒是理論上如此這般覺悟，真當講到關鍵處，還是缺乏

直面sex的勇氣。至少四五年，我也停留於半抱瑟琶的「你們自己去看」。這一階段，學生作文凡涉及〈沉淪〉，無論男女生，大致與我相同——點到為止、欲言又收，生怕惹人恥笑。但〈沉淪〉激起的漣漪逐年縮小，八十年代後期的大學生已不會為那點性描寫發出七十年代的驚呼了。

最不容易講解的竟是進行時的八十年代文學。一方面尚屬時鮮，分析解讀、意義辨識，評論界剛剛展開；另一方面不時傳來高層管束性分貝，不敢輕易臧否。最麻煩的是八十年代學生「配置」的還是五十年代思維，還在用五十年代價值標準品人論世，對質地別異的八十年代文學，理解上反生隔膜。我解析講授八十年代文學，反而吃力。今天想來不可思議，八十年代大學生怎麼更易理解五十年代文學？不易理解同時代文學呢？奧祕就在八十年代與五十年代意識形態同質，八十年代學生看五十年代就像孩子看媽，因親而近，因同而解。八十年代文學則已攜帶現代性，因脫離五十年代意識形態而具「異質」，因此五十年代思想配置的八十年代大學生，反而不易理解同時代文學。

進入1990年代，社會加速開放，性禁忌日益鬆弛，批閱每屆學生文章，都能感受時代的鏗鏘腳步。很遺憾，我那時歷史意識甚弱，未留下歷屆學生的「靚句佳段」。2007年1月上海財大期末考試，中國現當代文學試卷闡述題（分數最高），自選作品，不少學生選了〈沉淪〉。幾位女生寫道：

——男人對女人最崇高的讚美是求婚，讀完這句話，我的腦海中也蹦出一句話——一個女人對男人的最高讚美是I do！（我願意）

——一陣遲來的悸動，澆成心中鮮豔的花。性是一張與生俱來的網，收得太緊會勒死自己，放得太開又會殃及池魚，不鬆不緊才是人生一大快事！

——我們清楚知道：處於青春期的人，總會有性的萌動與衝動，只不過大家都將其壓抑在心中，成為一個公開的祕密。雖然我個人思想保守，但一個文明開化的社會，人人都有追求滿足慾望的自由，都

有追求性愛的權利，這是人權與文明的體現。

　　──人的欲望是一個永恆的話題，不能因為它的原始而被當作「格調」不高。性是人的本能，外部越是壓抑就越激發內部的衝動，這是真實的心理。我相信不止郁達夫，每個人都有。

　　當我作為教師還餘悸在心、猶豫不前，學生已走到前面去了，不僅敢於認識而且勇於表達。毋庸置疑，清晰的性意識乃是「性」理性的前提。

　　進入九十年代，講解八十年代文學越來越容易。除了評論界對八十年代文學漸凝共識，關鍵是九十年代學生完全理解八十年代的社會變革，頭腦中不再是五十年代意識形態配置，而是西方普世價值。與此同時，倒是理解五十年代文學感覺越來越難。因為，九十年代學生對五十年代的社會背景越來越模糊。九十年代以後意識形態發生質變，學生已不易理解異質的五十年代文學。

滋養我身

　　1991年，我入杭大攻碩；1997年，再入復旦攻博，均為現當代文學專業。研究重心除了五四文學，就是八十年代文學。攻博撰就的《二十世紀中國文學人性史論》，重點也在這兩段，篇幅最長，論述最力。

　　八十年代文學與整個撥亂反正同步，不僅國家重回歷史理性，迎回一系列五四價值，托舉起九十年代經濟大轉型，也使我們這一代學子最終走出反右以來的極左邏輯，鬆開裹束思想的纏腳布，練習用「天足」行走，學著運用現代文藝理論研究中國現當代文學，進而用民主精神、自由價值思考歷史，構築起我們這一代的理論成果，成為整個思想界「理論創新」之一翼。

　　無論如何，八十年代文學是當代中國文學的發軔，直接參與中國當代文化建構，為改革開放提供一系列輿論呼吁與邏輯通道。八十年

代文學的脫左，為九十年代文學打鑿通道，引進一系列西方觀念、當代理論：意識流、現代派、魔幻現實主義……

八十年代文學也是筆者個人思想解放的催化劑，從「原來可以這麼寫」到追問「何以這麼寫」，再從「老外早就這麼寫」意識到井蛙之限，最後不滿足形象思維的文學──飄忽難定、模糊朦朧，漸漸拐入扎實可考的史學，追求更精確更深入的價值。寫作心態上，也從最初的弄筆取快、指諷國事，漸悟赤潮之因、赤災之源，最後悲從中來，棄文就史。

研究對象上，本人從八十年代文學作品延伸至中國現當代作家，再拓展至知識分子研究，最後進至二十世紀知識分子成長史、生活史、思想史。返身回顧，若無八十年代文學的起點，我不可能一步步走到今天。雖說怎麼走都是一生，但之所以「這麼走」，畢竟含有一系列時代因素。我們這一代學人的腳印，一二後學或有興趣彎身稍察。

時代落差

進入二十一世紀，學生已是「八〇後」、「九〇後」了，講授八十年代文學越來越容易，講授五十年代文學越來越不易。如講授宗璞〈紅豆〉的難度日益增加。一屆比一屆「當代」的學生，已很難將「不革命」的齊虹視為反面人物，不少女生甚至暗懷春心──就想找這樣的人！他們無法理解這麼一篇很紅色的作品，怎麼會是「毒草」？江玫不是為革命而棄愛情了？其右何在？何以為右？赤左社會氛圍漸遠漸淡，向當代大學生解釋「左」與「右」，越來越吃力了。

至於〈愛，是不能忘記的〉，新世紀青年更難理解。女作家鍾雨為什麼只能成為「痛苦的理想主義者」？有理想就必須痛苦麼？如果理想只能通往痛苦，何必要這理想？外界壓力再大，內心為什麼不能「解放」？何必如此自虐？以禁慾為前提的柏拉圖式精神戀，如此扭曲壓抑的愛情，已不可能為當代青年接受。你想想，法國結婚人口僅

占總人口的1%。總統奧朗德與前女友賽格琳・羅雅爾同居多年，四個子女，但一直沒結婚。2014年1月，60歲的奧朗德被曝背叛一直隨他外訪的女友瓦萊麗（49歲），與41歲的演員加耶偷情，支持率不降反升5個百分點。[8]性、情人，在歐美已不再「見不得人」。

2009年，某評家在湖北給大學生講《白毛女》，一女生提問：「喜兒為什麼不嫁給黃世仁？不是挺好麼？」[9]當年「現反級」言論，如今理直氣壯，成了高級黑色幽默。我也一時大驚，大呼小叫起來：「喜兒應該嫁給黃世仁?!」世界是不是轉得太快？社會是不是太奇幻？我們這些自以為思想相當解放的「五〇後」，出於左而驚於右，越來越明顯感到自身的歷史積負。

與學生的「時差」越拉越大，一方面頻生感歎，一方面暗懷喜意：赤左意識形態看來快被徹底翻過去了，「回潮」無力。人性既然被迎回，階級性便不可能再享牌位。對〈紅豆〉的講解之累，每次甚至欣欣然。與學生的「時差」，難道不是應該力爭的局面麼？我們這一代的落伍，不恰恰映襯下一代前行的距離，真正意義上的「薪爐火傳」？很認同陳平原先生一句代際總結：

我們最大的好處，是見證了這個國家二十多年來的巨大進步。看我們當年那麼差勁，今天能走到這兒，已經很不容易了。[10]

回眸沉思

2001年6月錦州師院，中國小說學會年會，開幕式濟濟一堂，千餘學生，此後幾天各分會場也有很多學生聽會。此時，文學在南方已無人氣，校方再怎麼組織，絕不可能這麼多學生來坐文學場子。經濟

8　計瑋：〈法國人：浪漫容易真愛難〉，原載《環球時報》（北京）2017-3-8，轉載《報刊文摘》（上海）2017-3-15。

9　《檢察風雲》（上海）2009年第23期，頁72。

10　查建英：《八十年代訪談錄》，三聯書店（北京）2006年版，頁119。

越落後的地方，門檻似乎較低的文學越容易成為青年夢想。只是無論社會需求還是成功機率，實現作家夢的可能畢竟太小。中國作協會員近萬，真正成名者，不足五十人耳。萬千青年擠文學的獨木橋，說明看不到其他出路，為青年提供的發展通道太窄，「成功」機會甚寡。

八十年代的文學熱，更深刻的原因還在於當年只能用文學思考，或者說只准用文學思考。形象思維給予文學的「活動空間」，恰恰說明八十年代國人思考的模糊性，只能用單向想像擁抱多元現實。民眾思考水準、士林論述能力，乃綜合國力之地基。需要文學包涵史哲政經等功能，雖是文學之幸，也是文學之不幸、國家之大不幸。

八十年代出道的文化人，激情有餘，學養不夠，功力不足，惟因趕上社會轉型這一歷史機遇，「時無英雄，使豎子成名」（《晉書‧阮籍傳》）。歷史不會等演員化好妝、一切準備停當，再將他們送上台，總是將一些正在化妝的「演員」直接旋送出台。因為，歷史舞台上沒有專業演員，總是由業餘演員在實踐中「轉正」。

據說不少歐美人文知識分子羨慕中國，他們那兒人文承傳平穩，沒有反右更沒有文革，既不需要撥亂反正，也沒有時代落差形成的歷史機遇，人文知識分子無法向公眾一展英姿、凸現價值。不過，老外這麼「羨慕」我們，我們自己能以這種「羨慕」為榮麼？別忘了，八十年代的大陸拖墜著怎樣的歷史澀重！

雖然我從八十年代文學走來，雖然莫言新獲諾貝爾文學獎，我還是希望出現「史學熱」，只有及時總結歷史經驗、刨挖赤左根鬚，國家才可能真正轉回歷史理性，歷史經驗才能凝為防堵下一輪赤潮的閘門。只有用歷史進行思考，而非文學承擔史學之任，二十世紀為赤難所繳納的學費，才能真正收回一點「利息」。

2012-12-24～26　上海，後增補

原載：《同舟共進》（廣州）2013年第2期

轉載：《文摘報》（北京）2013-2-21（刪削稿）

明白人生已半生

　　老實說，二十年前揮別黑龍江大學，向學府路向哈爾濱投去最後一瞥，並無多少留戀，更無賈島過桑乾河的感慨：卻望北國似故鄉。孤懸東北12年，興安嶺的漫天風雪、築路隊的骯髒帳篷、哈爾濱的閉塞沉悶、學府路的種種失望，一長串並不美好的回憶……大雁南飛，鄉情似火，每一位南方知青都願化出雙翼飛回家鄉。莊舄越吟，鍾儀楚奏；秋盡江南草未凋，誰不憶江南？「廣闊天地大有作為」的知青運動，到底經不住實踐考驗，人性當然大於階級性，親情當然大於階級情，現代化方向畢竟城鎮化而非鄉村化。

　　那時，我還年輕，還不懂得歲月的祕密，不懂得人生倏忽，更不懂得中年與青年的間隔。尤其讀書太少，感覺不到什麼是「過去的永遠就過去了」。文革十年，中斷我的中學，無論漢語外語還是文史理工，白紙一張。沒讀高中，直考大學，已屬僥倖——褐衣拾珠玉，乞丐撿皮夾。短短四年，就是每晚不睡覺也追不上羲和之車呵！

　　1978年攻碩北大的吳福輝（1939～ ），歲近四旬，訂出作息表：5點半起床，未名湖跑步、讀外語；7點半、14點半、18點半，進圖書館；24點就寢。「三年中幾乎每天如此，周而復始，圍繞一塔（塌）湖（糊）圖（塗）。」不過，他的同學仍將他比得無地自容：「三年不看電視電影！」[1]

　　那時，我未讀聖賢書，不知一謙四益，既輕待自己，也輕待別人。年級畢業照上的缺席，成了留給自己的一處傷痛。不珍惜自己的過去，也就不可能真正珍惜生命。明白人生已半生，人生大抵總是如此。

---

[1] 吳福輝：〈融入我的大學〉，載錢理群主編：《尋找北大》，中國長安出版社（北京）2008年版，頁192。

　　「二十年後再聚首！」一句多麼遙闊的托掛之語，說得好像太遠了。二十年，整整兩個文革呢！可白駒過隙，年輪稍轉，這不就到了。當然，畢竟二十年了，青絲漂花白，青年入中年，老年在望，每人都成了一本書，哪能沒一點變化？更何況我們這一代經歷兩大變革：第一次，文革剝奪了我們的受教育權；第二次，改革開放逼迫我們與時俱進以免淘汰。中南海都承認，從計畫經濟轉型商品經濟，最麻煩的就是我們這支「四○五○」部隊。成家結婚、奉老育後、職稱職級、房子金錢……哪一項容易解決？相比之下，還是愛情更少費力。金風玉露一相逢，勝卻人間無數。主觀的愛情較之客觀的物質，好辦多了，青年時代萬萬沒想到。

　　大學是夢想飄飛的搖籃，不管來自哪方洞府，大學校園都讓你悄悄膨脹理想。七七、七八兩級，1200餘萬考生，僅錄取68萬，總錄取率17.6:1。只要邁入大學，就意味一隻腳伸進上流社會，可以做做拉斯蒂涅式美夢。有同學叫囂：「十年接管哈爾濱，二十年黑龍江全是咱們的！」那時，校徽閃閃發光。一次，我與寢友「倜儻」上黑大飯店，店堂很小，店裡暖熱，他脫下外衣，故意將校徽翻露在外。

　　我們確為恢復高考的受惠者。當年的插兄插妹、兵團朋友、龍江哥兒，如今一個個潦倒下崗，黑大同學卻一個個有頭有銜，「社會中堅」起來。無論如何，那所俄式黑大主樓，我們必須紀念的起點。

　　近年與蔣兄原倫（北師大教授）通話，他說：「我們那會兒跟文盲差不多！」尤其對知青學子，黑大四年乃十分重要的啟蒙期。剛出深山老林的我，不知道俄國的「兩個斯基一個夫」[2]，不知道現實主義定義、不知道魯迅很有錢、沒完整讀過莎士比亞四大悲劇、甚至不知道主謂賓、定狀補……這不能怪我們，連黑大文學教師都還有不知道沈從文、張愛玲、施蟄存、李金髮……徐志摩還是「反動詩人」，郁達夫仍為「灰色作家」。初春時分，乍暖還寒，赤左思潮仍緊緊攫

---

[2]　「兩個斯基一個夫」：別林斯基、車爾尼雪夫斯基、杜勃羅留波夫。

住國人的思維。

翻出當年筆記，中文系課程實類掃盲，惟「突出政治」：

必修課——中共黨史、國際共運史、政治經濟學、哲學（政治類）。

英語、寫作、中國通史、邏輯學、體育（基礎類）。

文學概論、馬克思文學概論、西方文學理論（文藝理論類）。

現代漢語、古代漢語、語言學概論（語言類）。

現代文學史、古代文學史、外國文學史（文學類）。

選修課——當前文藝評論、中國歷代文學理論選、魯迅研究、毛澤東詩詞研究、外國文學專題、民間文學概論、其他文學現代研究、唐詩研究。

這點「初級階段」課程，啃讀了四年，這才打下一點可憐的基礎。青年時代大都處於懵懵然的「自在」，不可能進入清晰的「自覺」。命運的弔詭就在於當你明白了，也「殘廢」了——明白人生已半生。

黑大七八級中文系，終於有了自己的山泉社，一塊小小壁報。泉自山出，其流尚清；江河萬里，其源也微。我在壁報發表小說、詩歌，篇篇淌自心靈，淙淙汩汩，澈然見底，但無雜文、評論，此時尚不知議論文比記敘文難寫。我對人性的最初思考，起自黑大，也源自「山泉」。1981年11月20日，我的日記摘錄劉少奇語錄：「什麼是黨性？黨性就是人性。」那會兒，哪裡想得到人性會成為日後研究方向，碩士博士學位論文專題。

黑大名氣不大，全國挨不上號，但黑大是我們的！畢業後，無論走到哪裡，無論任何人問起我的「學身」，我都亮嗓宏聲：「黑龍江大學！」別人可以看不起黑大，但我不能看不起。何況黑大也出了幾個人物，有那麼幾頭香蒜。本人不才，長年滾爬求學山路，能夠堅持下來，還得感謝黑大打下的基礎。1978年入學時，根本沒意識到山高

水長征途遙遙，更沒意識到「學難」才剛剛開始。可是，若無黑大四年，連承接這份「學難」的資格都沒有。

就個人思想成長，非常感謝周艾若先生，邀請眾多名人來校演講，使我發生思想地震——對赤潮產生整體質疑。哦，原來這樣！黑夜給了我一雙黑色的眼睛，我卻用它尋找光明。黑白兩極，反差太大，沒有最初的啟蒙，此生完全可能至今仍陷赤渦，真以為「東方紅，太陽升」……

哦，黑大諸師，懷念你們！教現代漢語的「梁三老漢」（梁廷山先生），您還好嗎？職稱解決了嗎？那會兒，您老五十出頭還是助教，文革將你們這代人耽誤慘了。辦公室周老師，非常同情您的不幸（丈夫溺於松花江），1998年夏，我攜子回校，登門看望過您。「沒遮攔」陶誠先生為了愛情南下杭州，與我十年同事，還那麼健談，那麼喜歡「馬尿」。系主任「尚鐵嘴」呢？他怎麼樣？那對「北大夫婦」——陶爾夫先生、劉敬圻老師，他倆的品貌學問，驚艷一片；前些年聞知陶爾夫先生謝世，心裡黑暗了好幾天。中文系當年唯一教授呂冀平先生，儒雅睿智，為避禍選擇了枯燥但保險的語言研究，如今可好？古漢語崔重慶先生、外國文學刁紹華老師、唐宋詩詞李月華老師……很想念你們！同學們都想念你們！還記得你們澆過的水！我正將你們澆下的水轉澆給我的學生。

二十年了，社會變化很大了，不容你不產生強烈的時代差。本人在大學吃粉筆灰，目睹當代大學生那麼解放，校園到處躲也躲不開的熱戀。想想我們那會兒，確乎太封建了，將愛情看得太隆重了。說到底，那時全社會哲學層次太低，總以為歲月悠悠人生漫長，相信「你們還年輕」。其實，我們已不年輕，七八級一班大多三十上下，最美好的青春已悄然滑逝。

從另一角度，中文系七八級平安無事，沒鬧出什麼三角戀，沒出男女陳世美，更沒聳動視聽的花邊新聞。至於一班二班各結一對「同學花」，中規中矩的傳統戀愛。七八級88名同學，女生22位，「狼

多肉少」，女生行情很俏呵！倪虹臉龐的光、王楠燕的笑渦……如今，星移斗轉，陰盛陽衰，校園形勢完全倒個──「二十一世紀女追男」，女生的高行情一去不返。真不知道是時代進步（女性文化程度提高），還是重回歷史車轍（好男人總比好女人少）？

每年雪飄江南，我總會懷念東北，懷念興安嶺，懷念哈爾濱，懷念那些隨風飄去的歲月，懷念校園那幾條小徑，想起自己的一些往事。每當此時，我就知道自己永遠連著東北。興安嶺的風雪、松花江紀念碑、黑大小飯店……永遠親切寧靜，幽幽閃閃。人不可能不懷舊，走過的行程總會留下這這那那的痕跡。下鄉時那只舊革箱，包角鐵皮鏽得不成樣了，一直捨不得扔棄，伴隨我多次遷居，直至滬上。那幾件中山裝軍便裝，常常取出穿用，它們也不容我忘卻過去。再說，我又怎願忘卻？人生就這麼一段，青春就這麼一截，大學就這麼一閃，無論如何，它是我的。愛恨歡愁、悲苦吵鬧、勾心鬥角……都深深烙上個人印跡。哈爾濱的風雪永遠夾雜著自己的一絲體味。

當然，我們老了，激情已失，兒女們都已進入大學，幾位同學凋然謝世……當我們真正讀懂「老冉冉其將至」，當深刻理解赤潮禍華，還能不承認老了嗎？還能說：「革命人永遠是年輕」?!

成熟需要支付歲月。如用二十年換來成熟，為社會為國家帶去我們這一代沉澱的理性，在各自職崗上過濾赤左殘渣，為歷史進步作出點滴努力，那麼「二十年」就相當值了。五十上下的人，春溫秋肅，入老成翁，到了對社會負責的年齡，也該考慮一下身後的留存了。

應該說，我們「四〇後」「五〇後」還算幸運，雖然「生在新社會、長在紅旗下」，啜飲「狼奶」長大，畢竟趕上改革開放，國勢漸回理性中軸，還能「明白人生已半生」。前面的「二〇後」「三〇後」，卻是「明白人生已終生」，那份悲哀那份失落……出賣胡風的舒蕪（1922～2009），15歲發表文章，「緊跟」一時，暴名天下，1957年仍淪「右派」，1993年底寫下一段人生總結：

初學為文時剛剛學到一點馬克思主義理論，便自以為真理在握，

無所不知。……以為真理已經成套，只要掌握了這一套，便已觀了世界之全，無須逐事逐物費功夫求知而可以無所不知，無不可以大發議論，無不於人於世有益。……90年代以來，才恍然於自己對這個世界所知甚少，許多事情都不懂，更說不出意見，有點意見的也往往不自信，更不信其發表出來有何意思和意義……處處有毫釐千里的困惑。[3]

可不，相比這位桐城方氏之後，我們這一代總算沒終身陷赤，未「一生獻給黨」。

今天，我坐在滬上一扇小窗後，鍵擊螢屏，思飛千里，熱血漸湧，心潮陣陣。每一下擊鍵就算為每一位同學祝福吧！希望每一位都能為第二個「畢業二十年」舉杯！能熬到那一天麼？大家爭取吧！

初稿：2002-5-10～11；修改：2002-6-30；後增補
原載：《書屋》（長沙）2012年第2期（初稿）

---

[3]　舒蕪：《未免有情》，東方出版中心（上海）1997年版，頁124～125。

我與《開放》

　　我與《開放》的緣分起於一通不經意的電話。2005年1月，得香港中大中國研究中心資助，首次走出「鐵屋」一個月，接觸「不同聲音」，很快注意上《開放》。香港政論諸刊中，《開放》注重史料，有一定深度，比較符合學人口味。寶貴的一月訪學，我花了一周閱讀《開放》，從最初的《解放》一路讀下來。

　　一天，讀到大饑荒餓死3500萬，嚇了一大跳，認定港台反共勢力誣栽，刻意誇大數據，立拎電話，質問作者金鐘先生：「根據呢？」金先生告知根據中共政府統計局歷年人口數據，包括年度增長率等，綜合推斷得之。放下電話，將信將疑。不久，研究中心的熊景明女士邀我上家度除夕，金先生夫婦也來了，大概想見識見識我這位大陸教授。一見面，很快談起政治，意見錯歧，略有爭論，弄得幾位女士特無趣：「哎，你們男人不談政治就沒別的可談了？」分手前，金先生輕聲地：「歡迎為《開放》寫稿。」

　　回滬後，要不要投稿《開放》？糾結了好一陣。51歲了，很清楚邁出這一步意味著什麼。幾個月後，投出一篇史料稿〈傅作恭之死〉，只敢用筆名「碧水」。金先生立即刊出（每月首選）。很快，我成了《開放》特約撰稿人，至今發表拙文59篇。

　　「參知政事」乃大多數人文學子天性，不能「行」，至少希望能「言」。一些不能在大陸說的話上香港去說，思考因此延伸，思維火花不至於「自生自滅」，對國家多少有點建言獻策，還有稿費，形而上形而下兼具，自然有點積極性。當然，支付的代價在意料中，有關部門很快循跡嗅至──受到「特別關注」。好在中共多少有點進步，未採取「組織措施」。

　　對大陸學子來說，經歷了想說而不讓說，或每次都被編輯改得

「無可奈何」，或一想到「無可奈何」就不想再寫什麼，香港的自由
實在「彌足珍貴」。難怪李鵬、鄧力群這些倡導「社會主義真民主」
的中共大佬，也上香港沾享「資本主義假民主」。他們在「偉大祖國
懷抱」也沒有言論自由，他們的回憶錄也只能「上香港」。

連周恩來都死於「社會主義真民主」。周得了膀胱癌，被剝奪知
情權與擇醫權。治療組長王洪文不向周透露病情，保守療法。及病情
惡化，周恩來得知病情，打報告要求手術，為時已晚，癌症擴散。鄧
穎超等親屬都怪「中央」害了周。[1]

這些年，我漸漸明白自己在為民主「試水」，讓中共一點點適應
「異議」。一片「和諧」，無有異聲，中共從哪與聞「不同聲音」？
從鴉雀無聲到多元雜音，中共也需要一個適應過程，社會轉型總得有
人先走一步。但真正直面紅色恐怖，沒一點顫慄是不可能的。但像我
這樣還算有點性格的人都不敢「公開化」，大陸民主在我們這一代
可就真的連萌芽都沒了。意識到這一點，加上已被文化保衛分局叮
上，索性破罐破摔，2008年3月亮用本名。好在時代進步，這些年對
我「圍而不打」，多少給了一點空間。

金鐘先生對我的「統戰」政策也內外有別，並不要求我的言論口
徑與《開放》完全一致，以至於我被指「幫中共講話」。還真別說，
一直呼籲中共聽取不同聲音，當自己也遭斥罵，仍別有一番滋味。我
意識到：熟悉挨罵乃民主化進程必經台階，求同存異乃民主前提，社
會必須熟悉不同聲音。此前，我只生活於一種聲音的「無產階級真民
主」，並未接觸不同聲音的「資產階級假民主」，尤其自己也要挨罵
的自由氛圍。從這份感受中，我同時讀出中國民主進程之所以艱難的
人性因素，觸摸到沉重的歷史包袱，對民主價值的認識有所深化。

我還從《開放》三四人運作的微型模式中，對比出大陸官辦媒體
的高成本。在大陸，三四個人辦月刊，還兼出版社的活兒，饒是「無

[1]　周爾鎏：《我的七爸周恩來》，知書房（台北）2014年版，頁276～277。

產階級覺悟」再高，革命熱情再大，也不可能達到如此高效。「東風」「西風」對比鮮烈，漸漸辨悟赤潮謬根所在。

通過《開放》，不少讀者認識我，向我提供一些幫助。近年，《開放》每期一掛上網，大陸網民便迅速轉載。《開放》上的拙文，傳播面超過絕大多數發在大陸媒體的拙文。對陸民來說，《開放》本身的敏感度，就鉤起他們的閱讀興趣。聽說深圳一冊《開放》能偷偷賣至200塊。對不同聲音的渴望，當然折射出如今國人的「階級覺悟」。據我所知，京滬知識界關心時事者大多知道《開放》，至少讀過《開放》文章。隨風潛入夜，潤物細無聲。無論如何，《開放》堅持25年，在中國民主進程中留下自己的一行腳印。

香港中大《二十一世紀》2008年4月號，刊載拙文〈四千萬餓殍──從大躍進到大饑荒〉。我從對大饑荒大吃一驚到撰寫學術論文（1.3萬字），詳細論證餓死人數4147萬，遠遠超出當初質疑金鐘先生的數據。幸好2005年初走出「鐵屋」，看到二十世紀國史被中共遮罩的頁面，避免自己的研究建築在虛假之上，不至於走錯方向，空耗學術生命中最富貴的一段歲月。

2011-12-15～20　上海，後稍增補

原載：《開放》（香港）2012年1月號

我承受的「六・四」

2009年3月19日《南方週末》，章詒和發表〈誰把聶紺弩送進了監獄〉？當年聶紺弩一幫好友（包括吳祖光）竟都是告密者，他們合力將反骨突出的聶紺弩送進監獄。不過，務請注意，當年告密不叫告密叫「忠誠」。同一行為，兩種稱呼，性質似乎也就有了相當差異。

4月30日，美刊《觀察》上讀到老同學曹長青〈從我四次被「告密」談起〉，思緒再飛，歎息不已，不免想到自己的「被告密」。

政治學習

1982年大學畢業，分配浙江省政協，回到朝思暮想的家鄉。此前人人鄙棄的「龍江哥兒」，成了「很有前途」的省級機關青年幹部，未及一月，媒人連連，頓時「香」起來。不過，回鄉的喜悅很快被政治學習沖走。每週政治學習，天大之事，雷打不動，備感煎熬。每次，不是學文件就是讀報紙。老老少少一圈人正襟危坐，提足精神，不能鬆懈隨意。最麻煩的是必須發言，挨個來。既不能說真話，也不能說謊話，只能跟大溜說套話，每次發言都像上斷頭台。此時，我在錢江業餘學校兼教（授「現代漢語」），加上當過兩年小學教師，並不怵當眾發言，只是覺得這種發言太無聊，純屬浪費光陰。此外，畢竟腦有反骨，思想很難「與黨中央保持一致」，也不甘心成為「一顆永不生銹的螺絲釘」。

後來，才意識到政治學習對機關幹部的「必要性」——中共政權極其重要的組成部分，通過不斷念咒，編織你的思想，使你不能飛，也飛不了、飛不遠。如任青年幹部自由思想，接受西方資產階級思想，質疑黨的「正確路線」，漸離「正確思想」，還能與中央保持一

致麼？怎麼成為「合格接班人」？至少，佔領你的思想空間，讓你無暇旁顧，只能跟著思跟著想跟著走，厲害呵！

「六・四」漏網

我經歷的密抄在「六・四」後。其時，本人執教浙江廣電高專，「六・四」期間我校在杭州市中心武林廣場頗有行動，建立廣播站。「平暴」後，我校被重點關注，特派新任書記（原由校長兼任）加強領導，重點查找「動亂源頭」——嘴上有鬍鬚者。

1989年5月18日下午，我校學生上街遊行（杭城首家出動高校）。我正騎車去上課，學生隊伍剛出校門，被召入「一起去」。本人平時課上敢說一點「出格」話，到武林廣場後，學生推我首先演講，便講了幾句支持北京學運、反「官倒」反貪官，最激烈一句——「今天有些官員比舊社會『黃世仁』還壞」（公安在人群中錄了音）。次日，奉校長之命，參與學生廣播站審稿，專刪「過激言論」。那半個月，天天在武林廣場「上班」，深陷「六・四」。

「平暴」後清查，我乃全校教師第一「出頭椽子」。公安局要求校方提供「過激師生」名單，校辦副主任施存康（1940～ ）出面接待，力保本校師生，未提供名單，被指「不配合」。清查過篩，聽說公安局要找我談話，被校方擋住，認為我最多思想激進，沒參與組織。如此這般，得為「漏網之魚」。

2015年6月6日晨，施存康先生從北京電話告知：「六・四」武林廣場建立廣播站，乃杭州市委宣傳部指令。原來，官方很早就暗中「參與」運動、搶佔陣地，既掌握動態，又布鉤控制。中共那會兒就很有維穩經驗了。

書記整我

　　浙廣新任黨委書記林和（1932～），1950年代復旦哲學系進修生，反右積極分子，銜命查找浙廣「不安定因素」。此人年近六旬，退休在即，欲延時「退出歷史舞台」，得有政績，亟盼立功。很快，他盯上了我。本人畢竟年輕，只從長輩從書本與聞反右，尚欠社會經驗，不知「沉默是金」，更不知如何自我保護。

　　1990年3月中旬，教務處通知：停課檢查。理由為二：課上攻擊獲獎電視連續劇《渴望》女主角劉慧芳；二、稱偉大領袖毛主席「一代梟雄」。兩條罪狀，後者本人原創，前者引語「北影」教授司徒兆敦（司徒慧敏之子）。此前，司徒教授來杭講學，說最不喜歡逆來順受的劉慧芳，如有這樣的老婆，一定將他從窗口塞出去（講課地點九樓）。

　　我立即明白林和拿我祭刀，欲加之罪耳。但不明白他何處得知「本人語錄」？一問，原來林書記「不恥下聽」，那日潛入課堂，伏於一高個學生之後。我又習慣坐著講課，「階級鬥爭警惕性」很弱，未抬頭觀堂，被他凌空偷聽一節課。照規矩，領導聽課，就算事先不通氣，堂前總得打一下招呼，他輕輕地來，悄悄地去，當然「意在沛公」。一時山雨欲來風滿樓，我以待罪之身等待發落。

　　林和運用「反右」經驗，層層動員全校師生揭發我平時「反動言論」，大有將我踢下講壇之勢。豈料，星移斗轉，時代不同了，國人覺悟已提高，竟無一人向他提供一條「有價值材料」。以我平日放言無忌，只要有人願意，絕對能提供十條以上「反動言論」；哪怕編造幾句（反正我不可能知道「源頭」），亦可博歡邀寵。林和也如此這般預計，偏偏全校師生讓他失望了。

　　此時，林和既已捉虎，自然不願輕易放虎。他向省高校工委打報告要求處分我，奈何僅憑那兩條言論與我的「六‧四」行為，實難構罪，無法扣我「反黨反社會主義」。校領導層也有不同聲音，林和

只得退步，但逼我在文學系做檢討。兩位經歷反右的前輩囑我：千萬不要自扣屎盆！不要自送把柄！我當然不願做檢討，但不檢討無法過關，林和無法下台。那天，我以做報告的氣勢（撐按桌面、舉目巡視）讀檢查，林和很不滿意，但也只能就此下坡。如想要我再「深入檢討」，怕我「反」起來頂上了，反倒沒了下台階。他權衡形勢，只能鬆口，放我回到「光榮講台」。

當官祕訣

不久，偶然得窺林和靈魂深處，原來江河有源呵！「六・四」後，我系負責人王克起因「參與六四」（僅僅與我一起奉命審稿廣播站），上峰勒令撤換。新系主任羅仲鼎（1935～　），55歲第一次當官，林和親授祕訣：當領導得下面有眼線，混入人群，不被提防，才能知曉下面一舉一動，才有「威信」。羅先生少共出身，14歲參軍，1956級南京大學中文系調幹生，被這番林氏經驗「教育」得毛骨悚然，低聲對我說：「沒想到，當領導原來要這樣當！聽他一席話，勝讀一生書！」

林和蓋因「反右」表現出色，大學畢業後分配浙江省委宣傳部，來我校前為浙江教育學院副書記。奈何這會兒「點兒背」，難演反右故事，對我只能虎頭蛇尾。兩年後，鄧小平南巡，風向逆變，「反和平演變」停車，林和一下子蔫了、「失業」了。不過，他還是因「政治方向正確」，延遲兩年退休。

「六・四」分子

1995年林和退休，我以為寒冬已過，總算熬出頭。不料林和定我「六四分子」，扔下一句「裴毅然嘛，學術上發展」，斷了我的仕路。此時，系主任為作家出身的沈貽煒（1946～　），醉心創作，亟

盼扶立副主任分挑瑣碎行政。是年，我41歲，杭大碩士，新晉副教授，無論哪方面都是副系主任不二人選。沈貽煒三打報告，均遭人事處長強烈反對：「裴毅然？六四分子！」接任書記吳國田倒挺欣賞我，數次想用我，但他無法反駁人事處長的「六四分子」，悄悄示意：「小裴，你走吧，調個單位，別在這兒浪費大好光陰。」筆者職場40年，從領導處還就只得到這一句暖語。

從沒當過官，本想嚐嚐味道，既然此路不通，只能發憤向學。1997年（43歲）入復旦攻博，2000年畢業調滬，真正「學術上發展」。當年若「黨的陽光照我身」，提拔一個副處，也就屁顛屁顛走上價值很小的一條狹路，無法致力「不朽之盛事」。

考上復旦博士（委培），浙廣人事處姚處長（中專生）認為：大專教師本科生足矣，碩士生都嫌高了，不需要博士，要我簽一份〈進修協定書〉：①三萬學費（1萬／年）只支持五千元，且分三年給付；②必須承擔原教學任務（6課時／周）；③攻博期間按在崗考勤，若造成教學事故將予處罰並辦理脫產，只發放基本工資。④攻博期間所有往返路費均個人承擔。

我校乃廣電部直屬，每年下撥五萬培訓費，浙廣最多只用萬餘，每年退回三萬餘。饒有充足經費，仍不願支持我攻博。事後，部教育司長劉愛清批評姚處長：有專項經費為什麼不支持裴毅然攻博，考上復旦為什麼不支持？為什麼不努力提高師資學歷？我這輩子都記恩這位劉司長。浙廣如此惡意虐我，情緣已了。等我博士畢業，要調上海財大，浙廣新校長彭少健欲挽留我，我出示姚處長手寫「協議」，他看後一語未發，放我調滬。

還真「感謝」林和書記，若非他「階級立場」堅定，臉刺「六四分子」，我還真不至於堅定地「學術上發展」，不會因親身感受「左」而發願研究「左」，不會「把一切獻給黨」（研究中共黨史），不會寫出《烏托邦的幻滅──延安一代士林》及本套叢書。再曬一下拙著書目：《紅色生活史》、《撩看民國名士》、《二十世

紀中國文學人性史論》、《中國知識分子的選擇與探索》、《中國現代文學經濟生態》、《中國當代文學經濟生態》、《文化產業深度研究》、《歷史皺褶裡的真相》、《翻書黨——打撈歷史的細節》，以及千餘篇各式文章。孤憤著書，能出一些學術成果，沒澈底浪費生命，相當程度上確為林書記「業績」。2009年12月，上海公安局文化保衛分局徐云輝副局長代表「有關方面」與我接觸，得知我的經歷，很感慨：「組織確實對你關心不夠，以致裴教授走歪了路。」

赤潮禍華，「六‧四」後已是強弩之末，我不過受點餘緒，但也得留點蹤跡，得告訴世人：「六‧四」是反右的延續，我們「五〇後」也曾遭受如此這般的待遇，來自「反右」的林和傳授過如此這般的「官訣」！

2009-5-1～4，後增補

原載：《觀察》（華盛頓）2009年5月號（初稿）

與錢理群先生通信

　　近讀錢先生新著《我的精神自傳》，儘管對錢先生相當熟悉，仍邊讀邊歎，唏噓陣陣。錢先生歷盡艱難走到今天，最重要的本錢僅兩個字──真誠。錢先生1939年出生重慶，祖籍杭州，1960年畢業於中國人民大學新聞系，篤信紅色「階級論」──燒掉國府次長父親照片，真誠崇拜馬列主義；18年遠貶貴州，真誠對待教學、真誠研究魯迅；文革時期信奉「暴力代價論」，真誠對待每一輪運動。1978年考回北大，1981年獲碩士學位，留校執教，真誠對待研究，直到今天真誠對待自我、懷疑自己。

　　對筆者來說，錢先生的真誠是通信。1986～1987年，本人碩考兩叩北大錢門，第二次考生檔案都到了中文系，但排名靠後，只能辦繳費的「委培」──三年學費、住宿費7500元。其時，本人月薪不到70元，7500元──無法逾邁的高山，此生無緣未名湖。紅色教育一直要我們鄙棄金錢，此時才明白不僅知識改變命運，金錢也決定命運。上京找到錢先生，錢先生在那間北大小屋接待我，見我一臉懊喪，慰曰：「以後可以通信。」

　　光陰荏苒，二十二年過去了，我與錢先生信函交馳（十餘封）。在我艱難孤寂的跋涉途中，錢先生的信函一路伴行，靜靜輸來「德不孤」。錢先生與青年學子通信，為國育才、為學栽後，鼓勵外省青年堅持自學，「招收」編外學生。後來，我得知錢先生因與大批學子通信，耗時甚巨。京師學界訾議：大好黃金年齡，耗力於此，犯不著呵！等我也上了一定年齡，尤其過了五旬，學務漸繁，一天恨不得掰成四個半天，對錢先生的這份支付體會更深。從《我的精神自傳》中，得知錢先生每年要和全國上百位大小朋友通信，歡唱

更沉。[1]

　　錢先生的信不是一般敷衍，所談甚深。1991年5月15日，他來函涉及我對曹禺研究的選題：

　　毅然兄（按：錢先生大我15歲）：……這類題目（按：曹禺1949年後因政治極大影響創作），目前是不宜做的，至少是不宜作為專題來研究。在中國，作為一個學者，必須首先學會保護自己，一要「生存」，然後才會有「發展」。這固然是一種不幸，但卻是我們必須正對的現實——正對這樣的現實，也是需要勇氣的，而且需要智慧。

　　眾所周知，「六‧四」剛過，左潮騰湧，甚囂塵上，正在大搞「反和平演變」，「南巡指示」黎明前的黑暗。現代文學研究界都知道，錢先生1990年代撰有一系列「1949年後曹禺研究」。自己衝在前面，卻精心保護後學，拳拳之意，深撼我心。

　　1996年11月3日，錢先生對我偏好「宏大論題」給予忠告：

　　評上職稱後（按：筆者評上副教授），更可靜下心來，專心治學，這是令人高興的。我對你唯一的勸告還是過去信中說過的，以後少做些太「大」的題目，也不要太急於建立起自己的理論體系——儘管這不失為一個「未來」的目標，「體系」過早建立反而會束縛住自己。文章有「以大見大」、「以大見小」、「以小見大」、「以小見小」幾類，我更傾向於「以小見大」這一種——也許是我個人的偏好。

　　2004年11月29日，錢先生針對拙著《中國知識分子的選擇與探索》，深入點撥我：

　　我要強調的是，人文知識分子不是「軍師」、也不是「國師」，他不擔負「指導」社會發展與具體實踐的任務，他們的主要功能有二：一是為社會提供新的價值理念；二是對違背自己所堅守的價值理念一切社會現象，澈底的批判。……我在努力實踐我的思想時，也是

---

[1]　錢理群：《我的精神自傳》，廣西師大出版社（桂林）2007年版，頁350。

時時有各種妥協，充分考慮現實可能性的，這就是我所說「思想要激進，行動要謹慎」的意思。

2002年，我以復旦博士升職教授。2007年，錢先生見我一些文章遠發港美，來信鼓勵：

近來你著述頗豐，筆力正健，不時可看到大作，你對知識分子問題的研究也日漸深入，真為你高興！

我當然明白先生的高興是雙重的：一則老師看到學生有點成績的「職業性興奮」，二則見我步其「1957年學」後塵，也由文轉史；第二層欣喜自然更深切更入心。2009年4月，錢先生向復旦中文系專函薦我，事雖未成，終身感恩。

天道酬真，錢先生也不完全只是支付，有這麼一批追隨的「私淑弟子」，時刻關注其文章著述，同輩學人中他的思想播速最快，影響也最大。本人發表的150萬學術文字中，回首數點，引述錢文最多。當然不是刻意為之，而是讀「錢」多了，春風秋雨滋潤滲透，從接受認同至引用轉述，從「緊著看」到「接著說」，順風順水，自然天成。我想，這也是錢先生長年支付後學不期然而然的一份回報。錢先生曾說：

我用極大精力一一回覆，這是一種雙向的生命運動：在我給需要我的年輕人以說明的同時，也從他們那裡得到更豐厚的回報。

我喜歡引用學生作業中的觀點，這正是出於對學生勞動的尊重與感激之情，我常說，離開了青年朋友、學生，我將一事無成，這絕非誇大之辭。

錢先生在與讀者的通信中，花絮不斷。一位青年熱情致信，尊錢先生為學界思想界「代表」；錢先生回信致謝，婉示不願扮演這一角色；那青年回信堅持封贈，錢先生被激怒，感到一份「不堪承受的期待」，回信斷然拒絕；對方再回信——一張白紙。錢先生：

卻頓時感到輕鬆：他對我的失望與斷絕，正是我所期待的，我們

都保持了自己的獨立性。[2]

　　近十年，筆者研究當代中國士林，閱讀近千人傳記（篇），第一次讀到這樣的「師生」通信。以我對知識分子的敏感，這則花絮傳遞出不少代際資訊。學生尊崇、師長堅拒（蓋感覺一聲「謝謝」意味自大）、學生寄白紙，幾番來回，一方面說明錢先生這一代學人長期受抑所形成的卑謙自牧，確實已被改造好——打掉士林的傳統傲骨、沒了韓愈好為人師的價值自信；另一方面也說明新一代學子深染西學，敢言前人所未言、行前人所未行，既敢封贈「代表」，又敢寄送白紙。從知識分子研究角度，筆者感慨良多，真是時代不一樣，新老各相殊，都有代表性！

　　日前，本人碩士座師、杭大中文系陳堅教授（1937～　）對我說：「錢理群是中國的車爾尼雪夫斯基」。陳先生認為錢先生堅持文學研究與現實結合的學風影響了一代學子。我在電話中向錢先生轉述了一下，錢先生堅拒此稱，認為他並不能為青年指路，因為自己尚在尋路，也不願承擔如此重負，更害怕由此失去個人研究的獨立自由。不過，中國畢竟需要自己的車爾尼雪夫斯基，既然存在這樣的現實需求，也就一定會出現這樣的人物。「中國的車爾尼雪夫斯基」並非是那種指路型的精神導師，而是能夠為青年學子帶來不同聲音的人，思想的先行者與精神的跋涉者，引導思考引領探索。

　　錢先生的出現恰逢其時，不期然而然地做了下一代學子的精神「冒號」，為莘莘學子提供思想佩劍與精神拐杖。錢先生不必有負擔，更不用擔心失去獨立自由。後輩學子「錢門立雪」，看中的就是您的獨立自由，求的就是能夠「守先待後」——從您手中接過「思想之戟」。再說，前輩蹚道開路、鋪石砌階，引後學免走歧途少走彎路，人類經驗的必要傳遞，並無不當之處。錢先生大可不必惶恐。當然，強迫錢先生當導師當代表，強迫接受封贈，也不符合尊重他人意

---

[2] 錢理群：《我的精神自傳》，廣西師大出版社（桂林）2007年版，頁350、299、315。

願的原則。以筆者愚見，錢先生的作用與地位乃是歷史形成，「中國的車爾尼雪夫斯基」來自民間，並非欽賜誥封，還真說不定時日越久光芒自遠。自然出現的一切，包括學界花絮，也是一份歷史記錄吧？

事實上，對錢先生這一代人文學者，他們的歷史機遇是斥退赤潮，走出「否定之否定」的歷史軌跡，相當於掀起第二個「五四」。歷史對這一代苦難學者，提供了一份慰藉性回饋。

機遇當然偏愛有準備的「演員」，但準備好的演員總是極少數，能夠抓住歷史機遇更是甚寡甚稀。文革後，錢先生從貴州安順重返北大（18年後），很快衝至思想解放第一線，於乍暖還寒的解凍季節做出他這一代學者的代際貢獻。

眾所周知，錢先生這一代人文學者除了奉持學術至上的堅定信念，還須具備暴風雨中起飛的優質身板，以及最最重要的道德真誠與人格力量。沖決羅網的解放思想畢竟不是坐享其成的等待解放，學術真誠與人格勇氣既為治學之本，也是學問境界的體現，或曰比學問更重要的學問。告別虛偽、拒絕遺忘、抵禦恐怖……錢先生這一代學者每邁出一小步，不僅是個人學術境界的攀升，還為後學開拓空間砌築台階，將「未來」送得更遠更高。江山代有才人出，想來錢先生無法拒絕與否認自己屬於的那一「代」吧？

錢先生十分讚賞日本作家有島武郎（1878～1923）的一句話：「不要怕，不怕的人面前才有路。」[3]對今天的中青年學子來說，仍是一盞推送來的夜明燈，光熱暖身。囿於錢先生的時代，在他那一代學者中，謹小慎微者眾，敢於「不怕」者寡，他那一代學者相當一部分挾「聰明」以遨遊，抱憾恨而長終。錢先生的真誠與勇氣，使他在同代學人中得以較早走出左偏巷道，成為反思隊列中的前行者。

錢先生不必過分謙抑，更不必因「封贈」而氣惱。您今天收穫的社會尊敬與跟上來的後學，不僅僅是個人之獲，也是您所持守的理念

---

[3]　錢理群：《我的精神自傳》，廣西師大出版社（桂林）2007年版，頁216。

與價值的勝利、理性延續的必要承傳。學術理念、價值標準、歷史觀念等還真是「無後為大」。如果新一代學子不向學術不向理性致敬，仍保持紅衛兵的致敬方向，不可怕麼？如果今天只有大批歌迷影迷，沒有一批（哪怕極小一批）學迷，問題不仍然很嚴重麼？

德不孤，必有鄰；十步之內必有芳草；古諺總是靜靜放光。如今，也有人找我通信了（包括博客留言），其中有筆跡稚嫩、蹦跳錯別字的初中生。因得錢門真傳，我一一回覆，儘量不冷了每一顆年輕的心。不能兼濟天下，總還能夠傳熱一二吧？人文精神，前輩儀型，薪爐火傳。京諺：「老年燃燒，青年取暖」。老一輩積經驗成薪火，嘉惠後人；青年受熱增力，滲暖社會；傳統既守，學術有後，經驗得傳，社會受益。

與錢先生的通信通電還在繼續，若干年後估計還會有更深更廣的心得，到時再捧出與大家分享。

2008年秋，後稍增補

原載：《同舟共進》（廣州）2009年第12期（有刪削）

附記：

2010-1-14 13:22　新浪網博客管理站「通知」──

您的文章〈與錢理群先生通信〉含有不適當內容，已被設置為私密博文。（按：實無「不當」內容，蓋錢理群三字涉敏。）

戀愛政審

　　2006年4月1日，傍晚散步，拙荊隨口一句憶舊，抖出23年前的「戀愛暗坎」，驚愕之餘，擊鍵成文，存驚於世，留笑於後。當今後生只能當「天寶遺事」了。「反右」形成的社會存在，結結實實影響我們「五〇後」、「六〇後」。家庭出身、三代成分、政治審查，今天已很生澀的名詞，那會兒可是要死要活，甚至要命呢！

　　我們結識於1982年10月初，本人28周歲，她25周歲。就是以今天眼光，也到了「怎麼還不著急」？其母搭了一截橋，托人拉纖。當時尚無宅電，無網絡無手機，更無如今鋪天蓋地的公共紅娘，找對象主要靠人脈。首次見面，準岳娘一身職裝端坐主座，發炮連珠，從籍貫住址、家庭成員、職業經歷，一路追至最令我張不開口的家庭出身，整一個「查戶口」，有點傷自尊。其女與牽線人不免尷尬，擔心我吃不住。本人火氣確實一點點往上竄，若非其女濃眉大眼、文靜秀慧，有點感覺，真有可能按捺不住拂袖而去。也算天意，那天本人克制力超強，一一禮貌回答「查戶口」。

　　丈母娘屬於那個時代典型的女幹部。1949年5月3日杭州「解放」，16歲的她放棄升學，投身革命，上了十分荒僻的杭郊五雲山，接受機要員保密集訓，長期擔任《浙江日報》總編于冠西（後任省委宣傳部長）機要祕書，久浸紅缸，通身紅氣，一股掩飾不住的政治味。她聽聞家父乃國軍少校、菜場會計，當即扔過來一句：「現在不講成分了，要是以前，那是不行的！」1980年代初期已不太講成分，我又是文革後第一批大學畢業生，省政協機關幹部（似有前程），這才同意女兒與我這個「可教育好子弟」接觸接觸。我不知道如此講政治的準岳娘，出身亦不佳，其父乃郵局高級職員（英文分揀），祖父更是前清二品侍郎，成分也「黑」得很，也屬於「可教育好子女」。

政審大忙乎

　　既經「查戶口」，以為「審查」結束，不想「好戲還在後頭」。見女兒與我走動漸勤關係日密，大有「敲定」之勢，準岳母暗中找人到我單位「瞭解情況」。得知我不是黨員，便找團組織「瞭解一下」，豈料我連團員都不是。好在我已28歲，有可能超齡退團，這才沒追根刨底。若知道我原本就沒入過團，肯定會向女兒施壓——鄭重考慮！

　　最要命的是：我的頂頭上司與準岳母相當熟稔，二十多年的老同事老鄰居。準岳母向他「交代任務」，他積極性自然很高，對我全方位考察。我知道這位領導的嘴唇懸著自己的愛情，但畢竟年輕，做不住筋骨，不時流露本色。一次，這位領導為一點小事向我拍桌子，我本能地自衛反擊——也拍了他的桌子。於是，他向準岳母發出「紅色警報」——腦有反骨、頂抗上級，絕無前途！準岳母第一時間轉告其女。幸虧女兒清純，政治意識寡淡，與我接觸半年，堅信自己的考察，終於成就「國共合作」——共產黨的女兒嫁給國民黨的兒子，也算一齣「紅與黑」吧？

　　當然，我也有準岳母認可的一些優點：首次上門，下廚炒青菜（沒炒壞），添了兩次飯（其實想添三次），生活能力與身子板似乎較好。老泰山英年病逝（51歲），兩年多前「走了」，準岳母特別關注我身體。也巧，兩三個月後，其女GPT居高不下，生了大半年肝炎，本人忠心無貳，持愛不退，準岳母多少有點感動。

　　丈母娘還有一小女兒，後知連襟也享「政審」。1979年，小姨子考入江西冶金學院，連襟為工農兵學員、小姨的老師。丈母娘之兄任教江西冶金學院，十分方便「政審」。連襟也不是黨員，卻是團員，團組織反饋：「群眾關係不佳，不善於聯繫群眾」，政治前途似也不妙。1983年春節，20歲的小姨想帶「老師」回來見母，毛腳女婿動足腦筋備好禮物。不料丈母娘電報飛至，關鍵句——不要帶他來！可憐

「毛腳」（杭俚，準女婿）只好拆了禮物自用。幸好小姨態度堅定，加上「老師」考上碩士研究生，丈母娘吃勿消強攔硬阻，小姨終帶對象進門。最終，我們兩位先生各抱戀人歸，「恩愛」至今。

紅與黑

　　筆者一滬友，六六屆初中畢業生，長寧區上下三樓獨門寓所，1947年13根「大黃魚」（五兩赤金／根）頂下。其父工商界統戰對象，公私合營後月薪380元。如此有銅鈿人家，人又長得高大帥氣（1.84米），1968年9月（老毛「上山下鄉」最高指示發表前三月），分配上海國棉21廠，同天報到300餘女生，男生僅20名，1:15，狼少肉多。時有漂亮女工示好，約他「逛馬路」。稍熱絡後，姑娘問：「儂啥格家庭出身？」這句當時很通行的撩問，戳到他痛處，撓頭低聲：「可不太好，我家是『資產』。」（資本家）「資產」兩字一出口，姑娘轉身就走，招呼都不打一聲，也不過渡一下，就這麼直接這麼「階級分明」！幾次下來，他領教了「資產」的斤量，成分問題真正觸及靈魂。如今只要提及這一「階級壓迫」，仍懷「深仇大恨」。

　　拙妻二姨（中師生），杭州三勝橋小學教師，嫻靜漂亮，1968年與鐵路局一青年相戀。青年乃單位培養苗苗，申請結婚（無單位證明不予登記），領導斷然拒絕：

　　根正苗紅、大有前途的青年苗苗，怎麼可以娶這種家庭出身的老婆？

　　拙妻外公不過郵局高級職員，並不怎麼「黑」，尚未入「黑五類」。高壓之下，這對戀侶只得分手，拙妻目睹二姨在衛生間失聲痛哭。那年，拙妻12歲，第一次感受「失戀」。不久，二姨草草另嫁，36歲悒鬱而死。

　　1972年秋，上海天山路百貨商店一女售貨員（「老三屆」高中生），與文革前大學畢業生（30歲）談戀愛。但姑娘是「培養對

象」，經常調去搞運動，參加專案組，已擬一入黨就「以工代幹」
（脫產）。但大學生卻在「清理階級隊伍」運動中隔離審查10個月，
罪名「惡毒污衊『三面紅旗』」（「造謠」安徽農村餓死人）、說文
革不僅不能反修防修反而加速修正主義到來，政治處境很不妙。僅僅
因老毛說「大學還是要辦的」（理工類），才將他從工廠召回學校，
「敵性內處」（敵我矛盾性質按人民內部矛盾處理），工宣隊才開給
他「結婚證明」。姑娘單位得知她對象有「有問題」，力勸「回頭是
岸」──撤銷婚約。長寧區革委會頭頭都出面了，只要她同意，組織
出面解決（男方不同意也沒用），並為她保密。同時，曉以利害：要
是你和他有了孩子，將屬於「可教育好子女」！奈何姑娘認為「他是
好人」，這才未被拆散。但她的「發展」從此到頭，營業員終老。[1]

　　當代青年很難想像「家庭出身」曾那麼重要。政治深入社會各角
落，一句「組織意見」，關天係地──拴著前途，連著命運，決定愛
情。「組織」從頭管到腳，不僅關心你的愛情、決定你的工作，甚至
干涉你的性格興趣。最可怕的是審讀你的日記，檢查你的靈魂。

明星也政審

　　孫道臨（1921～2007）、王文娟（1926～　），1940～1970年代紅
透寰內的一對名伶，他們的婚姻也遭遇政審。2012年9月1日上海《文
匯報》，越劇名旦王文娟撰文悼夫，憶及1961年與孫道臨戀愛。她35
歲，孫40歲，但因孫的政治問題，差點難締姻緣。原來，孫道臨1938
年入燕京哲學系，參加燕京劇社，北京「中華民族解放先鋒隊」（中
共外圍組織）負責人，一度被捕，但未暴露身分，未給黨造成任何損
失，出獄後積極尋找組織未果，被迫「脫黨」。就這麼一段履歷，攔
住這對大齡情侶。上海越劇院領導找王文娟談話：

---

[1]　張禮士：《市民底層筆記》，上海社會科學出版社2013年版，頁305～318。

孫道臨過去的事，你知不知道？那是很嚴重的歷史問題！（按：指「叛徒嫌疑」）

王文娟回答：我們第二次見面，孫道臨就說了此事，並為孫辯解。領導很不滿意：

你是新黨員，在政治上一定要站穩立場！[2]

領導輪番找王文娟談話，明確他們只能是藝術夫妻，不能成為生活夫妻，並暗示如堅持結婚，就得考慮退黨。儘管已是大齡「剩女」，王文娟也只能考慮退卻──「萬一他是叛徒呢？」事情就這麼拖下來。

幸好老黨員張瑞芳與周恩來夫婦熟稔，將「困難」捅上去。1962年春，王文娟隨團訪問朝鮮回京，鄧穎超打電話叫她去西花廳，告知孫被捕後組織未遭破壞，沒政治問題，「解放後」積極工作、表現不錯，她與恩來認為你倆蠻合適的。王文娟回滬向孫道臨傳達「總理關懷」，孫不敢相信，激動得坐不下來。總理發話，上海越劇院不便再攔阻，「政審」這才結束，是年7月2日終成好事。[3]總理關懷、鄧大姐出面，幾人能得之幸？

不都這樣麼？

拙妻之所以守密23年，倒不是照顧我與丈母娘的關係，而是覺得「正常行情」，嘸啥說頭，「那時候不都這樣麼？」再說，老媽「外調」也是為她好，政治上把關，否則何必吃力托人去搞什麼政審？誰天生有這樣的「政治意識」？

───────────
[2]　王文娟入黨時間：1957-8-3。舒澤淞、蔡平：〈戰士王文娟〉，載《文匯報》（上海）1957-10-13，版5。
[3]　王文娟：〈我與道臨：七條琴弦誰知音〉，載《文匯報》（上海）2012-9-1，〈文匯周末〉版A。
　　滬視紀實頻道2016-12-25「往事」，王文娟自述：「我與道臨」。

　　錄出這段戀愛政審，延宕至今才拿出來，當然有點顧忌，怕丈母娘不高興。拙妻一直攔著，不讓我投出，只能耐心向她解析「千萬不要忘記」的價值。今年，她終於鬆口。順便交代一下，丈母娘對我的認可度逐歲增高，近年很高興向親友分送拙集《歷史皺褶裡的真相》，似含「女得所歸」。

　　不遠的往昔，我們這一代的情戀如此這般呢！我與連襟的「戀愛政審」還算好，1980年代初的紅色政治已是強弩之末，1950～70年代「激情燃燒的歲月」，赤焰熾騰，家庭出身不知毀了多少情侶，難以盡述的一代悲劇。

　　1949年大陸赤沉，「陸民」深陷顛倒錯亂之赤淖。如今，我們這代人漸入「歷史皺褶」，應該留下走過的腳印，當然不認同什麼「淡化」！當然要求撐歪的意識形態歸正復位，國家得走上普世價值大道，而非中共自己都說不清的「中國特色社會主義」。只有結束紅色邏輯、拆除馬克思主義這一「違章建築」、結束一黨專政，中國才算真正走出「被顛倒的時代」，才能確保不出現第二個「重慶唱紅」，確保後代不會「吃二遍苦」、「受二茬罪」。

初稿：2006-4-2～4；補充：2010-12-14；定稿：2013-4-28

原載：《動向》（香港）2013年8月號

懷念楊麗坤

　　秋月溶溶，水銀瀉地，央視電影頻道「精彩重播」《阿詩瑪》，悠揚哀傷的熟悉旋律、清純秀美的阿詩瑪，我挪不動身子，無法不回想我們這一代的青春，無法不懷念因美麗而罹難的楊麗坤。

　　影片《阿詩瑪》據雲南撒尼族民間長詩改編，1956年由公劉改編電影劇本，上海海燕電影製片廠決定投拍，劇本已在《人民文學》發表。1957年驟起「反右」，民歌《阿詩瑪》四個整理者，三個（黃鐵、楊智勇、公劉）劃「右」，投拍作罷。但海燕廠不願放棄這一優秀題材，1960年請老作家、雲南大學校長李廣田重新修訂。不久，李廣田被劃「右傾」，投拍再次擱淺。1963年有關方面又想起《阿詩瑪》，決定投拍。

　　影片《阿詩瑪》乃大陸第一部寬銀幕彩色音樂片（僅三句對白），最當紅的南北二華主唱，女聲杜麗華，男聲胡頌華。1964年6月《阿詩瑪》封鏡，上了《大眾電影》封面。但形勢日緊，左腔日濃。1963年12月12日、1964年6月27日，毛澤東〈兩個批示〉，認為文藝界1949年以來「基本上不執行黨的政策，最近幾年竟然跌到了修正主義的邊緣」。康生貫徹「兩個批示」槍斃一批送審影片，《阿詩瑪》終未公映。1965年4月，中宣部發文批判七部「壞影片」，《阿詩瑪》入列。[1]

　　只聽閨樓足響，不見麗人下樓，飛語騰起。那時本人十一二歲，聽聞《阿詩瑪》是「解放後」最美彩色片，阿詩瑪乃最美女角，導演劉瓊發誓選出最美姑娘，云云。

---

[1] 徐慶全：〈陳荒煤呼喚：「阿詩瑪，你在哪裡？」〉，載《電影文學》（長春）2009年第5期，頁151～152。

　　等我看到這部影片，已是文革結束。當然還惦著那則「最美」，期待驚豔。果然，楊麗坤（1942～2000）的美麗如期而至，映襯撒尼族（彝族支系）亮麗服裝，深深撼我。也許以今天眼光，楊麗坤的美麗會遭「商榷」，腰身欠楊柳啦，身材很一般啦，但楊麗坤是我們那一代的佳人，那會兒只講「盤子」（臉蛋），不講「條子」（身材）。現今網上「記憶中的大眾情人」，李秀明、張瑜、秦怡、謝芳「夢幻指數」三星，周潤發、達式常、唐國強四星，楊麗坤、王心剛、林青霞，五星！一位1960年代老演員憶嘆：「楊麗坤的美是壓倒一切的，她的出現曾令很多演員覺得黯然失色。」美麗總是容易引起人們的致敬。

　　後來，從報刊上得知楊麗坤慘遭迫害。未及文革，她便與《阿詩瑪》一起倒楣了。《阿詩瑪》被批「戀愛至上的大毒草」。1964年12月，江青在中宣部會議上點名批判《阿詩瑪》等一批影片：「《阿詩瑪》無法修改，是一部典型的資產階級影片，不要再浪費人力、物力，原樣上映批判。」1965年4月11日，中宣部發出〈關於公開放映和批判一些壞影片的通知〉，七部壞影片，《阿詩瑪》為之一，全國報刊鋪天蓋地抨擊批判。

　　楊麗坤打為「黑苗子」、「資產階級美女」、「文藝黑線忠實執行者」，批鬥示眾，美麗鮮嫩的楊麗坤經受不住巨大落差，精神失常，流浪昆明街頭，給兩分錢就唱一段〈阿詩瑪〉。親友大規模尋找，最終在邊城鎮沅找到。經治療，慢慢恢復。1970年，楊麗坤被上面劃定黑線人物，再次關押，抓住片言隻語無限上綱，戴帽「現反」，日夜審訊，掛牌批鬥、下跪毒打，從這頭轟到那頭，再從那頭推到這頭。楊麗坤不停申辯，「群專隊」嫌她太吵，關入雲南歌舞團舞台下一間黑房，終日不見一絲陽光，沒有床，只給兩張凳子。夜深之時，楊麗坤淒厲呼叫。本已平復的精神病復發，徹底摧毀了她，已無法依稀辨舊容。

　　如今年輕人無法理解當年封殺《阿詩瑪》的理由——宣揚愛情，

脫離階級鬥爭。1965年全軍創作會議，江青一口氣點名批判54部「解放後」影片，《阿詩瑪》《柳堡的故事》《五朵金花》《我們村裡的年輕人》為一類——

　　專搞談情說愛，低級趣味……主人公除了愛情，什麼也不幹。有的宣揚了少數民族落後的東西，有的宣揚愛情可以征服世界，完全是資產階級、修正主義貨色。……這些影片與革命的時代精神距離有多遠啊![2]

　　「建國」十周年18部獻禮片之一《五朵金花》（楊麗坤主演），全國隆重上映，轟動巨大。1960年開羅第二屆亞非國際電影節，《五朵金花》獲「最佳影片」、「最佳導演」，楊麗坤「最佳女演員」，納塞爾總統點名楊麗坤親往領獎。《五朵金花》在56個國家（地區）放映，大陸影片海外最高發行紀錄。[3]但到1965年，《五朵金花》成了「攻擊三面紅旗」、「醜化少數民族的毒草」。文革中，《阿詩瑪》在一定範圍放映，作為供批判的毒草。

　　一切文革黑暗當然都以「革命的名義」，都在光燦燦名號下堂皇行之。《阿詩瑪》還在拍攝，就已指責楊麗坤「資產階級小姐作風」、「資產階級戀愛觀」。她一邊演著阿詩瑪，一邊接受批評。拍完《阿詩瑪》最後一個鏡頭，接到通知：立即返回雲南原單位，從此陷入一連串批鬥。最為悲慘的是：楊麗坤沒在心智健全的情況下觀看一遍自己的代表作，沒欣賞一回自己的美麗。

　　1954年，昆明新村小學12歲彝族女生楊麗坤被省文工團挑中，17歲主演《五朵金花》，22歲主演《阿詩瑪》，紅透影壇，追都追不上的月中嫦娥，竟落到削價處理——需要介紹對象。其夫唐鳳樓乃上海外語學院畢業生，分配湖南凡口鋁鋅廠務工。見面前，介紹人再三打預防針：阿詩瑪是真的，但你的想像必須降溫！其夫後述：

---

[2]　江青：〈關於部分影片的批判意見〉（1965），載《無限風光在險峰——江青同志關於文藝革命的講話》，1969年3月編印，頁324。
[3]　張維：《影藝叢語》，雲南民族出版社1988年版，頁212。

　　第一次見到楊麗坤時，已不是想像中的楊麗坤了，所有人們描繪她的美好詞彙已沒一個能與眼前的她對得上號。她臉色灰黃，目光呆滯。因為藥物反應的緣故，人胖得基本上已無形體可言。[4]

　　辣手摧花，凶刀毀容，最煞風景的焚琴煮鶴。由美麗引起的致敬，成了對美麗的哀傷。絕大多數藝員演紅一部片子，得益總是大大高於代價，楊麗坤卻完全倒過來，「紅」了了，卻「悲」了，還是大大的「悲」！她的美麗更為這一價值倒置拉出巨大落差。

　　1978年11月，各方為她落實政策。上海時有200餘等待落實政策的「省軍級」，最難的是住房，上海住房緊張全國之最。文化部長黃鎮批文、雲南省委書記安平生親函上海市委書記彭沖、前文化部副部長陳荒煤聳動輿論的〈阿詩瑪，你在哪裡？〉（《人民日報》1978-9-3），楊麗坤的批件20天就走完程序：從雲南歌舞團調上影廠，丈夫調隨，孩子戶口隨遷，安排住房。那個時代的人都明白這是多麼大的一項工程，如此迅速搞定，社會在向楊麗坤致敬呵！

　　1978年10月25日，落實政策小組在精神病院找到楊麗坤。因服用激素，楊麗坤體形特胖，滯呆無神，憂傷驚恐，手腳顫抖。小組成員忍不住流淚。當告訴她：「四人幫」已打倒，她默不作聲，搖搖頭，不相信是真的。她的幻聽很嚴重，當給她講解新政策，她會同時聽到另一聲音：「不要相信，他們講的全是騙你的！」她清醒時，才感到這是病態。當她神智稍清醒，向她宣讀文化局平反決定，代表省委深切問候。她終於逐開笑顏，心潮起伏，有點不能自制。[5]

　　楊麗坤的悲劇也是我們知青一代的悲劇。赤色教育下，我們只知提高警惕，隨時準備投入戰鬥；只知進行曲，不聞圓舞曲，更沒聽過小夜曲；只知恨不知愛，只知奉獻不知擁有，不知欣賞生命，更不珍惜青春；在〈革命人永遠是年輕〉的旋律中，真以為青春吃不光用

4　李實仁：〈楊麗坤在上海22年的歲月〉，原載《春城晚報》http://www.people.com.cn/digest/200104/27/rw042706.html
5　張維：《影藝叢語》，雲南民族出版社1988年版，頁209～218。

不完哩！那時，「國家」對我們年輕人，只要求聽話，不要求創造；只要求服從，不要求獨立。一句評語「有個性」，意味著你失去任何「發展」。

我們得到的教育：永遠不能追求個人幸福，無產階級似乎也不需要個人幸福，愛情更是沾碰不得的「資產階級情調」，好像只有生活在不幸中才是最值得追求的人生。因為一幸福就「修」了，就遠離「馬列」了。朱自清雖然得到毛澤東讚揚，但他珍惜當下的「剎那主義」，仍被批得臭要死。

我們這一代的青少年，真是一點機會都沒有。小學時，因外公緣故，我學過圍棋，老師為省冠軍張教頭（後為馬曉春、俞斌教練），認為我很有培養前途，若非文革一定留我入省集訓隊。後來，依靠「童子功」，本人得過黑龍江大學圍棋冠軍。文革中，我參加校文宣隊，演遍杭州各劇場，若非出身不佳，部隊或省市文工團會向我招手。

青年沒機會，社會無活力。一個鄙視知識、放逐青年的時代，自然無法理解知識的作用，不可能收獲青年的創造。高雅生活難道能離開知識麼？離開知識還能走向現代化麼？

2000年7月21日，楊麗坤去世，年僅58歲。聞訊心頭一震，憂傷的《阿詩瑪》旋律如一艘空蕩小船漂漾心河。楊麗坤還不是最慘的，至少熬過文革，活了下來。《阿詩瑪》編劇、「漢園」詩人、雲南大學校長李廣田（1906～1968），跳進昆明郊外荷花池（據說也是陳圓圓自沉處），質本潔來還潔去，以死示清。

懷念楊麗坤，當然也是懷念我們的青春。懷念楊麗坤，不能不想到文革，不能不想到如何從根子上杜絕文革，不能想當然認為「文革不會重演」。別忘了，史界金言──歷史總是驚人相似！

　　懷念楊麗坤，不僅僅只是悲傷，更為今天的青年高興，為他們不用再吃我們這一代的苦，為他們的青春能得到更多機會，為他們擁有我們這一代無法想像的人生夢幻……青年有嚮往，社會有希望呵！

2006年5月　上海

原載：《書屋》（長沙）2010年第10期

轉載：《中外文摘》（北京）2011年4期

《雜文選刊》（石家莊）2011年4月（下）

小鄧打敗老鄧

——鄧麗君撬動大陸意識形態

　　一代有一代的文化，一代有一代的明星，鄧麗君是我們「五○後」的歌星。1950～1980年代，大陸意識形態大起大落，鄧麗君（1953～1995）成為伴隨我們思想轉型的一粒符號。

　　1978年，文革後第一批大學生（七七級、七八級）入校。走出大興安嶺的我，第一次從同學錄音機裡聽到「靡靡之音」——鄧麗君歌曲。從小生長於「鐵屋」，每天被灌「高快響硬」的鏗鏘進行曲，第一次與聞裏帶三十年代滬味的小夜曲，歌詞俚淺，旋律通俗，格調溫婉，清麗多情，真是說不出的歡喜。那時，我們正值青春，渴望激情。鄧麗君的小女生甜歌，實在可愛。本人樂盲一個，二十六七歲後不再聽歌學歌，如今年屆六旬，卻會哼唱〈何日君再來〉〈路邊野花莫要採〉〈美酒加咖啡〉〈甜蜜蜜〉〈月亮代表我的心〉〈夜來香〉〈小城故事〉……筆者會唱的歌曲中，只有「語錄歌」比鄧麗君的歌多。

風雲際會滲大陸

　　文革十年，大陸文藝長期政治化，民間影診——

　　阿爾巴尼亞電影莫名其妙，羅馬尼亞電影摟摟抱抱，朝鮮電影又哭又笑，越南電影飛機大炮，中國電影新聞簡報。

　　大陸樂壇千篇一律紅歌，都是扯嗓高八度，激越昂揚的亢奮高音，注滿革命豪情，沒有纏綿低徊的甜美中音，沒有柔和輕音樂，沒有一首通俗樂曲，無有一點人性柔情。無論輕音樂歌手，還是流行歌曲創作，全都斷檔缺貨，只能從港台進口。

　　不過，引進資本主義港台文藝，1970年代後期沒一點政治背景可不行。大陸之所以放入鄧麗君歌曲，乃北京向台灣發起統戰攻勢——第三次國共合作，欲趁幾位老一代國民黨大佬還在世，解決兩岸統一。1979年元旦，葉劍英發表〈告台灣同胞書〉，提出「和平統一」九方針。但罵了國民黨幾十年，都罵成那樣了，變臉講和，總得有所輸誠有點實際行動。於是，瞄上政治色彩較淡的流行歌曲。恰好，學生出身、背景簡單的鄧麗君新紅港台，得以「港台標誌」進入大陸，成為中南海需要的「兩岸文化接觸」。

　　1980年代大陸標誌性街景——小伙自行車後坐著姑娘，車把上掛著錄音機，大聲播放「鄧麗君」，招搖過市。會不會唱「鄧麗君」，成了「八十年代新一輩」的時髦標誌。無論如何，只准唱紅歌不准唱情歌的大陸，可以唱情歌了！不容易呵！

　　如此這般，風雲際會，與政治渾不沾的鄧麗君，成為台灣挺進大陸的「先頭部隊」，悄悄消融赤色意識形態堅冰，以情歌揮退紅歌。歷經反右～文革赤難的大陸災胞，厭惡透頂共黨政治，實在聽膩了頌共諛毛的紅歌。「天大地大不如黨的恩情大，爹親娘親不如毛主席親」，今天還唱得出口嗎？毛澤東會比爹娘都親嗎？正空著缺著，來了一隻清婉黃鶯，唱出久違的閭音巷聲——「又見炊煙升起，暮色照大地。想問陣陣炊煙，你要去哪裡？」怎能不打心裡喜歡這位錄音機裡的鄧妹妹？筆者並非歌迷，也不怎麼愛唱歌，居然也很喜歡鄧麗君的歌。

　　1982年夏，筆者大學畢業，分配浙省政協，機關裡都是1920～1950年代入黨的「大革命」、「三八式」、「解放牌」，他們對鄧麗君充滿抱怨：「為什麼要放港台歌曲進來」？「靡靡之音嘛」！「資產階級意識形態」！「消解革命意志」……有人抓住鄧麗君勞軍金門，痛斥鄧麗君「反共歌手」，媒體上出現呼籲：「封殺鄧麗君！」

小鄧打敗老鄧

　　1979年北京西山會議，討論焦點：「鄧麗君歌曲是不是靡靡之音、黃色音樂？」連帶批判大陸作曲家張丕基、王酩的歌曲，批評李谷一的氣唱〈鄉戀〉。黑龍江大學廣播站也播出〈鄧麗君何許人也〉，我還特意致函校廣播站（手稿存今），反對以政治態度否定鄧歌。讀者莫笑，筆者那會兒實在「紅」得很——

　　唐人韓愈思想反動保守，反對王叔文的永貞革新，為什麼他的詩還收入今天社會主義大學中文系教材？張大千品德不正，他的〈長江萬里圖〉不是發表在大陸的美術雜誌？……只要鄧麗君的歌不反動，就不應因人廢歌、恨屋及烏。

　　1981年，上海文藝工作者劉某，隨團赴新加坡演出，購回鄧麗君歌帶翻錄，公安部門以「散布靡靡之音，盜竊單位財物」判處三年勞教。[1]李谷一使用鄧麗君式氣唱，被斥「大陸鄧麗君」、「資產階級音樂潮流典型代表」、「腐蝕青年」。鄧麗君的磁帶一度只能靠東南沿海走私，地下傳播。外媒報導：「中國青年寧願縮衣節食，也希望聽到鄧麗君彎月溫柔的歌聲。」

　　鄧麗君的歌，音色圓潤、輕氣柔唱，歡快俏皮、搖曳風情，通俗易唱。最為重要的是：十分人性化，符合世俗人情，傳統與現實結合，捎帶市民哀怨，以及對小奸小壞的容忍；較之只講黨性不講人性的紅歌，格調迥異，對照鮮明。鄧麗君既填補了大陸通俗音樂的缺失，也濕潤大陸民眾久涸的情感池塘。就是對中老年「陸民」，也感受全新。大陸災胞出於本能，一下子就喜歡上小女生鄧麗君。在南方，鄧麗君錄音帶成為新娘陪嫁附件。1980年代，鄧麗君的歌飄上青藏高原，藏民願出三美金（半月生活費）購買鄧麗君的翻錄磁帶。[2]

---

[1]　海巴子：〈鄧麗君，柔情歌者的坎坷人生〉，載《檔案春秋》（上海）2011年第2期，頁33。

[2]　思君編，《一個真實的鄧麗君》，東方出版社（北京）2005年版，頁281。

鄧麗君演唱會VCD光碟，大陸家庭卡拉OK必備。

1990年代，鄧麗君歌曲在大陸才通行無阻。2002年，鄧麗君文教基金會成立上海辦事處。隨後，上海、桂林闢設鄧麗君紀念館。杭州、武漢出現鄧麗君音樂餐廳。2003年成立「中國鄧麗君歌友會」，藉助網絡與戶外聚會播放鄧歌、交流有關鄧麗君的藏品。2006年1月，北京舉行「一代歌后」鄧麗君經典金曲交響音樂會。「鄧麗君熱」奇跡般持續三十餘年不退。

鄧小平的統戰攻勢未能攻上台島，鄧麗君的「靡靡之音」卻反攻大陸。1980年代，京諺流云：「小鄧打敗老鄧」。政治的「力」終究抵不過百姓的「情」。

影響大陸樂壇

1978年，在鄧麗君的「推動」下，廣州出現第一家音樂茶座、第一支輕音樂隊。不久，大陸各地歌廳猶雨後春筍，港台流行樂登堂入室，茶座歌手仿習港台歌曲成風。[3]

鄧麗君也開了華語流行樂的新風向，成了大陸流行樂的啟蒙者。王菲、梁靜茹、蔡琴都靠翻唱鄧歌出名。鄧麗君的氣聲唱法，大陸歌手競相模仿，李谷一、程琳、朱逢博均仿習「拿來」。鄧歌的樂隊配器也為大陸模習。

雖然鄧麗君的歌聲傳遍大陸，鄧麗君卻始終未能踏上大陸，無法與大陸歌迷當面互動。1988年，「老一代無產階級革命家」向台灣發動有生之年最後一波統戰攻勢。5月，鄧穎超致宋美齡公開信。此前，為配合政治行動，央視曾運作鄧麗君上「春晚」，未成。4月，央視等大陸官媒以第四屆「海峽之聲音樂會」名義，邀鄧麗君公演大陸，承諾於四川舉辦幾十萬人的演唱會——擋不住的誘惑。鄧麗君也

3　武斌、韓春豔：《中國流行文化三十年：1978～2008》，九州出版社（北京）2009年版，頁4。

一直希望獻歌大陸。此時，台灣仍持「三不」──不談判、不接觸、不妥協。蔣經國召見新聞局長宋楚瑜（與鄧麗君關係不錯），請宋勸說鄧麗君放棄「登陸」。鄧麗君的歌因政治而登陸，她的人也因政治而無法登陸。

1989年春北京學運，鄧麗君不顧親友反對，參加聲援集會。5月27日香港跑馬地「民主歌聲獻中華」，她演唱〈我的家在山的那一邊〉，頸懸字牌「反對軍管」。「六‧四」槍響，她拒絕上大陸演出：

六四不平反，我就不去大陸。

我回大陸演唱的那一天，就是三民主義統一中國的那一天。[4]

1995年5月8日，鄧麗君因哮喘遽然謝世泰國清邁。10日，央視播報訃告，播出鄧麗君演唱會畫面，此為大陸最高級別媒體首次報導鄧麗君。

歲月忽忽，一代歌后香消玉殞18年。我的學生莘莘屆屆，都會唱鄧歌，至少聽過鄧歌。看來，鄧麗君不僅活在我們這一代，還延伸至下一代，至少影響三四代。只是對我們這一代，鄧麗君滲透我們的青春愛情、纏繞我們思想歷程，對鄧麗君的感情別有一份感情。

花自飄零水自流，魂雖飄去歌依舊。鄧麗君仍在散發無法忽視的影響，其歌之揚，其力之韌，前無古人，估計也可能後無來者。當今歌手怕已不可能再有鄧麗君的歷史機遇──毛共反右～文革走出的歷史悖向形成的價值落差。如今，毛澤東、鄧麗君都走遠了。兩人不同層次不同界別，但毛像終將下牆、毛屍必定出堂、毛主義已被埋葬，鄧麗君的歌曲卻在一代代悠揚傳唱。

（與2012級碩士生何婧怡合作）

2013年10月上旬　上海，稍增補

原載：《揭露》（香港）2013年11月號

---

[4]　聞宗：〈三個山東女人──鄧麗君、林青霞、伊能靜〉，載《揭露》（香港）2013年11月號，頁68。

「知青學」集大成專著
——《失落的一代》

再演敦煌故事

　　知青運動遠去，知青研究漸熱。法國漢學家潘鳴嘯（Michel Bonnin，1949～ ）的《失落的一代》（香港中大出版社2009年中譯本，以下簡標頁碼），四十萬字厚厚一本。筆者知青出身（八年鄉齡），讀之感慨萬千。知青研究居然再演「敦煌故事」（敦煌在中國，敦煌學在國外）——知青運動在中國，知青學在國外。從《失》著所附參考文獻，外文也比中文熱鬧。

　　2009年乃知青運動爆發四十周年，寰內各地知青自我紀念，一些報刊也挑惹知青話題。按說，40年已拉出足夠時差，研究可有相當積累，應該湧現「知青學」專家與集大成專著。然而，上山下鄉運動不僅栓繫文革，還鉤掛中共意識形態，牽扯赤潮大方向。只要馬列赤旗還是大陸唯一飄揚之旗，只要知青運動肇始者還享有「三七開」政治豁免權，「知青學」就無法在寰內得到有深度的開展，無法「轉正」——由民間入廟堂。

　　知青運動結束三十年，1800萬上山下鄉知青垂而未老，「人還在，心不死」，六旬上下，仍有相當活動能力。精於意識形態的中共，當然明白必須為這段歷史繼續遮醜。如此這般，知青學只能「宜粗不宜細」，只能與文革一樣「淡化」。迄今為止，規模如此巨大、影響如此深遠的上山下鄉，居然從未躋身國家課題。不是沒人報，而是不肯批——「穩定壓倒一切」。這一重大當代史課題，白白「讓」與人家老外。

　　「知青學」在國外，當然不是我們知青學子不自愛，不知此山有

璧，而是人家老外更有條件比我們關心知青學。不僅經費、時間投入
存在巨差，最要命的是言論自由的空間。綜因合之，老外學者的研究
熱情遠比我們易燃，學術興趣也遠比寰內學人持久。儘管事實如此，
我還是為這一課題流失境外汗顏，為中國感慨。

　　當然，大陸「知青學」亦非毫無進展，也有一些研究成果。
鄧賢的《中國知青夢》（1993）、劉小萌、定宜莊等《中國知青
事典》（1995）、顧洪章、劉夢章的《中國知識青年上山下鄉
始末》（1996）、金大陸的《世運與命運──關於老三屆人的
生存與發展》（1998）、定宜莊的《中國知青史・初瀾（1953～
1968）》（1998）、劉小萌的《中國知青史・大潮（1966～1980）》
（1998）、《中國知青口述史》（2004）。不過，這些成果雖然提
供了積微言細的原始資料，但由於是民間行為（僅金大陸為市級課
題），均屬初級階段資料歸掃，局限個體親歷，一旦涉及宏觀全
局，必須「克制」。面對嚴審雄關，作者「自覺」刪濾不少資料──
不符合「主旋律」呵！此外，只能陳列史料，無法剖析論述，一說就
出圈。

學術貢獻

　　《失落的一代》梳扒大量原始資料，取精用宏，一冊在手，「知
青」可知。為全面瞭解上山下鄉運動，提供了迄今為止最合適的綜述
讀本。

　　筆者作為漸入秋暮的老知青，三十多年一路關心「知青」，但
《失》所輯資料仍不少聞所未聞，四十年前的舊聞仍是新聞！捧讀此
書，一路驚歎：「原來如此！原來如此！」不僅當年被蒙鼓裡，四十
年後仍不知就裡。若非讀到此書，終身都將不瞭解上山下鄉全局資
訊。1956年，上山下鄉就與解決失業「結合」起來了！1957年7月6日
《人民日報》已出現〈江蘇許多農民社歡迎知識青年回鄉生產〉、8

月14日通欄〈知識分子在農村大有可為〉、9月2日〈建設新農村是知識青年的光榮任務〉、12月27日〈體力勞動是知識分子思想改造的必經之路〉。1957年11月25日《文匯報》載〈江蘇20萬知識青年下鄉務農〉。

1957年8月22日《人民日報》社論：〈沒有考上高等學校的學生應該做什麼？〉——

到農村去是一件非常光榮的事，是一條有遠大前途的光明道路。……知識分子青年參加農業生產是我國建設社會主義道路中的一個重要問題，這是具有重要歷史意義的一件大事。……應該踴躍參加農業生產。應該了解，在城市安排就業的只能是少數人，大部分同學只能安排到農村去。

很明確了，中共政府此時就意識到無法解決城市青年就業，已在將城市青年推向農村。1963年，周恩來計畫18年內動員3500萬知青下鄉，以解決就業。（頁61）周恩來、鄧小平指示知青下鄉插隊，安置費200元／人，插場則須1000元／人。如每年百萬知青插場，政府財政將補貼十幾億，怎麼得了？![1]

補充一點資料。1963年12月13日，毛澤東從《群眾反映》（中辦祕書室編印）讀到〈上海有很多人迫切要求給予生活出路〉，不少人信訪中南海，批示：

柯老、丕顯同志：此件請閱，此事必須解決。……上海共有失業者多少？是否有幾十萬？請查告。

毛澤東雖發指示，但柯慶施、陳丕顯卻無力落實「最高指示」，無法解決上海日益膨脹的失業人口。是年6月，王震打報告要求向新疆移民（組建新疆生產建設兵團），文革前十萬入疆滬青成為就業壓

---

[1] 顧洪章主編：《中國知識青年上山下鄉大事記》，中國檢察出版社（北京）1996年版，頁39、42。
定宜莊：《中國知青史：初瀾（1953～1968）》，中國社會科學出版社（北京）1998年版，頁222。

力下的產物。[2]

　　上山下鄉乃中共解決失業之策──藉助紅色意識形態，將經濟停滯工業疲軟無法解決城市失業的大包袱甩給沒有任何社會保障的農村。如此這般，既維持中共無所不能的意識形態神話，又遮了醜──「新中國」無失業。至於將城鎮青年送往工業化現代化相反方向的農村會造成怎樣的後果，將造成這一代青年怎樣的人生，毛共從未考慮，亦毋須慮及，反正怎麼做都是「偉光正」。

　　《失落的一代》披露「祕聞」：

　　──中共之所以對雲南知青迅速讓步，與1979年初對越作戰有關，「如果在此邊境地區發生大規模社會衝突，就很不利於開展反擊戰鬥。」（頁142）

　　──1980年結束上山下鄉，並非中共認錯，而是「社會上各種形式的抵制與抗爭在1979年發展到登峰造極的地步，促使政府最終放棄了這場運動。」包括農民的消極抵制。（頁163、166）

　　──教師、生產隊長、宣傳幹事等混得還不錯的積極分子，也偷渡香港，奔向「萬惡殖民地」，他們也無法在農村農場「展望未來」。（頁300）廣州動物園職工賣虎糞給知青而被捕，知青用虎糞在偷渡香港時嚇退追捕警犬。（頁367）

　　──知青明星張鐵生、吳獻忠、柴春澤、侯雋、董加耕等人今況。（頁159～160）李慶霖三改刑期──從無期減至八年。（頁160）

　　──認識真正知青英雄、赴疆滬青歐陽璉（阿克蘇知青領袖），帶頭鬧返城判刑四年。（照片36）

　　──女知青高比例遭強姦。黑龍江百餘農場，每個農場都上報好幾起，有時幾十起。（頁285）據全國知青辦統計，1976年就有萬餘迫害知青事件，其中姦汙女知青比例很高；是年知青非自然死亡4970起，占知青死亡總人數73.5%。（頁94）

──────────
[2]　中共中央文獻研究室編：《毛澤東年譜》（1949～1976），中央文獻出版社（北京）2013年版，卷5，頁291。

　　黑龍江兵團某團招待所長，伙同團長、參謀長調去一批批女知青，說是安排輕鬆工作，不幹農活，有吃有喝，「實際上三個人輪流幹，一百多女孩子叫他們玩了。其中有個高幹子弟告到中央，才把那幾個家伙斃了。」[3]

　　——〈南京之歌〉詞作者任毅差點槍斃，後「從輕」改判十年徒刑，蹲足九年。（頁339）一媒婆介紹城裡女知青給郊區小伙，「破壞上山下鄉」，吃了槍斃。（頁211）

　　——1974年10月23日，十萬廣州青年自發聚集白雲山，放飛幾百風箏，箏帶飄語：「順風順水到尖沙咀！」（頁377）1974年4月南京爆發抗議遊行。（頁379）1978年民主牆時期，上海知青王輔臣張貼大字報於人民廣場：「大黨閥、大軍閥、大獨裁者——毛澤東，上海人民絕不會饒恕你。」（頁408）1980年10月29日，北京火車站特大爆炸事件——9死81傷。（頁196）兇犯30歲知青王志剛，北京109中學68屆高中畢業生，插隊山西萬榮，1973年入伍，1975年復員，運城拖拉機廠維修工。作案前，王志剛在宿舍痛哭：「我插隊上當了，至今也找不到對象（原女友邢台店員），也回不了北京了！」[4]

　　——1978年底～1979年初，各地知青運動風起雲湧。京滬寧杭渝贛皖都鬧了，上海知青臥軌、遊行、絕食，持續一月，口號：「要工作！要吃飯！要戶口！」「上山下鄉運動反動！」滬青領袖滕滬生被捕。各地衣場都出現自殺。（頁144～147）甚至出現「反動至極」請願語：「勞改犯服刑期滿都可以回到北京安排工作，我們反而不如勞改犯，這麼長時間了，還不允許我們返回北京！」（頁197）

　　——1978年，中共發現如不「維謊」就不能「維穩」。是年，李先念說：「國家花了70億（實為75億，頁181），買了四個不滿意」——青年不滿意、家長不滿意、社隊不滿意、國家也不滿意。鄧小平

[3] 馮驥才：《一百個人的十年》，文化藝術出版社（北京）2014年版，頁35。
[4] 魏博民：〈北京火車站爆炸案真相〉，載《建國後二十樁重大反革命案件紀實》，求實出版社（北京）1990年版，頁1～7。

以「四個不滿意」為據，提出結束上山下鄉。上山下鄉的荒謬性雖然一清二楚，卻不能承認這是一項錯誤政策，宣傳上還得讓知青認為在廣闊天地得到寶貴「再教育」。副總理紀登奎明確表述：

> 我們的指導思想是宣傳下，做到不下。不宣傳上山下鄉就不能安定，就要亂套。[5]

已認識到錯誤，但宣傳必須維持「下」，迫使國人接受表裡不一的「潛規則」，誰不接受就是「政治上不成熟」。這就是我們知青一代成長的社會環境——必須習慣虛偽。（頁131）這種「殺傷力」極大的資料，自然不討中共歡喜。

——1967年秋，法國共青團幾個頭頭訪華，受「與工農相結合」的影響，回國後發起「插入運動」，數百法國青年棄學「插廠」。（頁434）1970年代初，數千法國青年再掀「回歸土地」運動，堅持七八年，最後吃癟。（頁255）柬埔寨，「高棉人用鮮血寫就的歷史正像毛澤東主義的恐怖寫照，特別是下鄉運動時期提出來的某些指示。」（頁432）1972年，一位台灣左士竟對上山下鄉大聲喝彩，稱之「理性而大膽」的實驗。（頁44）幾則隔岸舊聞，引我陣陣驚悚，再次感受赤潮蠱惑之力。

《失》還提供一系列資料：80萬知青永留「廣闊天地」。（頁202）1980年仍有15.5萬城鎮知青下鄉。43萬知青與農民結婚。（頁168）得享下鄉豁免權的知青比例：幹部子弟42%，工人家庭31%，普通人家4%，出身不佳1%。（頁213）1984年，1.7萬滬青勸返新疆。（頁189）

文革十年，大學生減少百餘萬，技校生減少兩百餘萬，中學教育停頓，有的地區因初中生「一片紅」——全部上山下鄉，停辦高中。（頁411）

上山下鄉運動完全違反歷史理性，硬將知青送往勞力過剩的

5　顧洪章、劉夢章等：《中國知識青年上山下鄉始末》，中國檢察出版社（北京）1996年版，頁158、154。

農村，去幹西西弗斯的無用功。1957～1977年，全國可耕面積減少11%，人口增加47%；1978年全國人均耕地僅0.3公頃，日本0.7公頃，印度1公頃，美國48公頃。中共政府投資46億辦農場，虧損32億。（頁399）

為安置知青，政府為每位知青人均投資500元，農村插隊178～303元／人，農場690～1119元／人。（頁61）內蒙昭盟每年為知青投入千元／人，相當中級幹部年薪，知青卻做不到自給自養。（頁160）四川農場安置一名知青1900元，而安置社隊工廠1300元／人，安置鄉鎮企業僅500元／人，知青下鄉成了比開工廠還昂貴的事兒。（頁166）還買來四個不滿意，尤其對政府的怨恨，引發對「社會主義優越性」的懷疑，普遍出現「三信危機」──對馬列主義的信仰危機、對中共政府的信任危機、對社會主義的信心危機。

知青崇拜對象：馬基雅弗利（Machiavel）、達爾文（Darwin）、于連（Julien Sorel），換下孔子、雷鋒。（頁348）於民大怨，於國大害，於黨大損；裡外兩傷，損人不利己；何苦？何苦！為何！為何？荒謬之屋一定建於歪斜之基，必有歪謬之因。今人當然都認清那枚封建臂章──權爭、建功，毛澤東為一己之權不顧國家利益，為一己「偉業」捆綁全民進入共產主義，國家經濟要服務於他的「政治第一」。而中共的所謂「大局」，即老毛個人威信。周恩來以下，政治局集體無視國家利益、生民死活，聽任老毛禍國27年。任何為老毛辯解的「動機論」，在事實與後果面前，還有什麼說服力？

可憐華夏百姓，絕大多數至今都不知道他們的血汗錢被老毛去換「第三世界」領袖。據《中華人民共和國經濟大事記（1949～1980）》（大陸版），1964～1976年援外總額409.21億人民幣，1977年尚有174億簽約援款待交付。而1964年、1967年財政收入僅399.5億、419.4億。[6]等於整整一年財政收入拿去支援「世界革命」，聽任

6　房維中主編：《中華人民共和國經濟大事記（1949～1980）》，中國社會科學出版社（北京）1984年版，頁386～387；403；414、422；433；448～

本國百姓生活在水深火熱之中。僅舉一例——

　　1980年一名老赤幹在遼寧朝陽、河北承德一帶見農民「衣不遮體，房上無泥，坑上無席，沒錢治病，一貧如洗」，過去較富的建昌縣，195戶的孟松溝大隊，25～50歲光棍92人；大梨樹溝小隊26戶，25歲以上光棍34人，村裡無一育齡婦女。村諺：「這個地方真正好，計畫生育不要搞。」村民說：「我們實在困難，就怕餓肚子。」[7]

　　民主國家能如此不經國會，僅憑「一支筆」撥用國庫資金麼？能如此「先人後己」麼？老毛給「第三世界」的錢，能修多少座頤和園？更可怕的是：折騰了多少「第三世界」國家？東南亞赤黨拿了北京的錢可是去「鬧革命」的——走農村包圍城市的武裝鬥爭道路。

　　1954～1978年，中共援助阿爾巴尼亞約百億人民幣（合60億美元），文革前期（1966～1972）占80%。中國駐阿大使：「阿爾巴尼亞人民生活獲得明顯改善，人均從中國援助中獲得約4000元人民幣。」[8]包括140多座無償援建的「毛澤東思想水電站」，[9]70萬座碉堡。1972年尼克松訪華，霍查攻擊毛澤東：「自稱世界人民紅太陽的人，極其無恥地背叛了世界人民，充分暴露其企圖做所謂『第三世界』霸主的赤裸裸的修正主義反動本質。」[10]文革後，中美建交、審判江青，霍查更是竭力攻擊，中阿關係由疏至仇。中聯部副部長伍修權：「從對我國肉麻的吹捧一變而為狠毒的咒罵。正如人們常說的，我們是『花錢買了個仇人』。」[11]1974年，中共向越共無償經援25億

449；448；470；484；503；513；534、；552；559；587。

[7]　李銳：〈討論《歷史決議（草案）》的摘記〉，載《李銳文集》第5冊，中國社會教育出版社（香港）2009年版，卷9，頁57。

[8]　范承祚：〈阿爾巴尼亞支持中國「文化大革命」始末〉，載《中共黨史資料》（北京）2004年第4期，頁148。

[9]　劉文忠：〈毛遺毒在巴爾幹半島〉，載《揭露》（香港）2013年9月號，頁106。

[10]　〈獲悉尼克森訪華，霍查萬言長信指責中國〉，鳳凰網2015-3-31。
　　〈霍查曾罵毛澤東是種族主義，要奴役全人類〉，大洋網2015-3-31。

[11]　〈伍修權同志回憶錄〉（之四），載《中共黨史資料》（北京）第七輯

人民幣。[12]1979年2月中越戰爭，越軍裝備及砌築工事的水泥鋼筋均為「中國製造」。

分析深刻

《失落的一代》剖析的深刻性亦達知青學前沿。雖然論析知青運動難度不大，但大陸學者受制於「局限」，毛魔巨像還高高懸掛，知青研究在大陸必須戴著鐐銬起舞，無法直陳真言：

——這種強制性的放逐邊遠地區從事體力勞動無疑就是流放。……當權者擁有對人民的極大權力，而老百姓為保護自身幾乎走投無路，這一現實在運動中暴露無遺。（頁430）

——農村勞動力閒置不是很顯眼的事情，與城鎮失業相比，政治上的危險性也比較小，而知青混在農民群眾中也不會造成駭人聽聞的人口增長數字。……上山下鄉運動完全不是解決就業問題的辦法，而是掩蓋問題的辦法。它使人忽略了擴大就業的很多機會。（頁390～391）

——大多數情況下，越是呱呱大叫要扎根農村，就越有機會離開……鼓勵知青口是心非。（頁306～307）全面打亂道德禁條，結果就是極大地削弱這些禁條對精神的控制力。知青們學會了把以前他們譴責的所作所為看成是正常的。（頁346）

——政治上根本不信任這一表現出有某種獨立思考精神的社會階層。仇視知識分子的政策造成了一片混亂，下鄉運動不過是其中一部分。……下鄉運動與毛的有關教育培養青年的政策是不折不扣的愚民政策，目的是防止在新一代中出現知識分子及滋長批判精神。……毛一向……認為鄉下人的道德精神遠高於城市人。（頁429）

（1983-10），頁222。
[12] 中共中央文獻研究室編：《毛澤東年譜》（1949～1976），中央文獻出版社（北京）2013年版，卷6，頁481～482。

——毛也善於耍弄陰謀詭計，在發動文化革命的過程中就暴露無遺了。他非常明白思想意識形態是他主要的政治賭注。假如中國政府變成一個注重經濟效益的理性政府，毛就會失去他實際權力的一部分。（頁23）共產黨的宣傳工具，毫不猶豫地假借老百姓的嘴把要強加於民的思想說出來。（頁223）（農民）懷念集體化之前的日子，有的甚至還談到解放前。他們也大談大躍進時期連續不斷的駭人聽聞的大饑荒。（頁227～228）

——下鄉運動遺禍久遠，它迫使政府當局從1978年起採取了與現代化高效率的經濟目標背道而馳的下下策，就是頂替制度（工人退休之時，其職位由其一子女自動頂上）和歸口包幹制度（年輕人的招聘由他們的父母所在單位負責）。必須指出，由此引致的職位世襲現象，不僅對保證勞動力品質及經濟生產效益是有損無益的，而且也是違背毛派們決意抑制社會不平等的代代相傳的原意。（頁392）

——整整一代人就成了某種不公平的犧牲品。（頁412）

——任何人都不能以所謂「歷史使命」為名，君王式蔑視社會經濟利益。（頁439）

大陸知青研究者提煉撮抓這些「親身感受」，自然更方便，更容易理解皮肉得來的認識。如今，絕大多數國人都認識到：任何整體利益均為個體利益的集合，只有尊重個體利益，才是真正尊重集體利益，惟保護個人權益的政府，才是「人民政府」，才有執政合法性。然而，這些嘴邊的認識、最基礎的現代意識，絕大多數大陸學人莫說「不敢放肆」，就算拎著膽子說出來，也沒哪家刊物敢提供平台。因此，《失落的一代》的深刻得到特別映襯，言大陸學界所未言或不敢言。

所得思考

《失》所提供的資訊，使我領悟自己當年命如飛蓬。1800萬知青（頁170）與被呼「萬歲」的人民，不過是「歷史巨人」毛澤東的掌

中白鼠——文革犧牲品。（頁155）當今青年很難想像：「回家」竟是千萬知青人生最高目標。

1977～1979年，僅43.9萬知青進入大學（頁177），加上其他渠道進入「上層建築」與從業科技的知青，總數不超過百萬。至多1/18成才率，既是1800萬知青的不幸，也是國家之觴。將一代青年流放到毌須現代知識的「世界盡頭」，各級機構充斥低能幹部。（頁184）意識形態的價值錯位造成賢愚倒置，文化被文盲嘲笑，知識遭無知鄙視，民主被暴君歸為「反黨」。從五四走來的中共繞一大彎拐回比滿清還暴虐的專制，托起一位紅色暴君。從民主自由出發，拐回封建舊轍，難道不是二十世紀中國的大悲劇？士林的文化過濾功能哪去了？怎麼會讓封建專制如此惡形惡狀還魂？難道一句「歷史造成的」，就能避擋追責麼？為什麼由我們東方人（包括東歐）為一項西方邪說埋單？為什麼我們對馬列謬說只能「實踐而後知」？

不僅僅知青一代被耽擱，前後兩三代人力智力大浪費，還做了比無用功更可怕的反作用功，留下一地紅色瓦礫。直至1978年，中共仍在致力「全社會樹立以務農為榮的新思想」（頁404）。恢復高考後，天津市長發現大學新生工農子弟比例降低，打報告「新的招生制度使新生的階級成分改變」，若非鄧小平回覆「救國要緊」，還不知會折騰出什麼「革命行動」。（頁412）

更使我心痛是知青集體跪求圖片。1979年2月，雲南猛臘農場千餘知青跪地哭求農墾總局局長：「我們要回家！」（頁141）依靠下跪維權的一代青年，能為他們身後更屢弱的農民爭取站立的人權麼？如今大批老知青仍渾然不知上山下鄉「從哪兒來，到哪兒去」，仍在自欺自慰「青春無悔」，為當年苦難尋找價值，將「受騙上當」說成「無悔犧牲」。作家張承志（1948～ ）竟稱：「我們是得天獨厚的一代，我們是幸福的人。」（頁424）稍感遺憾，《失落的一代》未對這一「老知青現象」展開剖析。

痛歷上山下鄉，知青根據皮肉糾正認識，接受此前不可能接受

的「道理」，原來中共此前所說的「極不正常」實屬正常，「與工農相結合」實為謬說；所謂「接受再教育」，無法為中共禍華買單。上山下鄉成為赤潮在大陸失去「後來人」的起點。當知青走近「廣闊天地」，當然很快領悟什麼才是真正的「反動」。誰會接受一則給自己帶來巨大傷痛的學說？

上山下鄉與現代化背道而馳，愚蠢停留原始體力勞動，如何連接現代化科技化？揮鎬運鍬如何匹配電子電腦？知青一代的青春熱血完全給錯地方，知青成傻青。對國家來說，除愚蠢浪費一代青年智力，還支付巨大道德成本，動搖社會之本——誠信。當人人戴著面具才敢出門，人人心裡運作兩套價值邏輯，街上還能看見「真實」麼？

商榷與探討

潘鳴嘯先生認為「經濟問題不是上山下鄉的主要動因」，他於《社會科學報》（2009-5-28）重申這一觀點，此處實須商榷。表面上，意識形態的政治而非經濟主導這場大運動，但直接原因則出於經濟壓力——甩扔失業包袱。而之所以產生失業包袱，肇源才是政治——中共將中國引入公有制絕路。

1950年代中期，中共就發現公有制、計畫經濟並未分泌巨大生產力，經濟越來越疲軟，糧食產量一路下滑，1959～1961年餓死四千餘萬人，文革再折騰——停產鬧革命，城市實在無法接納層層荏荏的青年就業，不得不借政治高調裹經濟肉身。設若經濟發展，各行各業緊著討要人手，搶著要有文化的知青，哪位政治領導人會發動這場城鄉人口互動的上山下鄉——1800萬城鎮知青下鄉，800萬農村青年進城？（頁37）此間政治風險一目了然：植恨千萬城鎮知青家庭。一場如此大規模的社會運動，當然是政經時勢諸因之合，單極析源，見木未見林矣。

政治乃所有赤國第一災因，馬列圖紙本就無法此岸化，除了折騰

不可能與民福祉。不過，上山下鄉運動仍有濃烈「中國特色」——毛共自封救世主，絕不肯承認「失業」，一旦承認等於承認中共「不行」、承認共運失敗，這才分娩上山下鄉這一紅色怪胎。

1966～1968年，只革命不生產，中共政府財力日蹙，「吃飯財政」尚不及，根本無力投資生產提供職崗。同時，大學停辦，高中縮招，三屆大中學畢業生嗷嗷待崗，必須安置，必須體現「社會主義優越性」。情急之下，毛共政府只能顧頭不顧腳地將他們塞往農村「就業」，既顧了政治上的面子，延續意識形態神話，也顧了經濟上的裡子——遮掩無法安置就業之實。

潘鳴嘯先生：

我們得到的有關70年代城鎮招聘及人口的正式資料都清楚地表明，以城鎮就業和人口壓力問題為理由是不可能說明為什麼要發起下鄉運動的。（頁394）

從結果來看，當然如此。不過，這可是事後總結，後見之明，毛澤東與他的同事們當時可沒想到「毋須如此」，更不可能想到下鄉運動會澈底失去「後來人」。一貫的「偉光正」使他們不必想得這麼深遠，他們只須不停出新招表示「不斷革命」，至於這些新招的政治後果與歷史責任，從不在他們考慮範圍之內。用毛澤東的話來說，破字當頭，立在其中。「破壞」是革命的主旋律，毋須論證，永遠正確。

然而，有始必有終，凡是歷史必有結果。飲鴆止渴的上山下鄉使全國知青及家長，真正認清「毛澤東思想」，知青成為結束文革的主力軍。1978年底，各地知青返城請願成為最大「不安定因素」，迫使中共認清經濟與政治的關係，從而推動「工作重心的轉移」。

結語

上山下鄉乃國際共運孤本，當代世界史一道獨異風景，凝聚種種不可複製的「中國特色」，加上千萬知青還有一段生命期，老知青還

會不斷出新聞。中共政府仍須為上山下鄉埋單，如兩萬餘援疆老滬青仍在為「同等待遇」請願（與在滬退休老知青差距甚大），各地知青協會成員眾多，「知青現象」還在延續。此外，上山下鄉附帶的一系列後續效應：教育不足制約知青撫育後代的質量、文化低弱使知青下意識崇拜權力崇拜暴力……「知青學」至少還有二三十年「時效」。

　　大陸知青一代學人，不能再跟著中共「淡化」、再自我「冷處理」，再不抓緊搶救這場運動的第一手資料，再不深化研究這段「帶著體溫」的歷史，實在對不起自己支付的青春。

　　一個隔著千山萬水的法國人（儘管是中國女婿），比我們還熱愛知青，還暸解知青運動，走在我們前面，終究讓我們有點撐不住。畢竟，知青學是我們的「門前雪」呵！

初稿：2009-5-29～6-6；定稿：2010-7-27

原載：《二十一世紀》（香港）2010年10月號

附記：

　　2012-6-20 16:46　新浪網博客管理站「通知」──

　　您的文章〈知青運動回顧與研究（1800萬知青……）〉已被管理員轉移到回收站。

歷史凹陷處的知青一代

共識網記者：邵思思（女）
時間：2013年10月27日9～11時
地點：上海財經大學人文學院（同新樓218室）

邵：您研究延安的文章特別多，從延安知識分子到延安時期情戀，涉
　　獵甚廣。您從什麼時候開始研究這段歷史？為什麼會對這段歷史
　　感興趣？

裴：我研究延安的情結，說起來起於童年時代。1960年代初，一聲
　　「延安老幹部」，不得了呵。我就讀的杭州教仁街小學，不遠處
　　省中醫院看門老頭參加過長征，給他安排職務，他說自己沒文化
　　（文盲），一個伙夫，看看大門領領工資，很好了。雖然看大
　　門，級別很高。學校請他來講長征故事，萬水千山、爬雪山過草
　　地，聽得我們小學生一個個熱血沸騰。追根溯源，延安情結始於
　　自幼植下的紅色教育。

　　　　進行學術性研究，則始於2000年。那年，我復旦文學博士畢
　　業，博士學位論文、評正高的專著，當然都是文學方面。可接下
　　來做什麼研究？很自然地從研究作家擴展至研究知識分子，即由
　　文入史，感覺比文學研究有意思有價值，想到哪兒做到哪兒了，
　　即寫到哪兒。2004年，出版一本「初級階段」的《中國知識分子
　　的選擇與探索》，內有一章專門寫延安一代。《書屋》編輯發現
　　脈礦，來電話約稿，命題作文，要我就「延安一代」來一篇。月
　　餘，文章寫好、發去。不巧，中南海有「最新講話」，拙文在編
　　輯部投票，四比一被斃。這篇論文〈中共勝利的基幹隊伍：延安
　　一代知識分子〉，後發表於香港中文大學《二十一世紀》（2009

年8月號）。又因這篇論文，香港中文大學出版社編輯來約稿，要我就此專題搞一本專著，這才開始真正有深度的延安一代研究。

之所以對延安一代感興趣，因延安一代上承五四、大革命一代，下啟解放一代、紅衛兵一代，乃歷史叢結點。錢理群先生認為我這一選題能說明二十世紀中國之所以形成赤潮並最終走向反右文革，再轉型改革開放，包括六四等方方面面原因，能將一個世紀知識分子的心路歷程濃縮於這一代際研究。

當然，選擇研究延安一代，既是「紅色情結」發酵，也受余英時先生鼓勵。2005年，余先生來函鼓勵我做一點有深度且關懷國事的研究，鼓勵我：「先生用力甚劬，識見明通，望繼續努力下去，必可取得重大的成績。」選擇延安一代，即選擇研析二十世紀國史何以走了大彎路。

延安研究不太有人做，上海有位學者比我早開始研究延安，後來當官了，前幾年看了我發在《二十一世紀》那篇論文，有點嚇著。研究當代史首先得思想解放，敢直評中共，沒這點眼光與膽力就別做了，順著中宣部的口徑，還怎麼做現代國史研究？

我是站在史學角度研究這段國史，後學者會看到我們這代人曾這麼研究過。做這項研究，我感覺對得起自己的學術生命，總要有人來研究吧？這段國史總不能任由中共自演自評吧？

我是「深悔派」

邵：您是一名「50後」，有過在黑龍江上山下鄉的經歷。現在「知青」群體普遍存在爭議，有人大力宣揚「青春無悔」，您是親歷這段歷史的，您對「青春無悔」怎麼看？

裴：這一話題比較複雜。

邵：那您有沒有「悔」？

裴：當然悔啦，怎麼不悔呢？不僅後悔，還是深悔派，悔的不得了。

要不是文革、上山下鄉，我這一生的發展肯定好得多。

1970年底，我去了大興安嶺，1978年10月出山，差兩個月整整八年。最初，確有一批人哭著喊著要去的，被毛澤東忽悠了。1970年底，距離毛澤東1968年12月「上山下鄉」號召已兩年，知青下去後，都說不好，已知道很苦很糟。我當然不願意去，但沒辦法，家家至少要去一個，「一片紅」。我有一個年長四歲的姐姐，她身體不好，媽媽捨不得放她下去，只能由我挑起重擔。

以我的估計，90%知青被迫的。我多篇憶文清晰表達「深悔」，受到「無悔派」攻訐，好像我的「有悔」冒犯他們的「無悔」，使他們壯烈的「無悔」打了折扣。中國人在對待不同觀點的態度上，缺乏起碼的包容性，缺乏對自由的理解，不尊重別人的選擇。你不同意某一觀點，列出為什麼不同意就是了。「無悔派」不給「有悔派」自由，一說就跳，「不准」有悔！

不管「深悔」也好「無悔」也罷，最終得看上山下鄉對國家的作用。上山下鄉逆歷史潮流，將城市知青——國家發展最寶貴的人才資源逆向輸給不需要文化知識的農村、山區，退回原始勞作，與科技化知識化完全悖反，國家人才接續嚴重斷折。1800萬知青朝著生活環境、發展條件大大低於原起點的鄉村山區走去，那個慘勁就別提了。1990年代國企倒閉引發下崗潮，都是「4050部隊」知青一代，無文化無外語無電腦，知青一代盡走在歷史的凹陷處——長身體時沒吃的、要讀書時下鄉了、要文憑時下崗了、要看病時醫改了、要買房時沒錢了。但就有這麼一批老知青無視事實，硬要「無悔」，奈何？只能說他們被騙了還替人家數錢。他們對青春歲月十分懷舊，不願澈底否定，但評史不可能根據個人感情，得根據客觀事實與全局性數據。

邵：那您覺得上山下鄉運動，最大的影響是什麼？

裴：時間耽誤，人才浪費，全面束縛國家發展。社會發展要靠一代代人的接續傳承。城市知青乃全國青年精英，他們接受了比農村青

年好得多的教育，歷史經驗的繼承者、國家發展的推動力。上山下鄉把這批國家發展「後勁」弄到農村去，哪要什麼外語啊、科技啊？農村、山區連中學文化都不需要，淌17世紀大汗、掄18世紀大鎬、修19世紀土路，完全違背歷史走向，真正的反動。城鎮化才是歷史發展方向，2011年中國城鎮人口超過總人口的50%，改革開放重大實績性標誌。[1]上山下鄉反過來要鄉村化，城市向鄉村看齊，實在不理解毛澤東與他的同事們怎麼想的，水準怎麼這麼低?!歷史確實給了共產黨書寫「最新最美」的機會，但老毛與共產黨一個勁折騰，推行上山下鄉實在是瘋了。當時城市產值已在全國經濟總量50%以上，城市後繼勞力被抽走，城市如何發展？所以，上山下鄉對歷史對民族對我們這代人犯老罪了。如果老毛不死，鄧小平不主政，不恢復高考，我不知道自己的命運會怎樣，一葉飄蓬吧？

　　1963年，也有人先知先覺，指出把一代青年弄得沒文化，國家發展咋辦？等到文化大革命結束，恢復高考，國家才漸回理性中軸。我沒上過高中，直接考的大學，雖然僥倖，畢竟缺腿缺科，數學、外語、史學、哲學、理論，什麼都缺，都得補，很吃力，嚴重拖滯我的學業發展。

邵：還有那種無悔派，可能知道不久會回城。當今許多高幹也是知青出身，他們很清楚，知青只是一個過渡，遲早會回城。

裴：我能跟人家比嗎？人家是高幹子弟。在大興安嶺山溝裡，有人對我說：「小裴子，這輩子回不去了，就在這兒找個姑娘吧！」就這麼直接。我不願意，當然主要還是沒看上，這是實話。山溝裡八年暗無天日，看不到前途，也不知道未來如何，出路何在。最後高考了，給我一個機會去上學。

---

[1] 于群、李國新主編：《中國公共文化服務發展報告（2012）》，社會科學文獻出版社（北京）2012年版，頁9。

　　考上大學的只是「一小撮」。我是七八級，全國錄取40.2萬，錄取率7%。七七級錄取27.8萬，錄取率4.9%。[2]你知道現在高考錄取人數嗎？2013年685萬考生，錄取率74.86%。當年全國錄取率20:1。黑龍江知青密集，全國重點高校仍按文革前比例分撥名額，省內大學也少，考錄率達40:1。我在黑龍江高考很吃虧。上海知青150萬，杭州知青23萬，相當大比例去了黑龍江。

　　考上大學，死裡逃生。你們老總很驚訝我一個八年「鄉齡」的新二屆初中生，一路攻碩攻博，吃上學術飯。他的驚訝符合邏輯，我是連滾帶爬，才慢慢補上拉下的課程。到現在還這樣，凌晨四五點就起床幹活，很巴結的。

　　民間順口溜：毛澤東叫我們下鄉，鄧小平叫我們下海，江澤民叫我們下崗。基本概括了我們這一代大多數知青的命運——盡走在歷史的凹陷處。

　　「無悔」派頂不過我們「有悔」派。我們拿著事實、數據說話。上山下鄉給當地給知青帶來什麼發展？整個國家走向貧困化，辛子陵先生說：唱著《東方紅》，過著苦日子。[3]確是如此，知青是被赤潮毀掉的一代。有人「無悔」，那是他的權利，絕大部分知青不會認同。2002年成都知青聚會，「青春無悔」的橫幅被反對者扯下：「無悔？無悔你們就回去！」

　　今年春天我上虹口公園，一群老「疆青」在跳新疆舞，其中一位對我說：「都是苦中作樂，一肚子委屈，無處申訴，只有等見到馬克思，再慢慢訴說了。」

　　我曾問李銳先生：「你17歲上武漢大學，我16歲就不讓讀書了，連高中都不讓上，就弄到鄉下去。難道你們辛辛苦苦提著腦

2　〈改革招生制度的決策是完全正確的〉，載《人民日報》（北京）1978-5-12，版3。

3　辛子陵：〈唱著「東方紅」，過著苦日子」，載五柳村網站http://hexun.com/wlcexp 2009-10-6。

第七輯　知青紅淚　▌　153

袋鬧革命，就為了我們沒有書讀，讀得比你們還少？」銳老連說：「是是，這是不對的，不對的！」

　　我們祖先一向重視教育，各地都將學生視為寶貝疙瘩，1930年代西安中學生進戲院不用買票，校徽就是入場券。1929年7月美國郵輪克利夫蘭總統號，150餘名官費留美生（每月80美元津貼），規定學生必須頭等艙，至少二人一間。[4]相比之下，40年後將學生送入原始的「廣闊天地」，完全反向。

　　評價歷史，要用資料數據，得用事實說話。社會科學儘管帶有主觀傾向，終究得依靠資料、數據。1986年兩位老紅衛兵（1966年秋上過井岡山）總結知青一代婚戀——

　　多少青年迫於出路不得不將貞操抵給了魔鬼，多少青年為了生計不得不做起同床異夢的夫妻，多少青年陷於空虛，一邊愚昧地去抓別人的「姦」，一邊又粗魯地放縱自己動物性的本能……才有了今天如此眾多的「陳世美」、「第三者」，才有了八十年代高得叫道學先生們坐臥不安的離婚率。[5]

知識分子一代不如一代

邵：您文章中關注知識分子這一群體比較多，寫過〈民國初年文化人的生活〉、〈延安文化人的生活〉、〈文革狂濤中的知識分子〉，我看過您的這幾篇文章，感覺知識分子的生活「一代不如一代」。

裴：就是「一代不如一代」，這一結論基於對民國知識分子的實際調查。我寫了一本《中國現代文學經濟生態》，專門研究二十世紀上半葉中國知識分子經濟狀態。《中國當代文學經濟生態》也快

---

[4]　毛彥文：《往事》，秀威資訊公司（台北）2015年版，頁95。
[5]　胡平、張勝友：〈井岡山紅衛兵大串連二十周年祭〉，載《中國作家》（北京）1987年第1期，頁157。

出版了，事實確鑿，對比鮮明。兩本書都寫知識分子生活實況，薪水幾何，稿費多少，怎麼過日子，一比對就知道了。

邵：除了經濟收入上的差異，還有沒有其他變化，比如社會地位？為什麼短短幾十年會發生這麼大的變化？

裴：社會地位一比較，那就更低了，1949年後知識分子成了「臭老九」，知識越多越反動。1957年7月9日上海會議，毛澤東說：「我歷來講，知識分子是最無知識的。」[6]1965年，有人向老毛彙報：很多大學教授下鄉，承認自己什麼都不懂，不懂農活，不知麥子怎麼種。毛澤東很得意：「知識分子其實是最沒有知識的，現在他們認輸了。教授不如學生，學生不如農民。」[7]如此鄙視知識分子，居然大字不識幾個的工農反而「有知識」！如此倒置賢愚，社會效果當然很「明顯」。

1980年代初，杭嘉湖魚米之鄉，那麼好的地方，教育一片凋零。一位村小校長打報告，要求配備三樣東西。你知道哪三樣嗎？一本新華字典、一個鬧鐘、一份報紙。全國最富庶的杭嘉湖平原，多好的地方，照樣窮到這個程度。那麼，毛澤東你的政績呢？你的光輝呢？給國人帶來什麼幸福？你打下江山，共產黨感謝你，一個個團長旅長廳長省長的幹幹，老百姓憑什麼感謝你？仗打完了，日子過得不如解放前，「偉光正」體現在什麼地方？

基於對民國知識分子生活實況的對比，結論當然是：二十世紀上下半葉中國知識分子「今不如昔」，不是差一點點，差距大去了。最麻煩的是國人心態壞掉了，價值標準一派錯亂。1990年代中期，我在浙江廣電高專，我的副教授工資只比行政人員多100多塊。按說應該我不平，碩士學位副教授，才比中專生幹事多拿100多塊，可倒過來是她感覺不平，理由是她天天坐班，比

6　《毛澤東選集》第5卷，人民出版社（北京）1977年版，頁452。
7　毛澤東：〈在邯鄲四清工作座談會上的插話〉（1964-3-28），載高華：《革命年代》，廣東人民出版社2012年第2版，頁266。

教師辛苦，教師不坐班，拿的錢還比她多。她忽略了行政坐班乃簡單勞動，教師是複雜勞動，前期投入大得多，工作質量不一樣，要不你來上課試試？1922年，東南大學文學教授月薪200圓，辦公室助教兼打字20圓。[8]如今香港大學教授與行政人員薪差至少十倍，我只比行政人員多拿20%，居然還我感覺理虧，整個邏輯歪摔了，國家被搞得一塌糊塗。

1949年後追求原始層次的「人人平等」，刻意抹煞人際差異，社會價值觀整個倒過來。1990年代，我也覺得教師是不是拿的錢不該比行政人員高？是不是有點不合適？

知識分子不值錢，知識失去「力量」，整個社會就不尊重知識，不會把孩子送去從事教學，優秀師資從何而得？孵養小雞的母雞如何優化？我那本《中國知識分子的選擇與探索》記載一事：1990年代初，北京一位大學副教授，月薪不到100塊，大學畢業的長子拿九十幾塊，次子高中畢業，賣點自己做的東西，每月120塊。當服務員的女兒，飯店端盤子，150塊。所以，那時流諺：「拿手術刀不如拿殺豬刀、工程師不如劃鱔絲、搞導彈不如賣滷蛋。」知識分子的待遇牽涉社會導向，你這個社會是求知還是求無知？

秦代黃石公《三略》：「傷賢者殃及三世，蔽賢者身受其害，嫉賢者其名不全，進賢者福流子孫。」傷害賢士，禍及三代；遮蔽賢士，自己受害；嫉妒賢士，名節不全；使賢士發揮作用，福留子孫。秦代就有這一認識了，毛澤東竟沒有。當然，歷史在前進，共產黨也在進步，對知識分子比從前寬鬆一些。

至於你說的「短短幾十年何以發生這麼大的變化」，當然是中共執政後對知識分子的歧視，毛澤東說了那樣的話，「貶知化」乃工農化運動的地基，不是工農向知識分子靠攏，而要知識

---

[8] 《吳宓自編年譜（1894～1924）》，三聯書店（北京）1995年版，頁238。

分子返回工農，高級勞動反向退回低級勞動，整個滿擰呵！二十
世紀中國知識分子經濟收入曲線典型說明這一價值悖反。

邵：楊奎松說知識分子總有一些「入世」情結，總想著「貨與帝王
家」，因此知識分子比較軟弱。您怎麼看待知識分子的軟弱？比
如有些知識分子見風使舵甚至落井下石？

裴：古代知識分子，「貨與帝王家」是必然的。在古代，無論親友臧
否、社會承認，還是衣食稻粱，只能通過「貨與帝王家」獲得，
除非你是富家之子。另一方面，那會兒學成文武藝，也只有貨與
帝王家才能體現價值。

就我個人，也是想「入世」而不得才轉身「入學」。年輕時
我想入團，成分不好，人家不要呵！大學畢業後，分配浙江省政
協，如提拔我一個副處，也就入仕了，可人家看不上。既然很難
被欣賞，我也不願浪費光陰，不跟你們玩了，主動請調去教書。
以後想留美，差一點辦成，簽證被拒，當時簽證卡得特別死。
1991年回身再考杭州大學碩士，攻碩時我本科畢業九年了。1997
年再讀博士，堅持走學術道路。45歲後，倒有機會「貨」了，但
價值觀變了，想想還是保持學人獨立性好一些，能說點真話、幹點
真活。當個小官（大官當不上），意義遠不如「不朽之盛事」。

那些軟骨頭、見風使舵、落井下石的知識分子，無法避免的
硬幣另一面。有什麼辦法？君子喻於義、小人喻於利，自古而
然，知識分子中不乏小人。只能靠社會進步，消除孵生小人的
土壤。就中國當代史，1940～1970年代知識分子的生存環境最險
惡，人際關係最惡劣，互掐互鬥最屬害。舉個例子，1957年復旦
中文系某班團支書看上一位漂亮女生，人家已有男友（同學），
團支書將她男友打成右派，摁下去，把姑娘搞到手。借政治搞戀
愛，一塌糊塗，不能看呵！黑暗醜陋、荒唐黑色，扯起來一大堆。

邵：我覺得延安知識分子有一個特點，他們的知識可能會比一般人多
一些，但個人品德修養可能不夠，不少甚至還很低。

裴：總體上，延安士林絕大多數為小知識分子，中高級知識分子很少。李銳當年也就小知一個。不過，中共本身就是工人農民黨，中學生就算知識分子了。當年有統計，中共隊伍裡中學以上學歷，比例很少。像李銳這樣的武漢大學肄業生，很不錯了。李銳17歲上武漢大學，但沒讀書，搞革命去了。共產黨主體就是農民，無產階級學說使中共「名正言順」鄙視知識、貶斥知識分子。到文化大革命，半文盲陳永貴、女工吳桂賢、商店營業員李素文、車工姚連蔚，這些只有「出身」沒有文化的人居然當了副總理、副委員長，造反起家的王洪文成了「接班人」，不是大笑話嗎？但若沒有前面的鋪墊，這種荒唐事兒怎麼可能發生？

邵：您在研究知識分子期間，覺得哪些人身上哪些品質可以夠得上真正的知識分子？

裴：二十世紀中國士林有一批執守歷史理性者，如胡適、杜亞泉、蔣廷黻、張奚若、儲安平、陳寅恪、顧準、李慎之、李銳、余英時、錢理群。經得起後人挑剔，不容易，也不可能很多，畢竟他們的時代是容易迷亂墮落的時代。錢理群先生將中國士林分了四等，最低一等就是把學術當娛樂；稍微高一點，躲進小樓成一統；最高等的以學術服務社會，成為公共知識分子，用自己的所學對社會進步發揮作用。北大法學院長朱蘇力就認為學者的使命在於研究解釋社會，而非改造社會，將直接參與社會活動的兩位弟子「逐出師門」。[9]

邵：但是現在「公共知識分子」又稱「公知」，已被汙名化，備受嘲笑。

裴：嘲笑「公知」的這批人，不少是「五毛」，邏輯左偏低級，觀點一對立就搞「兩個凡是」──凡是敵人反對的他們就擁護，凡是敵人擁護的他們就反對。很沒意思，都不願搭理他們。

---

[9] 許志永：《堂堂正正做公民》，新世紀出版公司（香港）2014年版，頁129～131。

歷史發展到這一步，不可能一黨永霸話筒，永遠一黨專政，也不可能永遠叫人家服你，像毛澤東當年那樣。鄧、江、胡沒這個歷史條件，做不到了，中國最終要走向民主。除非不想國家好，那就沒辦法了。只要還想國家往前走往上走，就一定要使人民強大起來，民權重自然君權要輕了。而民權的價值核心是人權，得尊重人性尊重普世價值，不能再崇拜以階級學說為核心的馬列主義，這是歷史的必然。沒有「公知」，誰來持守社會生活所必需的公共價值？誰來糾正被國際共運搞得錯亂顛倒的意識形態？

道歉是回歸理智的第一步

邵：前些日子，許多當年的紅衛兵站出來道歉，最知名的就是陳毅之子陳小魯，他回到曾經就讀的北京八中，對自己的老師道歉，您怎麼看待這一現象？

裴：這是歷史理性的回歸，非常值得媒體關注。我一位很要好的髮小，出身革命幹部，但他暴力傾向有點大。我們杭州要武中學禮堂邊兩間門房，六七個出身不好或有歷史問題的老師（時稱「牛鬼蛇神」），每天坐在那裡「上班」，接受「群眾專政」。我們這幫初中生進去折騰他們，叫他們背語錄，打疙瘩或背不出來就摑掌。那位髮小說「打牛鬼」很痛快。我雖沒出手打過，在旁站著，仍感覺有必要在此懺悔。這件事是我一生中最醜陋的一幕。

　　基督教的懺悔精神很好，我希望能夠擴傳宗教。為什麼？因為對老百姓來講，尤其對年輕一代，需要絕對權威的教育者。什麼事都要自己判斷，怎麼可能？不要說孩童、青少年，就是我們這些五六十歲的老頭，也不可能每件事都自己論證求證，只能從前人處捧接經驗。成長期的孩童、青少年更該規隨前賢。家長、教師也只能用前人經驗凝聚的各種規範教育後代，告訴孩子怎麼做，為什麼這麼做，權威還是相當需要的。這個權威是誰呢？好

像只能是上帝、佛主。宗教對人類的重大作用之一就是傳遞經驗、維護理性。人的一生這麼短，孩童、青少年對複雜的社會不可能獨立作出正確判斷，太累太難了，簡便易行的辦法就是從權威處獲得操作性指示，按著仿習就行了。雖然從理論上必須堅持自由、保持獨立，但在必須接受人類基本經驗的幼年少年，只能依靠權威引導。宗教能起這一作用，在這一意義上，我支持宗教。

邵：裴老師文革的時候，有沒有經歷過一些比較大的衝擊？

裴：文革爆發那年我才12歲，父親國民黨少校，空軍文職。他為人很低調，文革爆發時，已淪落社會底層—菜場會計，沒人去搞他。但他很自覺把菜場造反派用三輪車拉來抄家。那天，父親對我說：下午放學不要回家，隨便上哪去玩，晚一點回來。我玩到二十點多才回家，家裡被翻抄得一塌糊塗，狼藉一地，知道抄過家了。抄走的無非是一些老照片，母親肉疼得不行。

　　1970年底上山下鄉去大興安嶺，因普通話說得較好，機靈一些，當上通信員，每天原始森林跑腿30里。幹了四五個月，突然不讓幹了，撤職了，也不說原因。後來才知道嫌我出身不好，偽軍官，怕我洩露祕密。天曉得，大山溝裡百把人築路隊，有什麼祕密？要說「衝擊」，這也算吧？「踏上社會」後的第一次。

邵：裴老師還算幸運，有些人還會被打什麼的。

裴：那是，打人最屬害的文革初期我畢竟太小，沒受到大的衝擊。但是，這一突如其來的歧視性「撤職」，充滿對我的政治不信任，還是讓我開始思考「為什麼」？

邵：有道歉的肯定就有沒道歉的，有的人就算經歷了文革，還覺得那段時間好，沒有貪污，政治清明，甚至想回到毛時代。您覺得這是為什麼？

裴：各人立場不同、利益不一，標準各異，各自選擇有利自己觀點的論據，自然也就觀點錯歧。我認為這裡面還是一個價值序列問題。到底毛澤東重要、中共重要，還是人民的利益重要？社會發

展重要？這就看第一價值是什麼了。有人認為沒有毛澤東就沒有新中國，不願否定毛澤東。我認為毛澤東堅持「槍桿子裡出政權」，引發內戰，打下江山，必須以國家發展為內戰支付「利息」，推動歷史前進、為人民真正謀幸福、實現自由民主，這些才是目的，才算真正歷史功績。可是，史實反過來，唱著〈東方紅〉過著苦日子。1949年後，暴力土改、血腥鎮反、思想改造、批胡適、批胡風、肅反、三大改造、反右、三面紅旗、反右傾、大饑荒、四清、文革、上山下鄉、批孔射周，還能看嗎？將中國完全推向五四的反面，成了「慶父不死，魯難未已」，天下苦毛久矣！萬水千山的革命意義當然漂起來了，失去價值支撐。毛澤東有沒有功績，得以事實講話，不能僅憑個人感情一己偏好。

　　價值觀不同、歷史觀不同，所持邏輯不同、標準不同，導致評毛兩極化。當然，江山留與後人愁，最終得由後人評說毛的是是非非。1950年代東風西風兩大陣營對壘，歷史證明「東風」不行，「蘇聯老大哥」都不存在了。紅色學說違反人性，悖離理性，遭到歷史淘汰。但有人願憑弔那段紅色歲月，那是他們的權利。

邵：您對毛澤東的認識，有沒有經歷過一些變化呢？

裴：變化太多太大了。小時候，喊了不知多少遍毛主席萬歲，崇仰爬雪山過草地，〈長征組歌〉每一首都會唱，紅色教育打的底子嘛。前段時間還從網上重看一部紅色歌劇，1959年拍的「建國」十周年獻禮片《紅霞》。幼稚園看過的，印象極其深刻，這次重溫，感觸多多。我是浸淫紅色教育長大的，喝狼奶長大的。

　　什麼叫「狼奶」？舉個實例你就明白了。文革初期學生鬥老師，一位老年女校長，劃「右」後淪為清潔工。紅衛兵逼她深刻交代，強迫她大口大口不停吃大蒜，她實在受不了，便逼她和著鞋油一起吃，再把蘸了稀泥的葡萄葉子塞進她嘴裡。一位紅衛兵憶曰：「那時我們絕不會認為是在迫害人，相反覺得我們很英雄

很正義、立場堅定。這便是當時學生們的自我感覺。」[10]

　　師範大學一位20歲紅衛兵，批鬥50多歲系主任（患高血壓），讓他站上椅子轉起來——

　　你可憐他是不行的……你下不去手還得裝得特別狠，因為那陣誰越兇狠，無產階級感情就越鮮明。

　　明白了吧？崇尚暴力、毫無人性、缺乏基本仁愛，握著荒謬當真理，狼奶就是這樣當乳汁喝下去的。

邵：為什麼您在喝了狼奶之後，還會有這樣一個轉變？

裴：這個轉變很複雜，過程很漫長，一點點一步步改變的。從家庭遭遇到上山下鄉，對這個國家這個社會逐漸瞭解。上大學、進機關、攻碩攻博、搞研究以後看了大量史料，再看看西方看看港台，很驚訝也很痛苦地發現：原來共產主義走錯了路！這一認識當然「很反動」，因為拴繫著對二十世紀國史的一系列顛覆。有什麼辦法，事實如此，只好痛苦接受。

　　一位紅衛兵下鄉後發現實際情況與報紙上正好相反——

　　我在農村呆那一年，特別感到農村裡真正搗蛋的不是地主富農，是那些貧下中農。因為地主富農他根本就不敢搗蛋，不搗蛋還跟他沒完呢，他怎麼搗蛋呢？[11]

　　一位黑龍江兵團知青，探親歸來送給連長一本年曆——

　　其實我並沒有別的意思，不過在這偏遠的地方很難見到這種年曆。連長為此居然把我調到農場小學當教員。一本年曆不是瓦解了他，而是瓦解了我：神聖感沒了，嫌惡感來了。我這才開始降溫（按：上山下鄉的神聖感），我也真夠笨的。[12]

　　現實比任何宣傳都有說服力，也是最好的教師。我當然也是

---

[10] 馮驥才：《一百個人的十年》，文化藝術出版社（北京）2014年版，頁32。

[11] 馮驥才：《一百個人的十年》，江蘇文藝出版社1991年版，頁206、219～220。

[12] 馮驥才：《一百個人的十年》，文化藝術出版社（北京）2014年版，頁35。

從現實中開始真正認識國情。

邵：您最早發生質疑，是因為您受到一些不公嗎？

裴：也許有一點吧？可以說是「階級本能」吧？毛澤東不是說「哪兒
有壓迫哪兒就有反抗」？准許你「反抗」，難道不許我「不滿」
麼？當時不能直接吐露不滿，無法公開「不平之鳴」，但在心裡
積攢下來。當時不敢說反毛的話，但心裡想你搞文革把我家搞成
這樣，怎麼會高高興興接受打壓呢？人的本能呵，這點本能都沒
了，還叫人麼？癡呆呵！

我對毛澤東的認識經歷了一個比較漫長的過程。從理性上認
識到共產主義、整個馬列主義歪斜，那是很晚了。當我有能力檢
視共產主義、批判馬列主義，要到45歲，上復旦攻博之後了，前
後差不多三十年。如今，毛神話已撐不住了，千瘡百孔。最簡單
的一問：既然毛澤東無比正確、絕對英明，怎麼會出林彪——
你一手捧起來的「接班人」？文革過來人都知道這段政諺：出了
劉少奇，沒有想到；出了林彪，嚇了一跳；出了四人幫，早已料
到。「九‧一三」後，老毛威信轟然倒塌。井岡山一路跟出來的
「副統帥」竟叛逃了，還拿什麼證明你的英明偉大？至於餓死四
千餘萬人的大饑荒、十年文革大折騰，還用說嗎？

邵：現在有一種說法，「九‧一三」事件是被毛澤東逼出來的，這種
說法得到不少人認同。

裴：我也認同此說。林彪被逼，「九‧一三」乃老毛逼著林彪作出
「反應」，以我掌握的史料，認為可以肯定了。很簡單，如果沒
有來自老毛的壓力，副統帥何必倉皇叛逃？而能給副帥不安的，
只有正帥吧？老毛南巡一路放話，逼林彪出牌，逼林彪遞檢討，
打壓林彪的威信，以防林彪憑藉「四野派」尾大不掉，為江青
「文革派」掃清障礙。沒想到林彪不願接受「兔死狗烹」的下
場，掙扎叛飛，打破「文革神話」，對老毛的心理打擊確實甚大。
「九‧一三」後，老毛身體突然垮下來，大病一場，幾乎嗚呼。

去年，我在港刊《開放》發表〈林彪一飛留亮色〉，林彪敢於向老毛表示不滿，這麼掙扎一下，他一生「最有意義」的一件事，遼瀋戰役、平津戰役都不如這一下。林彪這麼一飛，公開向老毛挑戰，就是不寫檢討，很了不起，別人都不敢。「九‧一三」有點類似今天「王立軍逃館」，客觀上推動了歷史進程。

「兩頭真」已盡歷史責任

邵：您見過唯一活著的毛祕，李銳老。您跟銳老聊天最大的感受是什麼？

裴：銳老很不容易，他雖然政治上失勢，但得到我們晚輩的尊敬。我去見銳老，費了好大周折，有關部門一再阻擋。那次，我趁上延安開會，徑飛北京才見上。寫了一篇訪談，發在《開放》。

銳老是我很尊敬的前輩。延安一代能夠這麼反思，質疑一手扶立的體制，相當不容易。他不像我們「五〇後」，他們青少年就信奉共產主義，受了一輩子黨化教育，最後能夠跳出「盧山」深刻反思，認識到馬列主義本身就錯的，戳擊中共體制弊端，否定毛澤東，真不容易，我很尊敬他。

為什麼要去見銳老？因為研究延安一代，希望跟他直接溝通。我跟他談了兩三小時，他很開心。我回滬後整理出訪談稿，寄給他，他仔細審訂後寄還，我精心保留著他的親筆修改稿。

邵：「兩頭真」群體在慢慢減少，稍微年輕一點的，如李洪林、高放、朱澤厚等，這批人有些已經去世，有些步入老年，這些人去世後，對中國的改革進程會有什麼影響？

裴：自然規律不可避免，「兩頭真」群體在縮小，但會傳下火種，「薪爐火傳」嘛。「兩頭真」已做出歷史貢獻。他們不可能超越時代。至於中國的改革開放，已經不可能回頭。薄熙來事件能說明很多問題，其中之一就是改革力量壓倒復辟力量。薄熙來心裡

很清楚，並非眞正擁毛，他也是下鄉知青，吃過不少苦，但紅二代沒有別的文化資源，只有靠「唱紅」標榜出身「正統」，靠「懷毛」爭取愚民擁護。毛澤東的所謂平等共產，對下層民眾極具吸引力。就像我一些窮學生，當然願意去共富人的產。窮人哪個不願共富人的產？我一位碩士生說：「如果再來一次打土豪，我首先開走裴老師的北京奔馳。」

薄熙來「唱紅打黑」，宣揚紅色意識形態，打黑實際是打那些私企，不是「打黑」而是「黑打」。你們周總不是寫了篇〈聰明與智慧〉，2011年他上重慶採訪薄熙來，沒吹捧「唱紅打黑」，而是問薄熙來「打黑」打出來的一千多個億去哪了？薄熙來沒吱聲，後問祕書：「這個人（指周志興）怎麼請來的？」

網上有人說，左派上台要殺200名「公知」，本人很可能「有幸」躋身其中。我們這些還敢說幾句話的人被鎮壓下去，大陸民主萌芽又斷捨了。薄的內心很陰，他不可能眞正認同老毛那一套。他的原話：「政治上別無資源，只好借用毛澤東『運動』群眾。」他60多歲了，想要政治上有作為、上位「入常」，只有「十八大」這一屆機會了，只能這麼做了。這次以經濟問題審薄，當然政治意義大得多，打壓薄熙來為代表的文革餘孽。我覺得知識分子還是支持審薄的，大部分知識分子從內心是支持的。

邵：夏志清提到：國共合作期間，激進派知識分子對學生的影響比溫和派大得多；「四・一二」後，左翼青年大半跟著共產黨走了。為什麼激進思想更容易被青年接受？更容易產生影響？

裴：激進學說誘惑力當然很大囉。青年熱情澎湃，天生激進，希望速變。以「天下為己任」的人文知識分子亦職業性左傾，容易接受烏托邦系列學說。中國左翼士林之所以接受共產主義，一個最根本的文化原因就是我們沒有科學理性傳統，哲學不發達，思維精密度不夠，容易滑向偏激，導致選擇了一則錯誤學說。隨著時代發展、民眾文化提高，激進極端的東西當然會被拋棄。香港、

台灣，馬列赤潮就起不來，「唱紅」根本不可能，因為那兒的人們都知道「唱紅」後面跟著什麼。大陸現今大學毛入學率接近25%，隨著民眾知識化程度提高，辨偽能力會隨之提升。

社會轉型勢在必行，我當然期盼民主自由，但最好不要發生暴力，不要再發生自下而上的革命。暴力氛圍高漲，理性就會退縮。所謂社會轉型，實質是社會利益關係調整。轉型當然得付出代價，希望代價小一點，最好平攤到每代人身上，別全壓在一代人身上。但是，緩慢的漸進勢必拖長轉型進程時間。對此，我也很矛盾。但中國只能（或只會）走向自由民主，這是肯定的，沒有別的選擇、別的道路，政治現代化是社會現代化最核心的部件。

防止極端激進、堅持歷史理性，乃是我們這一代學人痛定思痛後深刻的歷史自覺，也是前人鮮血凝成的一點教訓。二十世紀為了這則馬列赤說，全球直接倒下一億人，內有七八千萬中國人。

歷史將公正裁決毛澤東

邵：今年是毛澤東誕辰120周年，很多地方都在隆重紀念毛澤東，給他建雕像，大肆紀念，對這一現象您怎麼看？

裴：這是逆流，或曰毛崇拜最後的迴光返照，掀動者當然是「毛左」。很多中青年不知道毛罪惡，也沒興趣細閱中共黨史，更沒經歷毛時代的暴虐，不知道毛的所作所為，不瞭解他對中國社會、中華文化的巨大破壞。「毛左」利用民間對毛的隔膜，將1950年代描繪成一個平等共產、沒有貪汙的清廉社會，正好說明我國有不少史盲。很簡單，如果1950年代那麼好，怎麼會發生反右、反右傾、大饑荒？文革難道不是1950年代的「成果」麼？

當然，1950年代物資短缺，老區出來的幹部自律能力相對較強，貪官少一點，這僅僅是五十年代的一個側面，另一側面則是各級官員一手遮天，比「舊社會」的地主權力大得多，以權謀

私、欺男霸女的事兒多去了，說起來一大摞。舉一個事例就能證明毛時代的悖謬了。1966年20歲的師範大學紅衛兵，1990年回憶文革中「不犯錯誤」的祕訣——

　　我想知道怎麼才能不犯錯誤呢？他看了我半天才告訴我。他說你不是愛看書嗎，你記著啊，今後要想不犯錯誤，凡是你特別愛看的那本書，那本書準有問題。我聽這句話像禪語似的，根本就不明白。他說，咱們腦子裡修正主義的、資產階級的東西太多啊，所以只要你愛看的那本書，只要你特別欣賞的那些地方，你批判準沒錯。到後來我一直拿這話來衡量，特別是寫批判稿子，一寫準成功。[13]

　　必須與人性與真情實感唱反調，一「反」就靈，這樣一個顛倒真偽的社會，你願意入住嗎？

　　至於毛澤東的歷史地位，正在急遽下降。1978年，一位哈佛教授寫了《影響人類歷史進程的100名人排行榜》，譯成多種文字，排在最前面的都是教主，穆罕默德、耶穌、釋迦牟尼，毛澤東排在20位；1990年再出修訂版，毛跌至89位，掉了近70名。「我知道毛澤東的影響會隨著時間的流逝而有所減弱，但我卻低估了減弱的範圍和速度。」[14]作者說再過12年，如他仍在世，將再編這本書，毛有可能跌出百名之外，失去入選資格。

　　如果老毛正確，「四人幫」就抓錯了，改革開放就是「資本主義復辟」。評價一位「開國君主」，不能僅僅根據「打江山」，重頭還是「坐江山」。毛澤東執政27年，給中國帶來什麼？李銳老說毛澤東治國罪孽深重，不少人接受不了，但隨著時間推移，中共人物的歷史功過會日益清晰，會給老毛一個公正的裁決。

---

[13] 馮驥才：《一百個人的十年》，江蘇文藝出版社1991年版，頁214。

[14] （美）麥克‧H‧哈特：《影響人類歷史進程的100名人排行榜》，海南出版社1999年版，頁2。

邵：您曾講到您一位「開襠褲」朋友的父親，新四軍出身，從頭紅到
　　腳的13級幹部，竟被劃「極右」，能講講他的故事嗎？

裴：這件事說來話長。我這位幼稚園髮小，其父孤兒，抗戰期間路遇
　　新四軍而加入。1949年後，他啃過《資本論》，很不容易，毛澤
　　東一生都沒讀過《資本論》。1957年「鳴放」，鼓勵提意見，他
　　在浙江省級機關處級幹部座談會上發言，說毛主席也可能犯錯
　　誤，工農業剪刀差太大，農民太苦，打成「極右」。本要流放農
　　村，全靠出身好，根正苗紅，頂頭上司將他保下來，原單位（保
　　密大廠）「戴罪立功」；但開除黨籍，降薪六級。12級高幹一下
　　擼到18級。我母親見我從小話多，總這麼訓誡我：「你看××的
　　爸爸，就是因為話多，出身那麼好也沒用！」

　　　　1979年，他「右派」改正。我考上大學，春節回杭，去髮小
　　家。他父親把我叫到裡屋，從箱底翻出當年發言記錄（紙張黃
　　脆），鄭重對我說：「你看我這個發言有什麼錯？你現在是大學
　　生，有辨認能力了。這幾句話無非是剪刀差確實不合理，毛主席
　　也可能犯錯誤。就這麼幾句話，打成『極右』！」他復出後，官
　　復原職，正處級副廠長，心情還是十分黯淡，車禍受傷，早早離
　　世。一代人不發揮，既是個人悲劇，也是國家損失呵！

　　　　　　　原載：共識網（北京）2011-11-21～26頭條（略刪削）

附記：

2015-04-13 15:18　　新浪網博客管理站「通知」──

您的文章〈落在歷史凹陷處的知青一代〉已被管理員轉移到回
收站。

無法照顧的傷感

　　紅衛兵一代正在漸漸退出歷史舞台。當各行各業出現一張張日益年輕的面孔，當各種可能與機遇漸行漸遠，紅衛兵一代清晰意識到歷史正在邀請新一代入席。學歷、文憑、外語、電腦，這些新時代的入門券，老紅衛兵一樣沒有。他們確為最倒楣的一代：該發育時吃不飽飯、該讀書時趕上文革、該戀愛時不懂愛情、該工作時下鄉了、該掙錢時下崗了。歷史對他們太不公正——「舊制度的犧牲品，新時代的處理品」，被剝奪得最澈底、嘲弄得最悲慘的一代。

　　上海師大知青教授楊劍龍（1952～　）：

　　我們這一代，童年要長身體，碰上三年自然災害，沒得吃；少年時代要讀書，碰上文革，沒得學；青年時代要進入社會，碰上下鄉，沒得路；後來要回城了，碰上知識化，沒有文憑；社會轉軌，碰上下崗；進入中年身體多病，碰上醫改，要自己掏錢；最後，快到老年了，碰上房改，沒得錢。我們這一代最倒楣，不能升學、不能就業，又吃不上大鍋飯，從下鄉走到下崗，盡趕在時代的凹陷處。[1]

　　最不可思議的是一些老紅衛兵仍呼口號「青春無悔」，自封「國家功臣」。兩位老知青如此評議上山下鄉：

　　我覺得我們這一代人是偉大的一代。這可不是自我安慰嘛的。當時，「文革」把國家經濟搞成那樣，幾乎崩潰，我們要是不下去，兩千萬人會給城市造成多大的壓力。儘管我們受騙我們受苦，但我們支撐這國家大廈幾乎坍塌的一角，是吧？應當說，是我們這代人承受著「文革」造成的惡果。可是至今對上山下鄉一直沒有一個正確的估價。[2]

---

[1]　楊劍龍：〈我們這一代中年人〉，載《雜文報》（石家莊）2002-2-22。
[2]　馮驥才：《一百個人的十年》，江蘇文藝出版社1991年版，頁51。

連國家也挑不動的擔子，叫我們十幾歲孩子們瘦弱的肩膀扛住了。是我們撐住這傾斜的柱子，才避免了國家大廈的坍塌。你說，難道我們不偉大、不是功臣、不是貨真價實的國家棟梁？[3]

知青詩人李松濤：

反思歷史，無論心緒多麼複雜，有一條始終是明確的，我從不以控訴的態度對待往昔。對於知青歲月，我則報以永恆的感激。那段時光決定了我的現在，也決定了我的將來，讓我受用畢生。

另一位知青：

整整十年農村生活，是用人生最最美好的青春年華度過的，是最有價值的十年。十年沒有虛度，十年學到了很多很多……如今回想起那十年，我無怨無悔，這是我一生中最充實的十年。[4]

還有人為那些因婚戀被迫留下的「留守知青」尋找崇高：

在知青大返城的潮流中，他們能悲壯地守住自己的諾言。

「留守知青」說得最多的：

如果那些知青不返城的話，那該有多好。[5]

「青春無悔」響徹一時，成了老知青「主旋律」。1998年版《廣闊天地備忘錄》，其中一冊《無悔年華》。這套叢書140篇文章，無一觸擊上山下鄉災難性，全停留在自我欣賞的陶醉中。這批老知青至少1998年還未意識到上山下鄉給國家造成的巨禍，最最倒楣的還是他們自己。阿Q悲劇的深廣性，再次凸顯。

那位老知青以支撐國家經濟坍塌、承受文革惡果，索要「正確估計」，自封「偉大一代」。依此邏輯，承受庚子之難、抗日戰爭的那幾代國人，難道就不是「偉大一代」？那幾代國人承受的國難遠遠

---

[3] 馮驥才：《一百個人的十年》，文化藝術出版社（北京）2014年版，頁38～39。

[4] 信群主編：《歲月留痕》，瀋陽出版社1998年版，頁255、257。

[5] 朱曉軍：《大荒羈旅——留在北大荒的知青》，百花文藝出版社（天津）2001年版，頁2、4。

大於上山下鄉吧？而且，八國聯軍、日寇犯華，那是外敵入侵，無法選擇的「外患」。上山下鄉則是國家走錯路，經濟凋敝，將下鄉當就業，完全可以避免的「人禍」。

站在荒謬的論據上，以承擔完全可以避免的苦難爲壓秤法碼，要求歷史「正確估計」，只能說明這些老知青的價值迷失與邏輯錯亂。很簡單，「支撐經濟坍塌」、「承受文革惡果」這些局部附效無法遮掩文革的整體罪惡。上山下鄉在支撐國家經濟坍塌的同時，也摧毀了現代化知識化的基礎，整個國家朝著歷史理性的反向倒行。

1987年6月12日，鄧小平：

舊的那一套經過幾十年的實踐證明是不成功的。過去我們搬用別國的模式，結果阻礙了生產力的發展，在思想上導致僵化，妨礙人民和基層積極性的發揮。……中國社會從1958年到1978年二十年時間，實際上處於停滯和徘徊的狀態，國家的經濟和人民的生活沒有得到多大的發展和提高。[6]

至少二十年「別國模式」（蘇聯）、「舊的一套」阻礙了生產力發展，方向路線性錯誤，這可是「總設計師」的權威結論。毛澤東晚年自詡「鶯歌燕舞、潺潺流水」，實則民窮國敝，中國歷史上最黑暗的時期。1976年初春，一位從上海押往青海的犯人記述：

越往西越窮困……人們都是挖洞而居，我們看到了身上一絲不掛的人。一次火車到站，站上很多要吃的，有犯人把自己帶的麵包、餅乾丟給他們，他們真像動物園裡被餵食的野獸，看了令人心酸，他們的生活竟不如犯人。[7]

1999年，北京知青徐女士回到奮鬥十年的北大荒：

北大荒變化不大，而且比以前我感覺是破落了，我們剛一去就覺

---

[6]　《鄧小平文選》第三卷（1982～1992），人民出版社（北京）1993年版，頁237。
[7]　陳文立：《滄桑歲月》，勞改基金會黑色文庫編委會（華盛頓）2002年版，頁147。

得挺淒涼。……老百姓連有線電視都沒有，安不起。我們這些「知識青年」回來以後給他們湊了十萬塊錢，給他們裝了有線電視。……我們現在都是50歲的人了，等於我們這一輩子都為這個社會主義拚命。現在（在北京），我們三口人，一間小平房，兒子19歲，上大學，我們睡吊床。

另一位北大荒知青劉先生：

當初那麼玩命建設北大荒，結果現在北大荒成這樣了，當年我們付出的那些努力好像都付之東流了似的。[8]

這不，莫非理想大旗一招展，一切血淚、一切殘忍、一切荒唐就有了「正能量」？就能旋轉出「價值」？分泌出「意義」？「青春無悔」難道不是價值出偏？「知青情結」形成這部分老知青的認識局限，阻礙他們對上山下鄉的理性判認。只要他們還在用當年的知青眼光看待那段歷史、還在運行文革邏輯、還未走出紅色思維，紅衛兵一代的悲劇就還在繼續，沒有完，完不了。

怎能身在其中就如此弱智？如此自欺欺人？懷揣「無悔」情結，還能進行什麼反思？懷舊傷感遮蔽了這些老知青的理性，阻礙他們從歷史角度檢視「紅衛兵～上山下鄉」這場荒誕大鬧劇。

還有部分老紅衛兵要求社會重新評價紅衛兵運動，不滿將紅衛兵歸類納粹衝鋒隊，要求至少「局部肯定」：

想起文革，說老實話吧，我不後悔，我可以懺悔，但我不後悔。因為當時我們不是懷著卑鄙目的參加的，當時正經八板當革命來對待的。……一場戰爭指揮錯啦，戰士死了就不算烈士？[9]

對這些無法釐清局部與整體的懷舊者，需要重新上課、從頭說起，從最基本的人文理念補課。知識底座的狹窄、價值邏輯的混亂、

8　張敏：《穿牆的短波》（記錄紅色中國），溯源書社（香港）2012年版，頁82～83。

9　馮驥才：《一百個人的十年》（首卷），江蘇文藝出版社1991年版，頁228～229。

衡量尺規的倒持，這部分老紅衛兵已無力進行宏觀反思。如果武鬥死難者也是烈士，那得先承認武鬥的正當性，接著就得承認文革的正義性。否則，武鬥死難者何以成為烈士？他們可不是為了正義而死難，而是死於中央文革陰險的「挑動群眾鬥群眾」，其「烈」何在？其「義」何存？憑什麼去肯定他們的正義性？錯誤路線、荒謬運動的死難者，專用名詞只能是「炮灰」、「犧牲品」。這也是納粹、日寇不能尊為烈士的根柢，也是為什麼必須反對日本政要參拜靖國神社的核心理據。否則，憑什麼去干涉人家參拜自己的「民族英雄」？

　　從感情上，我理解「紅衛兵情結」、「知青情結」：短暫的青春激揚成為一生最值得留戀的瞬間，「青春無悔」只是留戀風流年華，生命中惟一可資回憶的輝煌。為什麼還要剝奪他們這點可憐的自慰？為什麼硬要戳刺他們最痛的傷口？為什麼不能寬容一點？為什麼不能⋯⋯如果僅僅個人傷感個人自慰，確可放一碼。自迷自醉，既是他們的自由，也是他們的權利。但問題是他們要將「青春無悔」上升為集體符號，要求對紅衛兵運動、上山下鄉的整體價值有所肯定，從而撼動對文革的澈底否定，為上山下鄉尋找所謂歷史價值！這一步無法退，無法仁慈，無法「放一碼」。

　　個人犧牲無法遮掩整體荒謬，歷史無法照顧個人傷感，不可能根據當事人的眼淚改變價值判認。這也是為什麼需要國務民主化，即最大限度杜絕這種全局性荒謬，及時糾正政治領導人的各種偏誤，避免積小誤為大錯，從而避免第二次文革。當然，「60後」一代就已覺醒了。1986年，幾位江西泰和師校應屆畢業生評點紅衛兵運動：

　　太不可理解太恐怖了。他們真傻真蠢，怎麼就那麼固執地相信呢？老實說，現在要我們相信什麼，太難了。⋯⋯紅衛兵為了雲裡霧裡的東西，毀了別人的生活，也毀了自己的生活。我們這代人絕不會這樣，在學校好好學習，走上社會好好工作、好好生活，既對得起別

人，也不要虧了自己，旅遊、照相、跳舞……[10]

初稿：2004-9-16，略增補

原載：《民主與科學》（北京）2012年第3期

---

[10] 胡平、張勝友：〈井岡山紅衛兵大串連二十周年祭〉，載《中國作家》
　　（北京）1987年第1期，頁163。

第八輯

垂暮紅漪

「疆青」，還在為上山下鄉埋單

　　「偉大的毛澤東時代」雖成過去式，但「毛時代」的八億遺民大半還在，還在一口口吞嚥「偉大」的後果。2011年11月1日，上海黃浦區法院判決赴疆女知青張維敏（63歲）三年半徒刑，罪名「聚眾擾亂公共場所秩序罪」。法槌落下，數百圍聚人民廣場的赴疆老知青，哭聲一片。

判決當日

　　此前，不少新疆老知青前往派出所，要求入獄換回張維敏。11月1日晨，一些老「疆青」被警察和居民區大伯阿姨一個個「人盯人防守」，不讓前往法院。措施如此具體到位，黃浦區法院前仍圍聚三百餘名「疆青」。他們有的凌晨兩三點就從郊縣趕來；有的乾脆沒回家過夜；有的身後跟著「尾巴」（居民區幹部）。

　　開庭前一小時，三百多名警察兵分四路，兩排站立，嚴陣以待，不准任何人進入「戒嚴區」。法院對面延安東路高架橋下，設有三百多平米「遮羞棚」，蹲著三輛大巴。警察用半包圍方式欲將老知青們驅趕至「遮羞棚」，遭老知青奮力抵抗。隨後，多名老「疆青」被抓，張維敏之子被六名警察推進警車。

　　法庭內，旁聽席約40人，80%為打瞌睡的里弄幹部，他們奉命占坐前幾排。張家只給兩張旁聽證，加上知青代表，不超過十人，且只能坐後排。當聽到判刑「三年六個月」，家屬站都站不起來，張維敏嚎啕大哭，法警立即將她帶離法庭。宣判前，家屬還幻想法律會公平公正。「三年六個月」，無論如何都沒想到。

　　11月23日上午，千餘「疆青」聚集人民廣場，高呼口號，高舉紙

牌「上訪無罪」、「張維敏無罪」。大批警察搶奪並撕毀標語，驅散
示威人群，一度爆發肢體衝突，氣氛緊張，直至抗議老知青把警察隊
伍逼退至三十米外市府大樓。被奪去標語牌的張維敏丈夫再次高高舉
牌，警察沒敢再動手。

「疆青」問題

張案引起外電關注，事情越鬧越大，上海市府很頭疼。那麼，張
案如何演變而來？五十年前的赴疆滬青怎麼還在折騰？「上山下鄉」
怎麼沒完沒了？真是說來話長。

張維敏，1948年出生上海，1963年9月赴疆，1993年提前退休
（工齡30年），回滬定居。赴疆滬青之所以成為久揭難去的「知青牛
皮癬」，實源於文革後對赴疆滬青一直未落實政策，三萬上海知青留
在新疆，落下病根。

赴疆滬青的特殊性在於他們文革前就陸續進疆。1963～1966年，
近十萬滬青（97048人）進疆，新疆史上最大一次移民潮，也是素質
最高、穩定性最強的移民群。滬青之所以如此踴躍赴疆，乃中共政府
打著參軍旗號進行召募，滬青並不清楚「生產建設兵團」的性質，還
以為穿軍裝的正規軍人。程潛孫女小密，初二生，偷出戶口本，袋揣
兩隻八斤鐵砣增加體重（92斤），總算能與大哥哥大姐姐一起進疆。
媽媽車站灑淚送行：「小密，你才14歲……」女兒回答：「劉胡蘭犧
牲時才15歲呢！」[1]

1963年6月，力主向新疆移民的王震打報告，提議以徵兵方式組
建「生產建設兵團」，既大大減少動員滬青入疆阻力，亦可激發青年
保衛祖國建設邊疆的榮譽感，云云。[2]當時，「全國學習解放軍」，

---

[1] 言鳴：〈一代精英——上海支邊青年進疆25年追記〉，載《中國西部文學》（烏魯木齊）1988年第8期，頁33。
[2] 謝敏幹：《「疆青」四十年大事記》，珠海出版社2008年版，頁7。

軍人的社會地位甚高，捍衛無產階級專政的「長城」，最可愛的人，姑娘最愛。赴疆當兵，極其靈驗的動員方式。不過，上海「舊市委」態度審慎，認為可能引發十分複雜的「人民內部矛盾」，處理不當會出現許多消極因素，甚至會死人。[3]歷史證明，上海「舊市委」很有預見。

入疆知青津貼很低，第一年3元／月，第二年5元／月，第三年8元／月（簡稱「三五八」），在兵團幹了十七八年仍不過44元，最差的一直拿32.2元。上海青工三年滿師，月薪41元。兵團農工活路重，伙食差，日腳很難過，還規定三年不准談戀愛。

新疆路途遙遠，回滬探親，往返漫長（塔里木至上海近萬里），赴疆滬青很難自養，不少負債。兵團機關卻一年年膨脹，有的團場脫產幹部與職工比例達1:6，六名職工養一名幹部。1979年，入疆滬青對前途失去信心：現代化離這兒遠著呢！各級官吏普遍沒有事業心，環境窒息，軍閥作風嚴重，盛行土政策潛規則。此時，進疆知青已35歲上下，最年輕的也爬上三十，進入壯年，要對下一代負責了。回滬之願，特別迫切。

阿克蘇事件

1979～1980年，知青大返城，全國除新疆外所有知青都返城回家，惟「疆青」不准回滬。此時，五萬滬青已陸續自調東歸，全疆滬青不足五萬（49559人）。

1980年11月8日爆發阿克蘇事件，三四千名「疆青」湧入阿克蘇，佔據農墾局招待所，進而佔領地委行署大樓、農墾局大樓。地委書記逃進邊防派出所，地委癱瘓。下旬，滬青舉行100小時絕食，擺出三口棺材，提出「戶口不到手，死在阿克蘇。」絕食者躺在大街

---

[3] 定宜莊：《中國知青史・初瀾》，當代中國出版社2009年第2版，頁245。

上，從600人增至1300餘人，其中就有張維敏夫婦。最後，請願「疆青」達萬餘。12月11日，請願「疆青」組織八輛卡車進軍烏魯木齊，以擴大影響。13日，「大篷車隊」於拜城翻車，3死15傷，只得返回。14日，「大篷車隊」回阿克蘇，出發時的紅旗換成白幡，追悼大會上，大字輓聯──

活著回上海，拼將餘生獻四化；死在阿克蘇，誓灑熱血換戶口。

此時，阿克蘇地委發出239號文件──給疆青簽發戶口。目標實現，「鬧事」疆青散去。12月25日，北京中央工作會議結束，要求對阿克蘇事件採取斷然措施。12月26日凌晨兩點，「上青聯」頭頭歐陽璉、王良德等八人被捕。28日，阿克蘇戒嚴，軍警開進最不太平的14團。二十個月後，歐陽璉判刑四年，王良德三年，其餘四人獲刑一～二年，兩人釋放。1984年1月，歐陽璉獲釋，同年自行回滬，跑單幫自養。

1981年，赴疆滬青繼續集體上訪，編諺：「老幹部平反昭雪坐位子，右派分子摘帽子，資本家補票子，上海知青還是老樣子。」返城風潮中，新疆農墾當局迫於壓力，只得向知青發放「三證」（糧油關係、工資證明、戶口），允許回滬。「疆青」手拿「三證」，變賣家產，滿心歡喜回滬。

1980年12月26日，兩名新華社記者赴疆，上峰要求以最快速度摸清情況。兩位記者先到大河沿車站，大批滬青正挈婦攜幼，惟恐擠不上車。車站接令，開往上海的51次從嚴控票。車站人頭攢動，怨聲連連，與當年滬青高歌進疆的盛況別之雲泥。兩記者走訪各團，與滬青、老職工、老八路傾心交談。359旅老戰士、13團場長左鳳山的家，冷灶冰鍋，體味到農墾老兵的艱辛。他們爬上14團最邊遠的17連地窩子，拍下1980年代穴居。他們寫內參〈塔里木為什麼留不住他們〉，結論：落後貧困的生產兵團對援疆滬青沒有任何凝聚力！十天後，胡耀邦批示，發出1981年9號文件，質問為什麼留不住當年豪情萬丈的入疆滬青？

新疆建設兵團人文環境惡劣，一例可示。1982年，滬青趙雪青承包養鴨，餵養1600羽鴨，年產鴨蛋10萬顆。皮蛋在阿克蘇0.34元／顆，他只賣0.24元。根據合同，農場供應平價飼料，他以平價上交農場鴨蛋。可農場單方面更改合同，飼料漲至0.4元／公斤，鴨蛋仍按1950年代平價收購——

（農場頭頭一張批條）趙雪春就得賠著笑臉，把用高價飼料換來的鴨蛋用低價賣給那些有關係的人。有時，小車徑直開到鴨場，一開口二三百公斤。趙雪春不賣不成，欲賣不忍，臉上堆著笑，心裡卻流著血，只好把白花花的鴨蛋拱手讓人。

他的鴨場終於倒閉，回了上海。[4]

「三六九」來歷

新疆農墾局雖向知青發放回滬「三證」，但只是「地方糧票」，未得北京批准。王震為維護自己「當代左宗棠」的兵團業跡，堅決要求將上海知青穩定在疆，認為全部放回高素質的滬青將影響新疆的「安定團結」，兵團建制無法維持。1949～2003年新疆維族人口增長2.6倍，漢人增長26倍！1949年後，新疆三次移民潮。第一次1950年代前期，史達林建議漢族人口要超過三成；第二次大饑荒時期（1959～1962），第三次1980年代，又移民幾百萬漢人。大饑荒時期，新疆漢人增加十倍。[5]

1980年底，新疆農墾總局向滬青發放「三證」，半月後宣布作廢。上海也設置種種關卡，只同意六種疆青入滬——「雙頂」（夫婦均可頂替父母職崗）、「病退」、「獨苗」、「特困」、「僑屬」、「昭雪」（家有冤案平反），這樣約五千「疆青」報上滬城戶口。

4　言鳴：〈一代精英——上海支邊青年進疆25年追記〉，載《中國西部文學》（烏魯木齊）1988年第8期，頁35～39。
5　林保華：〈維吾爾人寫自己歷史與現狀〉，載《動向》2016年12月號。

　　1981年國務院91號文件，同意調劑一萬「單頂」疆青夫婦「農調農」。一萬只有一方可頂職的知青夫婦須放棄「單頂」，方可一起轉調蘇北鹽城上海市屬海豐農場（原勞改農場）。其餘「無頂」的3.38萬疆青必須返疆。為使這批疆青返回，政府採取各種手段：不許他們在滬做生意、斷糧油、子女停學、停止親屬工作等。重壓嚴逼之下，「無頂」疆青含淚返疆，有人途中跳火車自殺。3.38萬「無頂」疆青絕大部分只得「扎根」新疆，直至退休才返滬定居。這批退休疆青成為上海持續「不安定因素」。

　　3.38萬「無頂」疆青返回，其中300餘堅決不歸。「疆青」受兵團半軍事化薰陶，明白「團結就是力量」，知道「組織起來」的重要性，他們抱團上訪，強烈要求所領「三證」有效，「下定決心，排除萬難」——堅決爭取落戶上海。1984年新疆「大包幹」，不少疆青倒流回滬，至1989年形成五千「賴滬」疆青。

　　「賴青」多年纏訪，上海市府終於讓步，1991年開始陸續同意五千「賴青」報入戶口，但須寫下「四不」保證書——不要求解決工作、不要求住房、不要求醫保、不要求在滬退休，他們的上海戶口僅僅解決子女上學、參軍、動遷補償。1998年起，上海市府向五千「賴青」每月發放生活與醫療補助252元（高於上海低保210元）；2001年，漲至369元，上海滑稽名劇《72家房客》中有一位「369」警察，五千「賴青」謔稱「369」。

　　五千「369」爭取到初級階段的戶口與低保，革命尚未成功，他們堅持上訪，爭取澈底勝利——獲得上海退休職工待遇，享受同等退休薪額與醫保待遇。

按下葫蘆起了瓢

　　2003年在陳良宇主持下，上海市府不顧新疆方面警告，向「369」再次讓步，五千「369」得享上海職工待遇，如今退休金1900

元／月，明顯高於在疆滬青平均退休金1500元／月。更要命的是新疆每年醫療報銷限額3萬，上海醫保限額28萬，一旦得重病，實在差不起。同時，「新疆退青」限一名子女戶口回滬，「369」子女則全部回滬。新疆計畫生育政策執行較寬，「疆青」至少兩孩，多則四孩。差距甚巨，按下葫蘆起了瓢，2003年三萬新疆退青攀住「369」也鬧騰起來。五千「369」撤訪，三萬「退青」起訪。張維敏就是這場維權運動湧現的「領袖」。2004年4月，張維敏勞教一年（監外執行）；2005年3月，拘留15天。

「退青」認為：當年聽話回疆，在新疆獻了青春獻終身，結果還不如「賴青」，太失公平。早知如此，何必當初！真該堅持當「賴青」。他們終於認清政府實屬「蠟燭」：小鬧小解決，大鬧大解決，不鬧不解決。他們舉牌：少小離家暮年歸，一生被騙終身悔！八年來，「退青」每週三聚集人民廣場，向市府表決心、施壓力，直到整出張維敏案。今年4月19日，張維敏神祕失蹤，遭綁架祕押。

官方頭疼不已

平心而論，上海市府多年來一直在為知青後遺症埋單。2002年，市府向回滬「疆青」無房戶發放兩萬元補貼，獨一無二的優惠政策。是年，五萬元可買市區亭子間（七八平米）。估計五千「疆青」無房戶，得一個億。此後，市府每年三節再補貼外地退青500元（包括支內職工，約21萬人）；退休金低於2000元，每月補貼100元；超過2000元補貼50元；低於1700元，再補助20～100元。但這一切與新疆退青要求和「369」接軌的革命目標，均屬毛毛雨，差距仍大。他們的事兒還沒完，「上山下鄉運動」仍未結束，每週三市府門前仍有這群「不穩定因素」。

最慘的一批「疆青」退休金300元都沒有。如當年響應「扎根」號召嫁給當地漢的女知青，後在縣社企業或供銷社工作，企業倒閉後

她們什麼都沒有，只能吃村裡低保，有的回滬靠子女生活。她們消息閉塞，待在家裡聽天由命。

一審判決後，11月11日張維敏提起上訴。法律規定，二審限期一個月，最長不超過一個半月。誰都明白這是一場「槍打出頭鳥」的阻訪案，怎麼判、判多少，柄子捏在政府手裡，不在法官手上。歐陽璉、王良德等「阿克蘇事件」要角（共五人）上書市府，認為張維敏領頭鬧訪縱有欠妥之處，畢竟事出有因，重判三年半，實在有點那個，懇請降低「打擊力度」。

事實上，「新疆退青」八年上訪始終「有理有節」。六國峰會、奧運會、世博會、六十國慶及國內外在滬重要會議，從不出動。「不給共和國臉上抹黑」、「不損害政府形象」。法庭上，張維敏多次聲明「疆青」維權未與「茉莉花革命」有瓜葛，堅持「三不原則」──不上京、不接受外媒採訪、不在重要日期上訪，並不具有「聚眾擾亂公共場所秩序」的主觀故意。庭審控方出示的照片、視頻，也只反映「疆青」在社保局、市政府門口，溫和站立人行道，僅希望與政府對話，尋求化解矛盾的管道，從未使用暴力，更無過激行為。因為，他們找不到其他有效表達意願的途徑。

11月10日，張維敏在獄中寫歌一首表達上訴理由：

美麗的大上海，有許多回滬知青；被遺忘的知青，又有誰人來關懷？上訪八年了，待遇改善了？最後算總賬，判刑三年半。冤枉啊！蒼天啊！請你告訴我，到哪裡去申冤？

「新疆退青」攀住「369」維權，標標準準的歷史遺留問題。解決「369」是應該的，問題是應一併解決「新疆退青」。應該承認所有知青的青春貢獻，財力一時有難，可五年十年逐步解決，至多二三十個億，相比赴疆老滬青支付的一生，算得了什麼？重判張維敏，老知青都明白：「瞧著，別再鬧了！」但問題是活到這把年紀的老知青，怕是不會被嚇回去，都七十了，還怕什麼?!

從解決問題角度，官家應氣量大一點，拿出勇氣解決知青遺留問

題的最後一案。畢竟，你只是拿點錢，人家可是支付大半生，晚年要求得到與滬人同等待遇，並不過分，僅僅「最低綱領」。

2011-11-29　上海，後增補

原載：《開放》（香港）2011年12月號

血淚「疆青」五十年

　　張維敏案一審重判三年半，激起新疆退休滬青千人大請願，「疆青」再次牽引公眾視線。怎麼還在折騰？一定生存狀況不佳，否則何必「鬧訪」八年？本文依據「疆青」謝敏幹先生近年出版的《「疆青」名人錄》、《「疆青」四十年大事記》，結合採訪、網訊，撩示弱勢「疆青」現狀。

　　十萬進疆滬青早就分化，一些「先進」因響應「主旋律」一路撈好處，科處廳省升上去。在疆廳級「退青」，養老金漲至七千，故極個別「疆青」至今還在高唱「青春無悔」。但他們的「無悔」襯墊著絕大多數疆青一生的「深悔」。

歐陽璉

　　歐陽璉，1941年出生上海工人家庭，高中時校團委副書記，1964年入疆，農一師14團排長，積有「組織工作」經驗。1968年與兵團女滬青結婚。文革中，歐陽璉差點死於派仗，攜妻艱難漂泊三年。1972年，26歲的妻子因卵巢癌病逝。

　　1980年11月，歐陽璉擔任「阿克蘇事件」總指揮──「上青聯」總代表，八個保鏢（「特別糾察隊」）。因組織擺棺大絕食，歐陽璉蹲獄三年一個月。1984年初出獄，要求不回阿克蘇農一師14團，遭拒，於是「盲流」回滬，逃票奔波疆滬，販運瓜果為生。其父滬上住房極窄，只能借住朋友家。1986年，44歲的歐陽璉娶上海盲女為妻，既解決居住也解決回滬。兩年後，以夫妻分居「商調」回滬，圓了24年的回鄉夢。

　　戶口回滬，年齡「奔五」，且刑滿釋放，饒是勞動局、街道多

方聯繫，仍找不到工作。盲妻低薪，生活窘迫。歐陽璉三當臨時工，三度被辭。1995年11月，歐陽璉現身上海勞動局來訪室。「歐陽璉復出」的消息在疆青中迅速傳開，週四來勞動局上訪的疆青驟增，要求「老有養，病有醫」。1995年12月26日晚，歐陽璉被「拘審」，1996年2月18日（除夕）放出。

這次出來，壞事變好事，歐陽璉成了「統戰對象」，發給《勞動手冊》（工作准許證），安排國營飯店看大門。不久，政府部門禁辦三產，飯店轉讓私企，再次被炒魷魚。組織安排歐陽璉戴紅袖章，繼續「專業」——看守弄堂大門，但特殊照顧，其他保安12小時一班，他僅須上班6小時，工資不少一分，以便照顧盲妻。2001年再分給一套住房，一室一廳。2002年退休，月領721元。在疆「退青」謝敏幹，其時退休金484元／月。如今，歐陽璉退休金漲至兩千出頭，有房有薪有醫保，「疆青」善終者。

張維敏

1963年15歲入疆。父親因「政治錯誤」1958年送閩勞教，兩年後去世。家庭婦女的母親拖著五個子女，全靠黑龍江綏芬河林場的長女補貼。為減輕家庭負擔，張維敏報名入疆。

文革中，愛打抱不平的她被剃光頭，「群眾專政」半年多。1979年2月，張維敏積極參加回城運動。據張維敏之子說，1980年阿克蘇事件，其父謝虎禮「首義」。他得知全國知青都回城了，惟「疆青」不能回城，敲響鐘聲，開始大串聯，第一站即最遠最窮的歐陽璉所在連。謝虎禮、張維敏夫婦一起參加大絕食，六歲孩子也睡在絕食隊伍中。

1980年12月13日，一家四口拿到戶口、工資、糧食等「三證」。1981年4月，全家回滬。旋因「三證」作廢，夫婦自製康樂棋謀生。張維敏每天買汰燒，從未參加上訪。1981年5月底，國務院91號文件

下達，同意具備六項條件（雙頂、特困、病退、獨苗、僑屬、平反）之一的五千疆青回滬，再闢蘇北海豐農場安排一萬「疆青」（只接受符合「單頂」的夫婦）。其餘三萬餘滬青必須「穩定在疆」，張維敏夫婦屬於動員回疆對象。為迫使這批「穩定在疆」的滬青返回，上海市府下了「五不准」——不准設攤、不准打工、不准孩子在滬上學、不准親屬上班、不准領取糧票補貼（此前每月發25斤糧票、10元補助）。張維敏小叔被「停生意」。捱至1982年，謝虎禮、張維敏夫婦被迫返疆。

1988年8月，謝虎禮帶著兩個孩子再次倒流回滬，加入五千「賴滬知青」行列。祖孫三代擠住七平米石庫門亭子間，張維敏回滬與女兒睡僅五十公分高的閣樓，奶奶睡床，父親與兒子睡地板，一睡11年。1993年，熬到三十年工齡的張維敏「內退」回滬，每月發40%工資，146.8元。同年12月，上海市府放寬政策，她與丈夫及女兒憑「三證」入戶上海。

1991年，上海陸續同意五千「賴青」落戶，但須寫下「四不」保證書——不要求解決工作、不要求住房、不要求醫保、不要求在滬退休。同意落戶已是「賴青」重大革命成果：可解決子女在滬上學、參軍，以及「差不起」的動遷補償。

1990年代，「疆青」陸續退休回滬，但退休金過低，且疆款滬用，價差甚大，加上住房醫療等，生活普遍艱難。1998年張維敏正式退休，每月退休金250.8元。是年，上海市府向1989年前自動離疆的老滬青及外地配偶（男55歲、女45歲以上）發放生活與醫療補助282元／月，後漸漲至369元。兩下一比，「在疆退青」心理失衡。

2003年5月7日，「疆青」大喜大悲的日子。上海市府再次向「369」讓步——給予上海職工待遇。五千「369」笑了——革命終於成功！近三萬「新疆退青」則哭了——不哭的孩子沒糖吃。如今，「369」退休金至少1900元／月，「新疆退青」1500元／月。尤其「新疆退青」每年醫療報銷限額三萬，「369」進入上海醫保，限額

28萬／年。張維敏夫婦同為「疆青」，一家兩制，丈夫老有養、病有醫，張維敏響應政府號召「堅持在疆」，結果還不如「逃疆」丈夫（工齡比張維敏短六年），刺激尤深。2003年7月15日，千名「新疆退青」聚集兵團辦事處，開始起訪，要求與「369」同享上海退休職工待遇，張維敏為積極分子。2004年4月，張維敏被勞教一年（擾亂社會治安秩序）；2005年，拘留15天。

截止張維敏入獄，維權「疆青」已有17人蹲獄，關押、收容前後上百。2011年12月9日，律師受家屬委託用保溫瓶帶入看守所兩隻雞腿，關押240天的張維敏只用一分鐘便「消滅」兩隻雞腿。家屬得知，淚流不止。

張案進入二審，官家放出風聲：縮減刑期不可能，但若「疆青」就此撤訪，不再擾亂社會秩序，可辦「保外就醫」。12月14日，筆者前往人民廣場市府信訪辦──「疆青」聚訪現場。歲入暮年的老疆青態度激烈，不達要求絕不收兵，手上拿著我為張案呼籲的港文複印件（載《開放》2011年12月號），相互鼓勵：「財大教授在香港發表文章支持我們！」我見這些「奔七」老知青每周「街訪」太辛苦，說了幾句「注重效率」、「每週街訪成本太大」，馬上被疑政府「暗狗」。

弱勢疆青

張子謝君告知：1963年20歲進疆的唐長根，2003年退休，退休金2800元（幹部待遇），妻子肖桂蘭同年進疆，退休金1750元。2010年唐查出肺癌，用完大病醫療三萬元限額，再花去所有積蓄七萬，錢盡藥停，無力繼續支付住院費，只得出院。2011年初再入院，醫囑開刀，唐家無力承擔高昂手術費，用完三萬年度限額，醫院停藥，再次出院，在家等死。唐女打算賣房救父，唐執意不肯。11月7日，病死家中。

另一名「疆青」，16歲進疆，2007年退休回滬，退休金1170元，老婆1680元，夫妻倆都只有月收入3.3%的門診醫保，又因家庭矛盾報不上戶口，不能享受上海幫困醫保；每月醫藥費約400元，房租900元。64歲了，街頭發小廣告掙400元／月。老婆多病，但不敢看病。

「疆青」金國良2005年查出「心力衰竭」，醫囑馬上住院，由於「零收入」，吃飯都困難，只得回家，半月後死在家中，他與女兒的戶口此時都沒報上。

截止2009年，新疆「退青」已死364人、患癌60人、多種疾病902人。

「疆青」蔣恒豐，1988年回滬，2009年報上戶口，卻進不了社保，只能拿503元低保，這樣的老疆青500餘人。有的老疆青撿垃圾、做鐘點工、發小廣告。張維敏被捕後，老疆青募集四萬餘元（剛夠請律師），不少老疆青捐10元、15元，百元已算大額。張家網上公佈募款明細，老疆青紛紛打電話要求撤名，因為居委會發現後，不再發放每月「幫困費」。

年近七旬的老疆青，大多不懂電腦不會上網，資訊堵塞，邏輯老舊，竟向筆者投來懷疑眼光：「原來你是反革命」、「政府走狗」，他們一直生活在紅色恐怖與仇恨怨憤之中。

麻煩「疆青」

「疆青」問題一直令滬疆兩地政府撓頭。1993年2月11日，滬青入疆三十周年，上海電視台攝製專題片〈塔里木之行——訪在疆上海知青〉，剛播出上集，內有「疆青」艱苦實況，社會反響強烈，中下集被緊急叫停。

1996年8月21日，央視「新聞聯播」播出新華社報導：新疆生產建設兵團是一支不穿軍裝不要軍餉、沒有轉業的特殊部隊，既為各大城市解決人口壓縮、就業困難，更有保衛邊疆、建設邊疆等重大貢

獻……在這一連串「知青貢獻」的背後，卻以違背一代知青意願為代價。直至文革結束，新疆建設兵團長期虧損。否則，這麼「花好稻好」的事兒，怎麼不「紅旗飄萬代」──繼續下去？1800萬知青怎麼都回城了？喊得山響的「扎根派」如今安在？饒是當年被中央首長接見的疆青先進，一個個在新疆都有「位子」（有的還是省廳級），退休後還不是全回滬定居，怎麼沒有熱愛新疆一輩子？其子女亦早就「按政策回滬」。

1967年1月，滬青家長四十餘人借文革造反東風，組織「家長造反團」，奔赴新疆阿克蘇農一師（滬青最集中），搜集滬青受迫害材料，為返滬向上海市府要求回城做準備。2月1日《新疆日報》撰文：指責「家長造反團」旨在煽動支邊青年回滬大陰謀。官家與「疆青」及家長強烈對立。高喊扎根的「知青先進」也就那麼幾個。

1980年4月30日凌晨，喀什農三師48團6連文化教員兼軍械保管員陳志華（滬青），回城無望，打死該連八人、打傷一人，攜槍逃跑，追捕中被擊斃。據說1980年代初「疆青」王來芳，在上海虹口自殺性爆炸，「帶走」六人，轟動一時。

三萬餘滬青「穩定在疆」，成為上海三十年長甩不去的「不穩定因素」，上海財政至少貼入幾十個億。如蘇北海豐農場，當地不願接受，上海市府每年按14個月知青工資補貼大豐縣，一年至少千萬，一貼十年。農場疆青中不少長年居滬，同時鑽各種空子領薪，農場財政難以為繼。上海市府只得再將一萬「疆青」安插松江、崇明等滬郊農場。上海市府之所以掏了錢還挨罵，當然在為反右～文革繼續買單：只搞革命不搞經濟，青年無業可就。1981年，王震恰要返滬「疆青」回去，以延續「當代左宗棠」的兵團建制，上海方面正好順水推舟，送回三萬餘「無頂」滬青（無條件辦理頂職）。欠賬越狠，利息自然越高。

2003年後，「新疆退青」從兵團駐滬辦事處起訪，「轉戰」社保局、醫保局，發信無數，「街訪」市府信訪辦乃最後一站。他們沒有

別的辦法引起政府關注，無法找政府對話。「疆青」中早就流傳官家對付他們的「四化」——分化、淡化（淡化矛盾）、消化（能利用則利用）、火化。「疆青」均齡七旬，時間不多矣。2011年11月底，南方某報採訪張維敏家及「疆青」，四千字報導〈上海新疆知青血淚奮鬥史〉，付印當晚緊急叫停。

2011年12月23日，張維敏案二審開庭，官方讓步，直接宣判「判三緩三」，八分鐘完活，當場釋放張維敏。上月底，家屬向二審法官遞交「疆青」聯名信，法官告知：「本案事實清楚，律師沒什麼用。」12月19日，法官再次暗示家屬解聘兩位北京律師。原來直接宣判，確實用不著律師。

上山下鄉逆歷史潮流，將一代城鎮知青硬塞給「難有作為」的山區農村、遙遠邊疆，僅上海就走了125萬知青（1962～1979），1960～70年代上海市區人口不過600餘萬。這種掏空城鎮發展後力的蠢事，也只有「偉光正」幹得出來，既「史無前例」，亦「後無來者」。赤潮禍華、中共禍國，國家反向運行，數代國人倒楣。1949～1976年，毛共政治局都是六七十歲的人了，怎麼沒一點治國常識？黨內外士林只能瞪眼瞅著國家進入赤謬死巷，毫無辦法，沒有任何辦法制約毛共的「無產階級專政」。

2011-12-10～24　上海
原載：《開放》（香港）2012年1月號

附記：

截止2016年，「在疆退青」每年醫保上限漲至5萬（新疆仍3萬，上海財政貼2萬）；滬籍人員每年醫保上限漲至44萬。

重慶「唱紅打青」
——丁惠民三進宮

「唱紅打青」

薄熙來在重慶大搞「唱讀講傳」——唱紅歌、讀經典、講故事、傳箴言，一邊恢復紅色意識形態，一邊唱紅打青（知青），居渝滬青丁惠民被判勞教兩年。2011年7月9日，重慶勞教管委會〈決定書〉「罪行」一節：

2009年5月21日，丁惠民在渝中區肖家灣景程賓館成立「重慶支邊知青赴京彙報團」，隨後於5月24日組織赴京彙報團成員三十餘人及歡送人員（支邊青年近百人、腰鼓隊近五十人）在渝中區菜園壩火車站聚集，準備赴京集體上訪，引起現場多人圍觀，嚴重影響了火車站的正常秩序。

根據國情，集體上訪（儘管未遂）而非「嚴重影響火車站秩序」，才觸怒官家。2009年9月3日丁惠民飛滬，6日主持滬郊知青代表會議，發表《知青白皮書》，準備召開全國知青第一次代表大會，動靜太大，次日即被警察「拍肩膀」，25天後放出。2010年7月3日，丁欲赴滇組織知青活動，再次被渝警刑拘，十餘名警察搜宅，取走丁女電腦，8月6日取保候審。2011年7月6日，丁第三次被捕，罪由2010年9月網上發表〈全國知青聯合起來〉，煽動知青集會，組織聲援上海在押疆青張維敏。7月8日，以批准勞教為由，撤銷行政拘留，9日下達勞教兩年〈決定書〉：2011-6-2～2013-6-1。14日，取保候審一年將滿，警方撤銷擾亂社會秩序罪一案，2010-7-3～8-6刑拘折抵一月勞教。劉曉原律師認為前後兩案如此折抵顯屬違法。2010年7月刑拘，2011年7月撤銷，應依法國家賠償，不能用於折抵另案勞教期限。警

方前後反覆，說明也不知如何定罪丁惠民。

　　知青乃中共最頭痛的「歷史遺留問題」，比右派還頭疼，知青比右派年輕，折騰能力還很強。丁要組織「全國知青代表大會」串連各省知青，直觸大忌，官家當然扼殺「不穩定因素」於搖籃。

　　2011年10月8日，丁惠民依《行政訴訟法》向法院提出申訴，規定七日須覆，至今「明月不歸沉碧海」。2012年1月3日，劉曉原律師自京飛渝，攜家屬要求重慶第一中院立案，答覆不予受理；再跑市高院、檢察院、人大，均告知丁案事涉上訪，「內部規定」不受理，丁的合法訴權便如此這般被剝奪，失去最後的司法救濟。丁現「服役」重慶市西山坪勞教所，一度絕食以抗。

　　重慶知青沒上海「疆青」抱團，無人敢為丁寫聯名信，更無每週一次集體「街訪」，劉曉原律師只有指望「社會關注」。家屬受到警告：「不要對外聲張，不要被國內外反動勢力利用，否則……」丁女與筆者通過幾封Email，兩天後受到壓力，不敢再復函。2012年1月9日，重慶版納知青網掛出筆者報導上海疆青維權的港文，12日被刪。劉曉原律師因關注艾未未案，去年被京警祕押五天，無任何法律手續。劉的律師事務所，年檢也一直「被麻煩」。

丁惠民「成名作」

　　丁惠民（1953～　），出生上海工人家庭，1969屆初中生，1971年赴雲南兵團景洪農場。其「成名作」為1979年1月滇青進京請願總指揮。1978年秋，西雙版納五萬餘滬川知青因落差太大——從現代城市來到刀耕火種原始村寨，率先集體京訪，點燃大返城火把。1978年10月16日，丁惠民起草致鄧小平公開信，三百餘知青捺手印，國務院例轉滇省。10月18日，丁惠民再寫第二封公開信，前信只要求回家，第二信提升政治層面，認為三大差別並未因知青下鄉縮小，反而越擴越大。11月29日，丁惠民等在瀾滄江邊小旅館召開首次聯席會議，發出

第三封公開信。

12月8日，二團場部將知青致函中央，定性「反革命事件」。版納知青代表在景洪農場橡膠林舉行第二次聯席會議，七十多營級農場120多名代表（須持百名以上知青簽名方獲「代表證」），選出赴京請願籌備組，丁被推總指揮。他們先上州委、農墾分局，要求支持知青北上請願，條件為三——

1.請願團代表按出差待遇，工資照發，提供出差補貼。

2.召開萬人歡送大會，公安局維持秩序。

3.提供交通工具與邊境通行證，準備大紅花、彩旗、鑼鼓。

12月10日，西雙版納農場五萬餘知青罷工，每營由打架耍橫者組成糾察隊。14日，雲南省委工作組趕到景洪，勸說知青「保持穩定」。16日，版納知青北上先遣隊（43人）出發，丁惠民送至瀾滄江大橋，橋頭喇叭播放歌曲〈十送紅軍〉。18日，丁惠民率第二批51人北上請願團出發，幾十輛自行車在景洪浩蕩開道，副指揮胡建國留守版納。

首批代表在通關小飯店吃米線，一只裝有四千餘元募款、千餘斤糧票的黑包神祕遭竊。請願團無錢購買火車票，衝進車站直接上車，遭阻攔，旋即臥軌，滇黔線中斷三天。

12月27日，第二批請願團28人抵京，中共正在開十一屆三中全會。1979年1月2日農墾總局一號文件，肯定版納知青請願團京訪的正當性，同時要他們儘快返回，停工期間工資補發。

1979年1月4日，副總理王震、民政部長程子華在京接見丁惠民一行，先痛斥知青鬧事，再大罵「四人幫」，晚上請看美國影片《巴頓將軍》，但回避實質——如何解決回城。知青代表劉庭明見王震欲走，喊了一嗓子：「王震，你不准走！你還沒回答我們的實際問題！」王震大怒，京訪告崩。

懾於王震之威，丁惠民一行緊急回滇。途中，丁惠民向王震寫檢討信，承認犯下大錯，誓當扎根派予以彌補，同時向留守版納的副

總指揮胡建國發電報：立即復工！此前，丁惠民已與農墾總局簽約
（1979-1-2下發），保證滇青放棄回城立即復工，官方則承認請願團
的合法性。但版納知青士氣正旺，不相信復工電報為丁惠民所發，向
丁核實。丁惠民明確回電：「立即復工！立即復工！指揮部人員要帶
頭復工！」不少版納知青因此嫉恨丁惠民，認為他在北京受了招安，
出賣知青。耿馬縣猛定農場221名知青絕食絕水，要求中央派團調查
知青困境，堅決要求返城。知青與王震的來回電報、信件均刊載《人
民日報》。

　　知青最終得以大返城，還是依賴高層的「階級覺悟」。1979年1
月21日，雲南省委認為「抱來的孩子養不住」，省委書記安平生：
「不願留的，統統都走。」難如登天的回城居然「一夜成真」！因怕
政策有變，知青紛紛搶辦回城手續，一些農場乾脆將公章拴在辦公室
門上，聽任知青方便取用。

　　丁惠民因在報上發表「堅決扎根」公開信，擔心被罵「當了宋
江」，在重慶磨磨蹭蹭不敢回景洪，後見形勢發展很快，1979年1月
23日才回農場。為堅守公開承諾——最後一個走，眼巴巴看著五萬餘
版納知青狂喜回城，他們留給丁惠民十幾斤大白兔奶糖、一堆午餐肉
罐頭。撐至年底，丁母提前退休，丁惠民才頂替至湖北崇陽縣儀錶廠
（油漆工），「我是偷偷走的。……我怕驚動老工人，捨不得我走。
我什麼都不要，空著手，帶個包就走。」1982年，丁與渝籍版納女知
青結婚。[1]

　　1985年，丁調重慶工業搪瓷廠（燒瓷工）。1994年廠子倒閉，丁
妻代繳社保15年，2009年55歲退休（油漆工、燒瓷工均屬特殊工種，
可提前五年退休），現每月退休金兩千出頭，知青「善終」者。

---

[1]　馮喬：〈「讓孩子們回來吧」——1978年「知青大返城」一頁〉，載《檔
　　案春秋》（上海）2016年第2期，頁11～15。

「他還活在那個時代」

丁惠民對大返城有功，很懷念那一段「崢嶸歲月」。前些年回版納，立一大牌：「知青有事，請找丁惠民」，附留手機號碼。近年，他抵押住房得款五萬，開設版納知青網、出版畫冊、知青旅遊文化節等，希望重聚知青。《南方週末》2009年1月載文〈走不出的知青領袖夢〉，指丁惠民為另類「文革遺老」，「他還活在那個時代」。丁希望老知青有問題集中於他，通過他「包打天下」上訪解決。丁女說父親一直覺得自己有責任解決知青困難。

丁女撰寫網文，抱怨「職業革命家」的父親未對家庭盡責，她從小到大所有費用均賴母親打工。丁妻收入微薄，丁卻常用妻子的辛苦錢資助他人，加上投資失敗，欠債數萬，只能離婚，讓妻女避債。最能說明「他還活在那個時代」的一則細節：丁床邊一直放著《毛選》。他網上致函政治局，要求政治局委員認真學習《毛選》五卷。

丁惠民「三進宮」，上訪成罪，豈不等於不准上訪？「請」他進去住一陣，當然意在讓知青失去「領頭的」。知青領袖就剩下這位還在「發揮餘熱」。上海的張維敏判三緩三出來了，重慶的丁惠民卻進去了，只要老知青還如此受「重視」，套用張愛玲《金鎖記》結束語：五十年前的上山下鄉還沒完，完不了。

2012-1-6〜16　上海

原載：《動向》（香港）2012年2月號

附記：

2013年4月28日，丁惠民提前月餘釋放（關押697天），他拒絕簽字出獄，堅持坐滿刑期，獄警強行架出獄門。出獄後，仍視為「危險分子」，動輒扣壓身分證或堵住家門不讓外出「串連」。2015年5月，法國知青學者潘鳴嘯訪渝，想見丁惠民。丁答：

我剛被政府從南京綁架回重慶並軟禁了十五天，對外所有聯繫被切斷。

2013年8月1日，托庇薄熙來、王立軍倒台，丁惠民勞教案得翻，獲賠127097.95元（182.35元／天）、精神賠償1.9萬元，另安排一室戶公租房（月租144元）。丁女原供職重慶江北區房管局人事科，丁惠民入獄後，她被屢屢約談，要她與父劃清界線，不堪其擾，憤而辭職，現安排重慶天然氣公司，櫃檯收費員。

2015年6月28～29日，筆者與丁惠民Emai聯絡，有關崇拜毛澤東，他覆函：

關於崇毛之說，純係無稽之談，功過分開，恩怨分明，我只是不願也不應全盤否定毛。

老知青內傷
——仍未褪去紅袖章

　　2013年7月，三四位大興安嶺呼中老知青對本人發起「大批判」，筆者渾然不知。11月下旬，偶然翻及「呼中家園」網頁，才窺知「七月硝煙」，發現喝過「狼奶」的老知青至今未褪紅袖章，文化內傷極深，文革後遺症活標本。

七月硝煙

　　「呼中家園」乃知青網站「巍巍興安嶺」欄目之一，訪客均為呼中區滬杭老知青，筆者亦出身呼中。今年7月以來，幾位嶺友先後轉貼兩篇拙文，兩度引起圍評，第一次幾近「大批判」。7月中旬，接嶺友電話，要我上「呼中家園」看熱鬧。奈何網海浩渺，一時翻找不到，又正忙著活，就放下了。11月下旬，偶然翻到「巍巍興安嶺」，得窺「呼中家園」。大多數嶺友對拙文進行延伸性討論、商榷性質疑、鼓勵性贊同，但有三四位誤讀誤解，擲疑擲嘲，甚至擲罵。最傷心的是：一位結交四十年的老嶺友射來最惡狠狠的子彈，十萬個沒想到。

　　惹禍拙文〈擺脫「看人笑話」的心理偏斜〉，2013年6月載中共港刊《陽光》第149期。遭「大批判」的三段文字——

　　近十年得到最多的嘲笑與最堵的胸悶，竟來自當年知青故舊。他們不僅揶揄「還那麼酸」、「寫寫文章有什麼用」，有時竟會當面表示不屑，甚至刻意吐露敵意。

　　上山下鄉知青一代普遍只有初中學歷，學識有限，加上對「臭老九」的長期批判，老知青既未養成尊重知識的習慣，也意識不到文化知識的力量，更不願承認自身文化知識方面的缺陷。

　　鶴情舊侶、懷舊念故乃人之本性，我當然不想與故交舊戚「相忘於江湖」，可幾次熱面孔貼人家冷屁股，捱了一臉刺。「我本將心托明月，哪知明月照溝渠」，感覺極差。只得總結經驗：「沒有把握」的故舊還是不見為妙。

　　再三檢查，除第二段統稱「老知青」未具尊重知識習慣，有失嚴謹，應加限定詞「一些」，其餘並未傷害哪一位，更談不上對知青的整體貶損。知青一代整體文化程度偏低，難道不是事實嗎？莫非還高於前輩後代？幾位老知青竟讀出本人「心理偏斜」、「德性不咋的」，呼籲對我「口誅筆伐」，撮精轉錄——

　　（網名：好堵又堵）裴毅然的〈擺脫「看人笑臉」的心理偏差〉，我看還是作者先擺脫看不到笑臉的心理偏差為好。他為什麼看不到笑臉呢，因為他把自己高高在上了。……把知青朋友當阿斗，想擺一擺諸葛亮的範兒，……作者的心理偏差，把自己放在「沒有把握的故舊還是不見為妙」的位置上……如果這是街頭巷尾的議論，姑而且之。但作者作為學者，又在媒體上發表有關知青的言論，知青人當以口誅筆伐之！（2013-7-4）

　　拙文標題「看人笑話」，這位「好堵又堵」讀成「看人笑臉」。此兄另帖：

　　作者單單拿知青說事兒，是拿知青不識數呢，還是拿知青尋開心？……作者的生活圈除了學術界範圍之外，就是知青這些赤卵兄弟了，就忍心把這些兄弟沉入醬缸之中，他在外面談笑風生，好像生來就是富貴之人，知青應匍匐在地，仰視你而後快！這樣的人，當初的老師不看好他，就是因為他的德性不咋地，讓人看不起。……假如一個學者整天憂天怨人，忘祖之典，弟子們肯定不到畢業就會全瘋了！（2013-7-9）

　　「好堵又堵」與筆者素昧平生，怎知我的社交圈？再說結交什麼圈子就不能評點這一圈子麼？什麼邏輯？此外，「感覺極差」就等於「要求仰視」？還攻擊「德性不咋的」、「弟子會全瘋」。要求別人

「善意」，自己一開口就如此缺乏善意。本人執教高校29年，授業弟子逾千，不僅沒「全瘋」，且無一個「瘋」的。不信，歡迎調查。

「五丁路」不值一駁，其帖一語：

我認為專踩知青這代人的痛腳都不會有結果，包括知青中的爛文人。（2013-7-10）

老友之彈

四十年老友的帖子更勁爆：

（網名：暘谷）……（裴）高高在上早已忘卻知青，以知青身分為羞，以知青之事來攻擊共和國之弊。（2013-7-10）

……連他兒子都要罵他……（裴）非但沒有絲毫認錯的苗頭，還一而再再而三地發酵發酸，在那裡端架子擺別兒，狗屁個東西！你是否轉告裴，讓他學走正道，學會尊重「沒文化」的人！！！……希望別玩兒你們所謂文人的不要臉把戲，別以為換了馬甲老子就認不得！！！（2013-7-12）

……（裴）漸漸地在香港的反大陸雜誌界成了角，更為反共的《爭鳴》雜誌上也有了發表，我每次見到他都會給我幾份文章影本，我從來不看且經常勸他：年輕憤青玩玩可以，都五十好幾了有啥意思；老婆不就是靠改革的政策做廣告賺錢養的家；得了多少便宜還賣乖！……做這樣事的究竟是人嗎？是中國人嗎？還是二胰子啊？我要說：這是不知好歹的人！厚顏無恥的人！是沒有靈魂的人！（2013-7-13）

退一步，即便本人穿了「馬甲」隱名上網自辯，四十年交往（不敢說交情了），暘谷先生（美術教授）又何必忽忽然掰臉？畢竟你首啟戰釁，率先發難，我不能自衛還擊？何況那兩位「馬甲」確非本人，估計是兩位支持者。

搬出本人妻兒說事，層次實在不高，「揭發」的材料又不能證明

本人「不咋的」。兒子抱怨老子幾句就是「罵」麼？天下父母幾個未遭子女揶揄？能證明本人「不咋的」麼？犬子雖與我有點小來去，但其「階級立場」絕不會站在暘谷先生您那一邊。

本人撰文港刊，憲法規定的言論自由，「反動」港刊亦僅僅是您與中共的「惡攻」。難道本人的政治立場必須與您暘谷一致、請您審稿？這位老友還有其他攻擊我的激烈文字，本人儼然已是罪該萬死的「階級敵人」，他喝令我「出來認個錯，真正回歸到知青隊伍中來」，好像我已被開除出知青隊伍。

儘管此兄劃我為敵，出言如此惡狠，居然攻訐我撰文抨共為「沒有靈魂」，他甘當中共奴民倒很有靈魂很有檔次很有境界！但我還得說：我倆並無個人恩怨，他的斷然出手估計出於「無產階級義憤」，或受他人挑唆（筆者能猜知那位挑唆者）。在暘谷先生看來，親不親，階級分。只是他忘了今夕是何年，對我的政治討伐，不僅未帶來所期待的擁戴呼應，反而引來一片吐槽。嶺友們清晰看到暘谷頭腦裡還箍著那塊紅袖章，還是紅衛兵一個嘛！儘管一些嶺友或嫌本人「高高在上」、「心胸狹窄」，但在政治大節上，卻無論如何不會與「老紅衛兵」保持一致，不會對禍害知青一代的上山下鄉「青春無悔」，不會認同筆者批評中共是「沒有靈魂」、剖析赤潮禍華是「厚顏無恥」，不會像暘谷那麼「高尚」「有靈魂」，不會……

再囉嗦一句，儘管暘谷鐵杆護共，指名道姓打上門來，我還是念及他當年幫我出過一天工、拉過一車柴禾，不點其名了。他對我不留餘地，我還是遵循古訓：絕交不出惡聲。

兩大批判

對我的擲帖可歸為「兩大批判」：一、對上山下鄉不感恩反記恨，知青聚會竟「感覺極差」，派知青的不是；二、撰文反動港刊，「厚顏無恥」、「沒有靈魂！」

「兩大批判」層次不高，回駁毫不費力。一、不准評點知青負面，如何分析上山下鄉？哪有涉及自身便成為不能批評的道理？毛鄧江胡、共產黨都批評得，上山下鄉有什麼批評不得？二、撰文港刊，有關部門尚未給處分，你有什麼資格指為「厚顏無恥」、「沒有靈魂」？你有話，也可上媒體去說，公開辯論。如此情緒性發洩、大批判謾罵，並不增加您們的高度吧？

至於本人混上教授、吃飽穿暖，就該汲汲於功名、孜孜於娛樂，就該〈唱支山歌給黨聽〉，不該拿上山下鄉指陳中共之弊，不該寫批評性政論，還有一點公共意識麼？還有一點「先憂後樂」的士林責任否？尤其在文化尚普遍低弱的當下，苦難工農還須知識分子代言，稍有歷史責任感的士子都會自覺擔責。「白屋詩人」吳芳吉（1896～1932），22歲寫下名句：「三日不書民疾苦，文章辜負蒼生多」。[1]心底波瀾源百姓，筆端風雨起農桑。本人雖無經邦佐國的機會，但還有一點知識分子的責任感、最基本的擔當意識，願為國家民主轉型略盡綿力。2005年以來，因發聲港台，本人一直被有關部門重點關注。

暘谷先生看來只懂美術不懂人文，缺乏民主自由基本理念，一輩子「很幸福」地當奴民，還要求別人分享這份「奴幸」，規定本人只能成為中共鼓吹手（像他那位香港老友）、編外黨員，高級「五毛」。[2]套用庾信〈哀江南賦〉典故：釣台移柳，非玉關之可望。玉門局促井蛙，怎能遠望釣台移柳？再說了，你有什麼資格干涉別人的思想自由？喝令我必須如此這般？我又為什麼必須聽你的？

英國諾獎得主、現代思想家哈耶克（1899～1992）：近代歐美發展總方向就是個人價值日漸隆起，形成構建當代文明的基礎。[3]現

1 吳芳吉：〈戊午元旦試筆〉，載《吳芳吉詩文選》，三秦出版社（西安）2009年版，頁18。
2 中共雇寫手專發網帖，拐彎抹角協奏「主旋律」，酬金5角／帖，網民擲稱帖手「五毛」。
3 （英）哈耶克：《通往奴役之路》，王明毅等譯，中國社會科學出版社（北京）1997年版，頁22～23。

代人文進步源於多元爭鳴、博弈互補，限制他人思想，真正的「反動」呵！

真正內傷

行為乃文化的外化，一說就罵、一張口就霸然詛咒，標準文革後遺症，折射出深層次文化內傷。馮驥才擲言：

文革已進入了我們的血液。

文革是我們政治、文化、民族痼疾的總爆發，要理清它絕非一朝一夕之事，而時代不因某一事件的結束而割斷，昨天與今天是非利害的經緯橫豎糾纏，究明這一切依然需要勇氣，更需要時間，也許只有後人才能完成。……沒有答案的歷史是永無平靜的。[4]

知青一代喝狼奶長大，血液裡流淌著暴力，無論思維邏輯還是習慣用語，都無法擺脫文革底色。六十歲的人了，隨便甩罵、「規定」他人思維，缺乏基本分寸。標題看錯就撲上來「伸張正義」，自名「好堵又堵」，有失開朗，卻指責別人「心理偏差」。自己可以是「小人」（隨便斥罵），別人必須是「君子」（不能回敬），最基本的公平對等都做不到，如何對話？「呼中家園」版主多次呼籲本人回應，如此語境，無法回應了。再說，任我怎麼說都是錯的，都只能招來又一輪攻訐，都能派出「不是」，明明是甲，硬指成乙，躺著也中槍，只能靜默了。總不見得對罵吧？本人確實有點「酸」──只會說說事擺擺理，別的不會，也不想會。我當然也不願滿足這些「審判者」的快感，對於惡意挑釁者，不拿起矛，總還可以端起盾吧？

暘谷先生觀點左稚，思想已被澈底弄僵搞殘，不僅認同中共自封的「偉光正」，還認同中共封殺不同史評、認同上山下鄉「有益論」、認同一切官方論調。此前，他寫了一篇興安嶺憶文，說在嶺中

---

[4] 馮驥才：《一百個人的十年》，文化藝術出版社（北京）2014年版，頁 1、9。

「得到鍛鍊」、「發展成長」、「歲月無悔」，以中共自評當代史為不可更移之定調，霸道剝奪我對中共的評議權、對上山下鄉的反思權，還將中共混同中國，層次如斯，常識如童，層次相差太大，實在無法對話了。

《文革受難者》作者王友琴（1952～　），遠在美國，仍有憤青打電話、發郵件擲罵、威脅，說她暴露文革糗事乃「家醜外揚、吃外扒裡、出賣民族和國家，變態！」[5] 看來，只要擺說真實，總會招來「不同聲音」。這也從反面印證擺說真實的價值與必要。

英諺：「房間裡的大象」——睜眼否定觸目驚心的事實。暘谷先生迷赤不返還不願別人清醒，自己閉眼捂耳還不許別人睜眼，棄四十年友情於一瞬，後會已然無期，只能人道主義地祝他「永遠不醒」！否則，哪天開眼醒來，不知他將……

作點交代

不該稱功的，但為證明並非「高高在上」、「拿知青不作數」，只好擺列近年為知青做的一點事。當然，我只會寫寫文章——

潘鳴嘯：〈失落的一代：中國的上山下鄉運動（1968～1980）〉——載《二十一世紀》（香港中文大學）2010年10月號。

〈風雪興安嶺〉（知青憶文）——連載《南方都市報》（廣州）2013-4-16；5-21；7-12；8-23；四個整版，共兩萬餘字。

〈新疆知青，還在為上山下鄉埋單〉——載《開放》（香港）2011年12月號

〈血淚疆青五十年〉——載《開放》（香港）2012年1月號

〈重慶「唱紅打青」：知青領袖丁惠民三進宮〉——載《動向》（香港）2012年2月號

---

[5] 廖天琪：〈歲月滄桑話當年〉，載《揭露》（香港）2013年9月號，頁29。

　　後三文為兩樁知青案呼籲。2011年，重慶老知青丁惠民（原雲南知青領袖）勞教兩年、新疆老滬青張維敏（女）一審被判三年半。筆者撰文港刊，承受一些壓力。2012年初，薄熙來尚未倒台，有關部門非常清楚我的「階級鬥爭新動向」。春節請酒，上海公安局文化保衛分局一位副局長：「重慶薄熙來老屬害格，不像上海俞正聲，他要是對你不客氣，我們可沒有辦法。那篇寫丁惠民的文章是不是……」只好連夜與港刊《動向》編輯溝通，稿子已上版不便下撤，懾於薄焰，改用筆名「碧水」（嶺中地名）。薄倒台後，我才「解除警報」。4月，他們再請酒，我打趣揶揄：

　　怎麼樣？薄熙來才是你們真正的敵人呵！我至少還是「可教育好子女」，還能與你們一起喝酒。

　　副局長與兩位青年幹事噴飯大笑：

　　沒想到薄熙來這麼快倒台！實在沒想到！

　　不久，張案二審改判緩刑，丁案也有鬆動，減了勞教年限。兩案得緩，雖非拙文之力，至少本人發聲呼籲。幾位指責我「高高在上」的嶺友，能否反問一句：你們近年為知青做了些什麼？

再惹禍水

　　2013年11月20日，大陸前衛網站「共識網」，頭條掛出記者對本人的訪談——〈落在歷史凹陷處的知青一代〉，兩位陌生嶺友先後將鏈接與摘要掛上「呼中家園」，又引一輪硝煙，這次火藥味稍淡。儘管這篇訪談未涉及此前的敏感點，僅討論上山下鄉對知青的傷害，剖析「青春無悔」，談了自己的「深悔」。如此為老知青說話，還是招來一陣不滿——

　　（好堵又堵）已經功成名就人士，再說「深悔」，那生活在社會低層的知青，是不是要隨著悔恨的旗幟而揭竿而起呢？（2013-12-2）

　　（五丁路）「鳳毛麟角」的人還要悔，最根本目的是弦耀。

（2013-12-2）

　　當今社會上的「叫獸、磚假」，整一個攪屎棍團隊！太多太濫啦！（2013-12-3）

　　（蒼山佬）所謂的「深悔與無悔」根本是不存在的，這是一個太無聊的話題。吃飽了撐的!我看你不下鄉也不一定能當得了教授!無病呻吟，惺惺作態!站著說話不嫌腰疼!（2013-12-3）

　　「弦」是錯別字。從本人的「悔」中讀出炫耀，只能說太有才了！上山下鄉擄去本人八年青春、遲滯人生發展，有什麼值得炫耀？指說我若非上山下鄉不一定能當教授，還有點常識嗎？我上山下鄉沒上高中，基礎薄弱，限制發展，如上高中，豈非……就算「功成名就」，難道就沒有追求「更」的權利？將教授專家罵成「攪屎棍團隊」，停留於「我是大老粗」的文革自豪，裸露這些老知青深重的文化內傷，如何回應？至於指說「『深悔與無悔』根本不存在」……還有必要回應嗎？

　　庸醫司性命，俗子議文章。不清楚嗎？無論本人如何謙卑自牧清虛自守，無論怎樣低首下心怯辭低調，都無法避免這些老知青的惡攻。無論我說什麼，他們都能讀出「自以為是、看不起普通大眾」（力木通訊）。面對「無限上綱」的指責與粗口惡罵，有必要為驢唇不對馬嘴的「大批判」檢討麼？難道沒有權利站遠一點──不陪著你們玩！你們那麼有才地分析本人心理，本人也不是沒有一點小才，當然也明白你們那點……

　　文革漸遠漸遙，「紅袖章」仍結結實實箍住相當一部分紅衛兵。思想上、文化上、言行上，他們仍戴著紅袖章，紅袖章已融入他們的血液，深深嵌箍頭腦，很難摘除了。只要看一下那位老友痛斥我的「論據」，便可明白紅衛兵一代文化內傷的深度。

　　1980年代，兩位老紅衛兵總結自己這一代的悲劇──

　　從小到大，人們用公式塑造了他們，他們從來都是依據某些公式去作出判斷與抉擇的。等到他們終於意識到自己脖子上扛著的不應該

是個留聲機、影印機，一切活生生的結論都應該由自己去生活之樹上
採摘的時候，歷史的那一場已經降下了帷幕。[6]

　　一位兵團老知青為未能趕上高考班車十分懊惱，因為他當年沒意
識到可以「自由報名」——

　　兵團半軍事化管理，一切行動聽指揮，「兵團戰士」沒多少可
供自由思考的時間空間，每週兩～三個晚上開會學習，講生產或學文
件。雨天不能下地，也開會學習，實在沒話說就找張報紙讀讀，團營
幹部都是現役或復轉軍人，政治思想工作行家裡手，不會讓你「胡思
亂想」。因此，我們沒有自己思考的意識和習慣。聽說恢復高考，也
覺得於己無關，不會在意，認為上大學總是要領導推薦的，我們兵團
大多數人都這麼想。（2016-11-23來函）

　　文革當然也進入我的血液，無論思想理念、思維習慣、用詞遣
句、恐怖意識，都得跟隨我一生了。儘管本人時時自警，仍難免不時
滑入「文革思維」，好像也無法澈底甩脫那只紅袖章。文革遺產——
各種紅色習慣、紅色邏輯、紅色詞語、紅色……大陸走向民主轉型必
須正視的一大「社會存在」。

2013-12-5～14　上海

原載：《開放》（香港）2014年1月號

6　胡平、張勝友：〈井岡山紅衛兵大串連二十周年祭〉，載《中國作家》
　　（北京）1987年第1期，頁158。

宋彬彬，一聲道歉真沉重！

2014年1月13日早餐，拙妻告知：「宋彬彬昨天道歉了！辛子陵先生昨晚發來信息。」我有點激動：「終於道歉了！終於等來這一聲道歉！」晚是晚了一點，終究還是來了。中共上將之女宋彬彬（1947～），這一聲道歉具有標誌性，內涵沉重。

1967～1970年，筆者就讀杭州要武中學（原杭州第五初中）。1966年「八・一八」毛澤東首次接見紅衛兵，宋彬彬給毛戴紅袖章，毛問名，然後一聲「要武麼」，宋彬彬遂改名宋要武。「杭五初」改名「要武中學」。

我非常理解宋彬彬這一聲道歉的艱難。48年的迷惘掙扎、躲避推拒、半驚半惑、漸醒漸悟、尷尬難堪、掂量徘徊……最終，她還是站出來：

我對卞校長的不幸遇難是有責任的！

請允許我在此表達對卞校長的永久悼念和歉意，為沒有保護好胡志濤、劉致平、梅樹民、汪玉冰等校領導，向他們的家人表示深深的歉意，這是我終生的傷痛和懊悔。[1]

一聲道歉，19歲英姿姑娘已是67歲白頭老婦，凝聚著折磨一生的紅衛兵情結。文革雖然結束38年，但對文革的反思，眾所周知，大陸尚未真正啟動。為此，宋彬彬這一聲道歉，落地濺聲，迅傳寰內，港台歐美也有回聲。

今天那麼不可思議的「女生打死女校長」，1966年8月5日實地上演於北師大女附中。據多種史料：14時，一女生用大瓶墨汁澆淋正在掃廁所的副校長胡志濤（女），然後將三位副校長、正副教導主任揪

---

[1] 馮翔：〈「我們是那個時代的污點證人」——宋彬彬的符號人生〉，載《南方週末》（廣州）2014-3-13，版21。

到大操場，戴上高帽，脖套大牌「反革命黑幫」、「三反分子」，一字跪在水泥台上。接著，五名校領導「遊校」，邊敲鐵簸箕邊喊「我是牛鬼蛇神」。

下一個節目：命令五「黑幫」挑土。第一副校長卞仲耘的大筐裝滿後拍了又拍，她挑不起來，劈頭打倒在地。卞仲耘之所以被學生「重點關懷」，乃該校沒正校長，第一副校長就是第一「長」。

女學生一個個手持壘球棒、跳欄橫檔、木工房帶釘桌腿椅腿，五位「黑幫」開始挨打，然後揪回宿舍，在一樓廁所淋了屎尿。17時左右，卞仲耘失去知覺，大小便失禁，倒在台階上。滿臉稚氣的女生帶著「無產階級義憤」踢她的身子、踩她的臉，往她身上扔髒物，咒罵「裝死」！胡志濤副校長見卞仲耘眼睛張開，瞳孔沒了反應，嘴巴在吐氣，告訴紅衛兵有生命危險，得快送醫院。回答是：

黑幫，你不好好改造，也是這個下場！

學校對面就是郵電醫院，校工將載著卞的推車拉至北門邊。天色尚亮，紅衛兵中有人說這樣推過去「影響不好」，不准送出去，用大字報將卞蓋起來，上面壓一把大掃帚。手推車在校門口停了一兩小時，過了19時，「校文革籌委會」電話請示市委，才將卞送進郵電醫院。此時，卞已僵硬，死亡多時了。

丈夫王晶堯接到通知趕到醫院，見妻子遍體鱗傷、頭部腫大。女附中「權力機關」接見王，王不認識她們，請她們寫下名字，他一直「好好保存」這張七人簽名的紙條。七人中六名紅衛兵，第一個就是高三生、校紅衛兵頭頭宋彬彬。文革初期，大中院校紅衛兵還是幹部子女的天下，老子革命兒接班呵！此時，距離宋彬彬成名天安門的「八・一八」還有13天。

卞仲耘（1916～1966），1941年考入內遷成都的燕京大學經濟系，同年加入中共，後轉齊魯大學，1945年畢業。丈夫王晶堯（1921～　），燕京歷史系畢業生，南方局地下黨員。卞仲耘服務北師大女附中17年，四個孩子的母親。該校為重點中學，1965年入學新

生高幹子女占一半，毛澤東兩個女兒先後畢業該校。文革開始時，劉少奇、鄧小平各有一女在校。

校長死了，沒有任何驚恐，校園彌漫著一片亢奮。參與群毆的女生沒一人想到「責任」，無一絲不安。「革命不是請客吃飯，不是做文章……革命是暴動，是一個階級推翻另一階級的暴力的行動」（《毛主席語錄》第11頁），死了一個牛鬼蛇神的校長，有什麼?!卞家不能也不敢抗議，更沒想到「追究責任」，甚至不能表示悲哀。九歲女兒發現父親的草席邊沿被咬碎，王晶堯悲憤萬分，不敢放聲痛哭，只好伏在床上咬嚼草席。

1973年，卞家得到一份「沒有問題」的結論——「工作時死亡」，補償400元。卞仲耘乃文革初期北京第一位被打死的教師。1978年，北京西城區委為卞平反。西城區負責人透露：全區276名教師死於文革。

2011年，北師大附中（前身女附中）會議室安放卞仲耘塑像，500位校友捐建，估計內有不少缺乏勇氣站出來的「懺悔者」。

1980年代以後，海內外漸漸響起「索歉」聲浪——要求各路文革當事人公開道歉，近年達到高潮。宋彬彬名聲太大，成為文革「暴力符號」，一點點被推上浪尖。

2002年，陳文立（1940～　）在美國出版回憶錄《滄桑歲月》，內有一段：

宋任窮的女兒宋彬彬，毛澤東接受她時，要她改名「要武」，她到處打砸搶，先後被她毆打至死的，至少有七個人。[2]

2015年9月，港版羅瑞卿次子羅宇（1944～　）回憶錄，內有——

宋彬彬……文革初，打死校長、老師，傳有好幾條人命。文革後期進了大學，一改革開放，自己跑到美國，堅決不回國。鄧小平的女兒鄧毛毛說她在美國表現不好，要把她調回國。

---

[2]　陳文立：《滄桑歲月》，勞改基金會黑色文庫編委會（華盛頓）2002年版，頁82。

2003年，宋彬彬回國，清晰感受壓力。她有多次機會致歉，但一次次選擇沉默，可能感覺「說不清」、「說來話長」。因此，她一次次被海內外人士鍘上。她感覺很委屈：並未參與毆打，但被要求承擔「領導責任」。幾年前，同班同學劉進撰文說明事件經過。應該說，打死卞校長是集體暴力，放大一點，也可歸為「國家行為」。但暴力上升到「國家」層面，當事人就可一推了之麼？不是也有早就道歉的紅衛兵麼？

文革前，羅榮桓與羅瑞卿兩家關係密切。1965年底羅瑞卿倒台，文革初期羅榮桓小女兒「拉拉」上羅瑞卿家造反。「九・一三」後，羅瑞卿案尚未平反，「拉拉」先托媽媽林月琴上羅瑞卿家道歉，再自己上門下跪。羅宇記述——

> 拉拉一進屋，砰地一聲就跪在媽媽面前，兩手按住媽媽（郝治平）不讓動，一邊哭一邊說：「郝媽媽，我有罪，我不懂事，去你們家造反，你說怎麼罰吧。」啪就自己一巴掌，趕緊被媽媽拉住，媽媽說：「小孩有什麼罪？」一把把拉拉摟在懷裡。

「拉拉」比宋彬彬小兩歲（或小四歲），人家的「階級覺悟」咋就這麼早？雖說人和人不同，認識能力各異，但歸根結底取決於認錯的道德勇氣。

文革初期，葉劍英次女葉向真（1941～ ），「帶著藝術學院的學生去家裡捉母親，自己親手拿皮帶抽打母親。」聶榮臻夫婦收養葉挺的一個兒子，文革中造聶榮臻的反，再沒回來。[3]

2007年，北師大附中評出90位「知名校友」，宋彬彬在列，溉響巨大。譴責方認為：宋彬彬無參評資格，紅衛兵暴力「符號人物」值得母校炫耀麼？更何況她對當年行為沒一句道歉。

宋彬彬這次解釋——

（當時）擔心別人指責自己「反對鬥黑幫」，沒有也不可能強勢

---

[3] 羅宇：《告別總參謀部》，開放出版社（香港）2015年版，頁56～57、301、288、316。

去阻止對卞校長和校領導的武鬥。

2014年1月12日，劉進在母校第一個道歉，為當年攻訐老師的大字報道歉，最後向宋彬彬道歉——

是我讓你和我一起貼大字報，是我作為總領隊派你帶領同學們上天安門城樓，而影響了你的人生。

19歲成名天安門，莫大榮耀竟成一生陰影，落差之大，當然說明今昔時代落差，證明昔日之偏。純潔青年宋彬彬喝了「狼奶」，被時代大潮裹挾，一「紅」成名，那麼年輕就為文革背上沉重十字架，以至於要為這聲道歉「做好充分思想準備」。因為，肯定有人會指：「假道歉，真反撲」。她的歉辭中含有會被指為「撇清」、「辯解」的內容。若再聰明一點，既然道歉，不說那幾段「說明語」，效果更好。當然，我也理解她太想「說明事實」了。

無論如何，這一聲道歉相當不易。宋彬彬得說服自己，得認識到「領導責任」——對形成打死校長的暴力氛圍有一定責任（參與全校第一張大字報）、未制止折磨毆打校長。哦，「責任」兩字，已折磨她大半輩子，也會折磨參與「打砸搶」的紅衛兵一代。晚年靜思，懺悔絲絲縷縷爬出，即便是時代的錯誤，自己畢竟也……

文革剛結束，走出秦城的周揚到處道歉，向文革前挨他整的作家、藝術家一次次致歉，招致上峰不滿。眾所周知，中共對反右、大饑荒、文革全線「淡化」，到底自己臉上的瘡疤，已賴不上「美蔣反動派」。

較之「老一代無產階級革命家」，紅二代多少有點代際進步。不久前，陳小魯（陳毅之子）為當年的紅衛兵行動道歉，現在符號性更強的宋彬彬勇敢「站出來」，從根源上反思文革基因——

我們欠缺基本的憲法常識和法律意識，不知道公民享有被憲法保護的權利，人身自由不可侵犯。對人權、生命的集體漠視，釀成了卞校長遇難的悲劇。（道歉語）

相信這是宋彬彬的「深刻提煉」，也是對文革暴行的深層剖析。

宋彬彬的道歉當然是痛苦掙扎後的理性復歸，紅衛兵一代人性復甦的標誌。根據我國目前社會艱難轉型的形勢，很需要這種認錯。認錯畢竟是改錯的第一步，惟認錯才可能有接下來的析錯、防錯，才可能真正凝經驗為攔壩。

至於海內外對宋彬彬道歉的各種反應，包括卞仲耘丈夫王晶堯的「不接受」，紐約的陳破空先生認為宋彬彬應投案自首……紛雜多元，很正常。民主自由原本就體現於多元錯歧，民主制度本就是保護少數，包容不同意見。如還想退回一種聲音的「一元化」，只有一種辦法──端上刺刀。

文革這筆大賬終究要算的，那麼多人等著熬著呢！筆者這樣的「文革少年」，雖然人還在，心未死，畢竟歲入暮年，時間不多了。

2014-1-14～16　上海，略增補

原載：騰訊網（北京）「大家」2014-1-17

附記：

文革血案太多：1966年8月北京大興縣一周殺死325人，最大80歲，最小38天，22家絕戶。[4] 1967年青海「二・二三」慘案，死亡169人、傷殘178人。[5]

宋永毅《文革大屠殺》輯錄的文革大屠案

1967年8月湘南道縣，殺死4193人、自殺326人。全地區殺死7696人、自殺1397人。湖南大學貼出大幅標語──「斬盡殺絕黑七類」。

1967年11月～1969年5月，內蒙挖肅「內人黨」。官方資料：死亡16222人，重傷87188人，整了346220人，民間估計死亡人數超過5萬。

1968年7～8月廣西賓陽縣慘案，死亡3681人。

---

[4] 高皐、嚴家其：《「文化大革命」十年史》，天津人民出版社1986年版，頁68。

[5] 文羔：《中國「左」禍》，朝華出版社（北京）1993年版，頁435。

1968年7～8月廣西大屠殺，慘殺近10萬人。

1975年雲南沙甸大屠殺，出動5個師，死亡逾千。

1967年8月底，湘南道縣祥林鋪區長袁禮甫明知縣裡已在制止殺人風，仍召開民兵誓師大會，號召民兵為全區進行革命「大掃除」。會後宰豬勞軍，鑼鼓聲中袁禮甫為120名民兵送行，要求他們三天後「會師」。三天後，120名民兵準時回來，彙報戰果：殺掉「五類分子」560人。1977年，記者前往零陵監獄採訪袁禮甫，這位前區長理直氣壯「想不通」——

判我的罪脫離了當時的歷史事實，要尊重歷史，尊重事實。從開始殺人到結束，我沒見到上頭有誰出來講一句殺人是錯誤的。只講造反有理、革命無罪，相信群眾、尊重群眾的首創精神⋯⋯我不能超越時代。要我負主要責任，不合理。⋯⋯當時整個民族都神經不正常了，怎麼能要求我一個人保持清醒呢？現在來判我的刑，我想不通。

所有文革大屠殺指揮者上推下諉，都認為自己無辜，無一人認責。主持廣西賓陽大屠殺的縣革委會主任（6949部隊副師長），官至廣州警備區第一副司令，幹休所安度晚年。

1985年，湘南道縣一位文革屠案指揮者理直氣壯：「他們是剝削過我們的階級敵人。」記者問：「他們的子女並沒有參加剝削呀？」答曰：「人在心不死，遲早要復辟的。毛主席說的哪裡會錯？」另一名兇手：「上頭要我殺我就殺，要是現在上頭又要我殺，我也會殺！」[6]

---

6 宋永毅主編：《文革大屠殺》，開放雜誌社（香港）2002年版，頁117、186；106、267、217、254、262；167；223；119、201。

喝狼奶的美國老華人

2016年11月，在上海與紐約陳立群女士通電話，暗示在國內久受「關注」，嚮往自由世界。她鼓動我：「來吧，美國比你想像中的要好。」我們結識於1982年浙江省政協，我剛從黑龍江大學畢業，南返回杭，進了省政協。此時，陳父剛獲平反（「鎮反」冤案），暫職省政協文史辦。因小兒痲痹癥，陳立群右腿重殘，但身殘志不殘，人生姿態非常進取；1979年「西單民主牆」時期，就參與杭州地下民刊《四五》（月刊），很早就開始「東躲西藏」；1999年赴美，現已入籍。不過，久斷音問，此時並不知道她是中國民主黨（全國委員會）副主席，王軍濤先生得力副手。

2017年4月10日，我夫婦歷盡波折（三遭強阻），得飛西雅圖，18日晨抵紐約。羊子女士接站接風（陳立群也出份），再告知：如能移美，總是合算的，這兒水好空氣好、食品安全，「基本建設」遠強於中國！可不，美國空氣的潔淨度可通過皮鞋檢驗：一月不擦，照樣鋥亮！在上海，新皮鞋上街，一周就蓬頭垢面矣！

美國整體層次遠高於中國，尤其政府理念、社會共識等人文基礎，扔中國百年以上。「萬惡的美帝主義」竟成各國窮人最嚮往的「天堂」，每年八十餘萬移民，還未算難以計數的非法移民。

喝「狼奶」的老華人

接觸幾位七旬老華人（來美二十年以上），本以為多少會有一點自由民主意識，幾個來回，大吃一驚。他們不僅五十歲以前一直喝「狼奶」，七十歲後仍通身奔湧「狼血」，一身紅刺，挨誰刺誰，本人深受傷害。

　　一位七旬退休工程師，文革前大陸工科生，拙妻遠親。初次見面，他駕車攜夫人拉我夫婦參觀西點軍校，剛上他的車，才十分鐘，都還不知道我是幹什麼的，就開口教訓：「年輕人，要看點歷史書！」本人髮鬚皆白，63周歲，復旦文學博士，上海財大人文學院教授，教齡30年，專業研究當代國史15年以上，便問他都看過什麼史書，回答：「范文瀾的《中國通史》」。不過一本馬列色彩極濃的中共偽史，通篇「以階級鬥爭為綱」。只好告知：本人已出版15本專著、文集，其中至少十本與二十世紀國史有關，「看過的史書好像比您多得多」。既已告知，想來此翁該有點自知之明，不料他自我感覺仍很好，大發議論——

　　如果我是美國總統，公民選舉權將攔至35歲！

　　你因政治問題逃到美國，我不同情你！你不支持共產黨，是要把國家搞亂，國家一亂，倒楣的還是老百姓。你管他什麼主義，老百姓過上好日子就行了。

　　你的文章一定觸擊中共底線，中共已不是過去的共產黨，習近平反腐，難道不正確嗎？

　　六四，趙紫陽要負相當責任，他是總書記，要對全局負責。

　　最近三十年是中國歷史上從未有過的平安時期。

　　…………

　　拙妻跟他掰扯起來，我則憮然悵然，已失去與他對話的勇氣，「鳥獸不可與同群」，再三暗阻拙妻不必與他「繼續」。此翁不僅缺少歷史常識，邏輯亂跳，還倚老賣老，氣勢奪人，當我是三歲小孩，缺乏對話最起碼的價值基礎與平等地位。整一個「朽木不可雕，糞土之牆不可杇」。

悖謬邏輯

　　「六四」開槍，趙紫陽明明反對鎮壓（戒嚴），此翁竟要趙對鄧

小平的開槍負責，理由是趙激化矛盾，導致鄧小平被迫鎮壓，不得不開槍。如此邏輯，還能聽麼？還能與他掰扯什麼？

2014年6月末，中國研究院（美國）研討會，一位來美三十年的六旬華人高知也認為「六四」責任在趙不在鄧──

如果你是鄧，看到（聽到）滿街「打倒鄧小平」的標語口號，失控的人大、異動的軍人，再加上對美國的不信任和恐懼，過度反應恐怕是當時唯一正常的反應。……「六四」實質上是趙和他的幕僚們為了自我利益利用學生進行的一場失敗的政治博弈。在這場博弈中，主動方是趙，鄧是被動的；開槍的是鄧，得益的是趙。……趙把鄧逼到死角，不開槍，江山易手；開槍，遺臭萬年。相反，趙關鍵時刻推出鄧，反對鎮壓，使自己立於政治和道德的不敗之地：不開槍，取而代之；開槍，流芳百世……期待血流成河的人，最後證明是李錄、柴玲及其他趙的支持者，而不是鄧小平──後者大權在握，沒有必要折騰。[1]

竟要博弈參與方承擔開槍之責。趙紫陽會希望得到軟禁至死的「流芳百世」？鄧小平雖有「被逼」的一面，可明知開槍「遺臭萬年」，為什麼不尋找其他途徑？鄧小平需要妥協的僅僅是「四·二六」社論定調，以不流血方式解決問題，鄧小平不也有「流芳百世」的機會？

不譴責「開槍」的責任方，將「主動方」論證成「被動方」；就算李錄、柴玲期待流血，沒有軍委主席鄧小平的命令，這槍開得成嗎？被動的「期待」能夠代替主動的「軍令」嗎？如此硬拗邏輯、強說歪理、為「開槍」開脫，實在難以理解，只能歸為立場決定態度。

---

[1] （美）中國研究院：《中國新震盪》，明鏡出版社（紐約）2015年版，頁70～71。

是人不是豬

「人民能過上好日子就行了」，這個好日子似乎不包括精神生活、政治文明，中國人似乎都是豬，餵飽就行。所謂「中國奇跡」的經濟增長，也不能成為一黨專政的合法性，德國納粹短短幾年所取得的經濟輝煌遠在今天中國之上。

「最近三十年是中國歷史上從未有過的平安時期」，連康乾盛世長達120年都不知道，還有必要為如此驕傲的「小學生」補課麼？退一萬步，就算最近三十年乃赤共治下從未有過的「平安時期」，難道只要中共停止毛式折騰，不再反右、文革，全體國人就該匍匐拜謝山呼萬歲？就該遺忘尚未平反的「六四」？無視尚在進行時的高壓恐怖？顛倒的意識形態就不該顛倒回來？

最刺激我的——「不同情你」！認為我不該撰文觸擊中共底線，就該成為共奴，否則就是搞亂國家，人民敵人，被趕出來，活該！不僅無有一丁點民主自由意識，連與人相處的基本禮儀都沒有（打人不打臉），還值得我為他耗費哪怕半分鐘麼？整一個「夏蟲語冰」嘛！李慎之先生曾說：「要中國人懂民主，實在是艱難至極。」[2]

這批赤色老翁，如此「小知不及大知，小年不及大年」，竟還以喝狼奶自豪，以為掌握絕對真理，聽不進任何「不同聲音」，只要你聽他的。當你駁斥他的觀點，其邏輯運行不下去，進入死胡同，便跳開論題，轉入另一似乎對他有利的話題，如「習近平不行，就你行?!」他以為將我逼入死巷，不想我輕輕一笑：「你以為我沒說的了？一句話就可駁掉你：你怎麼知道我不行？又沒讓我試過！習近平行，是選的麼？」

一向不願與人當面爭辯（尤其深層次問題），不可能誰說服誰，只會徒傷和氣。此時實在憋熬不住，心裡迸出：「去你媽的！第一次

---

[2] 《八十三封書信——許良英、李慎之書信集》，同心同理書屋（香港）2010年版，頁77。

見，也是最後一次！」當然，只在心裡，沒擲語還擊他。「打人不打臉」，三十年的修行使我熬忍至回到法拉盛下車。

1958年就逃離赤色中國的傅聰（1934～　），1991年還保留對毛澤東的崇拜：

> 鄧小平純粹是實用主義者，毫無理論，毛澤東是個人物。[3]

夜靜深思：馬列主義厲害呵！「狼奶」之效持續終身呵！害了多少代……

對劉曉波的反應

2017年7月13日劉曉波去世，法拉盛一個500餘人的微信群，有人發了兩張劉曉波照片與弔唁資訊，群主（七旬按摩師）立即@那人：「本群專為中老年養生，希望你以後不要在本群談論政治。」那人立應：「下不為例！」這些不關心或不敢關心政治的美國老華人，估計還是對「戰無不勝的無產階級專政」深懷恐懼，即便遠離大陸，心裡仍有紅色恐怖長長投影。

7月14日竟出現這麼兩條微博

> 熱烈慶祝劉曉波死翹翹，願閻王把他打進十八層地獄永世不能超生，還有他全家都死翹翹，哈哈哈！要是老子執政一定要一刀一刀的凌遲死他全家！

> 死了個漢奸，結果西方炸鍋了……笑死老夫了！

看到沒有──「老夫」，也只有喝過狼奶的「老夫」，才會寫出這樣跌出人道底線的帖子！

一批在美老華人，吃美國的飯，砸美國的鍋，沾著享著美國福利，卻開口閉口「美帝霸權主義」。實在不明白：既然那麼看不上美國，為什麼不捲鋪蓋回到「偉大的社會主義祖國懷抱」？言行如此不

---

[3]　〈鋼琴家傅聰漫談中國〉，原載《開放》（香港）1992年1月號，收入金鐘主編：《三十年備忘錄》，開放出版社（香港）2017年版，頁385。

一，能說明你們邏輯的深刻有力麼？

2012年，陳立群加入法拉盛一老華人活動中心（奧巴馬項目），發現這裡竟是最大擁共群。一次，她聽到幾個老頭老太高唱〈社會主義好〉，大聲喝斷，引來一片驚愕。2017年初夏，一老華人微信群掛帖：「沒有共產黨我們什麼都不是！美帝亡我之心不死！」陳立群氣極，立覆：「滾回黨媽媽的懷抱吧！有了黨，你他媽仍什麼都不是！」群內老人絕大多數擁共，僅少數幾位悄悄對她說：「你膽子真大！」陳立群惱恨無奈，只能憤而退群。

根鬚在國內

這批美國老華人如此這般，根鬚自然在國內，大陸有他們的呼應者。

2017年7月1日，筆者大學微信群出現一帖——

感慨黨的生日，祖國真心地不容易：國力要和美國比，福利要和北歐比，環境要和加拿大比，機械製造要和德國比；華為要和蘋果比，聯想要和IBM比，長城要和本田比，C919要和波音比……一個國家的製造VS全世界的高端，我不知道哪個國家建國不到七十年靠自己的努力達到中國目前的高度！不想讚美誰，不想詆毀誰，只想說一句：人無完人，事無完美！國家也是如此，有一句話說得好：中國的武器再不行也是保護你的，外國的武器再好也是揍你的！我們必須熱愛自己的祖國，祖國是有不足的地方，她還在努力追趕與彌補，每位中國人都要做到愛國、愛黨、愛人民，中國共產黨萬歲！

估計是轉帖，這位轉帖者「六四」後支持開槍，嘲笑「妄議中央」的同學：

有能耐你不食周粟呀?!

得意、刻毒，盡浮言表。「六四」開槍，難道也是「中國的武器再不行也是保護你的」？這位紅色共粉也是喝狼奶長大的「五〇

後」。年齡莫非真成了思想的化石斷層？只有等幾代喝狼奶者「完全退出歷史舞台」，中國才能真正迎請民主自由？

　　不得不敬佩美國開國元勛的偉大。1787年，55位反叛者（後稱國父）在費城爭吵了117天吵出美國憲法。兩年後首次總統選舉，390萬人不到20%有選舉權。女人（50%），2/5黑人（10%），不納稅的窮人和反對過革命的人（20%），無選舉權。雖然首次民選很粗糙很低級，但大方向正確，奠定了堅實的政治地基，將權力制衡落實到制度中，架設了正確的人文起點，澤被本國，惠及全球。當美國朝著文明深處挺進，人文理念法制化細節化，我的祖國卻尚未到達人家兩百多年前的起點，「革命遠未成功」……

2017-7-30　紐約·法拉盛

原載：《動向》（香港）2017年8月號

愛看人笑話的劣根性

「側身天地更懷古，獨立蒼茫自詠詩。」（梁啟超贈張東蓀）。人文學子大多遺世獨立自詠詩，一蓑煙雨任平生，常常懷抱杞憂。

幾年前，一位六旬史學教授對我說：「人總是愛看別人笑話！」此語扎刺至心，最近認識加深，擰出別樣滋味。「愛看別人笑話」還真是多數國人隱蔽的劣根性，產生於我們的醬缸文化。韓愈〈原毀〉：「事修而謗興，德高而怨來」、「舉其一不計其十」，俚俗大多不能修身而畏人修，輕約待己，重周責人。加上二十世紀赤潮禍華，否棄傳統，顛倒甲乙，錯亂價值。百年國史，正路不由，挑動群眾鬥群眾，互揪互咬，勢必「愛看別人的笑話」。

「愛看別人笑話」，根子當然是經濟文化落後，社會空間局促，實現理想通道狹窄，「成功」概率甚低。窮生妒，窘生怨，窮必妒富，失意之人不願見發達舊好，不願以自己的失意去映襯別人的得意。四旬以後，數次參加知青聚會、同學會（從小學到大學到博士），不如意者除非心態特平，一般很少出席「昔友會」。當年腳碰腳，如今不說「天上人間」，至少有點距離了，圍坐一桌，幾句憶舊，很難再有共同話題。各吹各號，各拉各調，幾人揚眉歡言，幾人低首暗愁。

大陸意識形態必須姓「黨」，反覆奏鳴「主旋律」，黨性一直壓著人性，缺乏普世價值引導，青少年普遍缺乏「為別人祝福」的意識。一位六旬陝籍老兄，中小學時代的人生理想是當糧站主任。三年大饑荒，他家窮到帶不起乾糧，食堂伙食僅能維持半天，下午、晚自習餓得發暈。班上一女生的父親乃糧站主任，不僅家裡吃得好，書包裡常有饅頭。女生常常故意露出雪白一角，白花花直晃眼，特別觸他心境。他不屑去偷饅頭，卻萌生當「糧站主任」的志向。初中畢業報

考中專，第一志願「陝西糧食學校」，分數不夠沒考上。[1]糧站主任
之女的故意炫耀，從別人缺陷處得到滿足的陰暗心理，說明社會缺失
遏制這種不道德「幸福感」的文化力量。否則，童真女生怎會用白饅
頭去刺激同學的饑腸？

　　1990年代，一些剛賺了幾個錢的小老闆，捲百元大鈔放炮仗，以
一地幣屑炫耀富有，玩出真正中國特色的「初級階段」。

　　筆者大興安嶺知青出身，近十年得到最多的嘲笑與最堵的胸悶，
竟來自知青故舊，不僅揶揄「還那麼酸」、「寫寫文章有啥用」，甚
至當面表示不屑，刻意吐露敵意。一次，竟當著拙妻犬子之面給予難
堪，學者修養使我沒當場破壞「和諧」，凝臉捱受。受此刺激，只好
將此婦從故舊名單中「拉黑」——從此不見。

　　古訓：「貴而為交者，為賤也；富而為交者，為貧也。」（《史
記‧范雎蔡澤列傳》）富貴結交的情深者，多為貧賤時不可忘卻者。
筆者一生求學，一介書生，博士、教授學銜耳，算不得什麼富貴。鶴
情舊侶、懷舊念故乃人性之常，當然不願與故舊「相忘於江湖」，但
幾次熱面孔貼人家冷屁股，挨了一臉刺。「我本將心托明月，哪知明
月照溝渠」，感覺極差。只得總結經驗：「沒有把握」的故舊還是不
見為妙。吃苦不記苦，摔在「跌倒處」，豈非太戇喽喽？

　　1997年，本人入復旦攻博，一位五旬「老三屆」親戚擲言：

　　博士有什麼用？能掙大鈔票才叫本事！

　　一位開襠褲朋友：

　　辛辛苦苦去讀博士，讀出來後能當官麼？

　　雖不指望得到故交舊戚的價值認可，但也沒有心情捧接嘲笑。國
人普遍只認烏紗不認方帽，只認錢不認學，折射出我國文化的落後，
社會存在決定社會意識。知青一代因上山下鄉，普遍學歷不高，學識
有限，相當一批老知青意識不到知識就是力量，更不願承認自身文化

---

[1]　狄馬：〈醬缸文化中的《三國》英雄〉，載《同舟共進》（廣州）2012年
　　第8期，頁68。

知識的欠缺，「知德者鮮矣」（《論語・衛靈公》）。網上，一些老知青自居「知青捍衛者」，四處覷隙尋敵，不碰也跳，開口就罵，毫不尊重別人，卻要求別人給予絕對尊重。

當然，就是我國真正富了，與西方找平差距，亦難免出現「露饅頭」的小女孩，還會有小富即炫的「初級階段者」、嘲笑文化人的小市民。估計西方也有「心理偏斜」者，中西方都無法根絕這一人類劣根性。

不確立人際關係的「雙贏」，社會勢必陷於反向的「互掐」，既不能產生1+1＞2的合力，更無法形成和諧寬容的社會氛圍。人際關係處於「時刻準備著」的相互隄防，正義誠信公序良俗都無法建立。破壞別人幸福的同時也降低自己的幸福，不能雙贏，只能雙敗。損人損己，何苦？

國情如此，距離互祝的「雙贏」還有相當長的路要走。不過，總不能因其路長或「反正我看不到」而不邁出第一步。理想的意義就在於牽引世人逐漸改變現狀，走向合理美好。對大多數國人來說，提高文化層次一時還有難度，避免出語傷人總還容易做到。什麼時候不再普遍「喜歡看別人笑話」，中國社會心理才真正上一台階。所謂現代化，人際關係的優化，當然指標之一。

2012-8-23　上海

原載：《陽光》（香港）2013年第12期

猜猜我是誰？

　　三年多前，一位知青嶺友告知遭遇電信詐騙——「猜猜我是誰」，當他終於猜出是誰，次日再來電話，說突遭車禍，求援一萬塊搶救……虧他警覺，最後剎車。這些年媒體不時提醒各種電信詐騙，包括老套的「猜猜我是誰」。不過，也許這一騙式成功率較高，騙子至今捨不得放棄，只是由沿海轉戰內地，從一二線城市深入相對閉塞的三四線城市。今年二月，居然騙涉本人。

　　2011年2月18日上午，突接復旦博士同窗、山西師大（臨汾）研究生處長張天曦教授來電，問我是不是「裴毅然」，當他從語音上確認我是裴毅然，匆匆告知一事——

　　昨天下午，有人打他手機，稱是老同學，要他「猜猜我是誰」？毫無防備的張處長立即入「猜」，感覺對方好像浙江口音，先猜浙江人。接著，張處長無法繼續，他一直生活於山西，惟博士攻到上海，浙江實無熟人。見張處長猜不出，對方承認是浙江人，拿腔捏調要張處長在「浙江範圍內」使勁猜。為繼續對話，騙子說他在浙江開廠當老闆，已露一絲破綻。漫長的15分鐘，張天曦終於想起「你是裴毅然?!」復旦攻博只熟悉我這位浙籍同學。對方立應：「呵，你終於想起來啦！」張處長很疑惑：「你不是在上海財大當教授嗎？怎麼回浙江開廠去了？」對方反應靈敏：「啊，我還在上海當教授，回浙江當老闆是跟你開開玩笑。現在不是老闆最牛嘛。」接著言歸正傳，「裴毅然」說上太原開會，明天要上臨汾見老同學，請他安排一下住宿，處長自然諾諾。

　　今晨，張天曦再接「裴毅然」電話，說他昨晚與幾位朋友「玩小姐」，被警察抓了「現行」，處罰二選一：①拘留15天；②每人罰款五千，交款放人。他們當然選擇罰款，一旦拘留，不能按時回家，

必被家裡、單位知道，顏面丟盡，破財免災吧。六人罰款三萬，帶的
錢不夠，請老同學墊一下，打一萬塊到外面一位朋友的卡上。張處長
忙說省公安廳有熟人，可幫忙疏通。「裴毅然」說不必了，還是交款
了事，這種事不宜驚動他人，人家會想你怎麼會有這種博士同學？還
教授呢！「裴毅然」很歉意地請老同學幫一下忙，一出派出所，下午
即上臨汾看老同學，身邊也帶著卡，可劃賬歸還。「裴毅然」特別關
照：千萬不能讓上海家裡知道……

　　張天曦見「裴毅然」如此為自己著想，不讓運用省公安廳關係，
十分感動，當然要救老同學於急難，急著劃卡打錢。千幸萬幸，這位
老兄不當家，錢款由老婆掌管。張處長吩咐轉帳一萬，老婆問why，
張處長不便詳述頭尾，只說大概，虎著臉命令即刻打錢。其妻生疑：
既然下午就能還錢，何必還要先墊一下？她要丈夫還是先跟老同學家
裡聯繫一下，核對一下老同學的手機。處長無奈，只得撥打我此前的
手機。幾年前，本人尚無手機，留的是拙妻的。一聽是拙妻，張處
長為替我瞞醜，一個勁要裴毅然的手機。拙妻很驚訝：「裴毅然不
可能去太原，就在上海，我早上出門還在家裡，下午他要上單位開
會……」張處長抄下號碼再撥，終於找到裴毅然。憑區號，他確認我
在上海，太原那個……

　　聽完故事，一身冷汗。沒想到世界這麼小，自己也被「猜」進
去！一陣沉默，懇請老同學務必致謝其妻，若非她攔一下，一萬塊劃
出，不僅他家破財，本人也莫名其妙「涉嫖」。張天曦為人實沉，一
定不好意思問我要債，我這頭又不知道「欠」了一萬塊。更麻煩的
是：裴毅然玩……醜事傳千里，很快就會傳開。老同學見我一直不還
款，不免漸漸起恨，紙終究包不住火，一定會傳至復旦，再傳……我
還木知木覺──啥啥都不知道！

　　一日驚聳，捱至晚上，按捺不住好奇，再打電話給張處長探聽
下文。他說與我們聯繫時，太原「裴毅然」不停來電，等與我這頭溝
通完，好奇撤接騙子催電，想看看對方如何再表演。「裴毅然」多有

嗔怪，惶惶然懇請老同學務必幫此小忙，再三說他下午即到臨汾，歸還區區一萬塊……張天曦終於沒憋住，一聲怒斥：「演出到此為止吧！」對方一聽，立即收線，一切結束。

「明天來看你」、「昨晚醜事」、「不要讓家裡知道」、「打款給外面一位朋友」、「下午即還款」，絲絲入扣，每一處都合情合理。一、「明天來看你」，前期鋪墊，一上來直接要錢，太突兀，容易使人起疑。二、「昨晚醜事」，需要遮醜保密，只能「潛規則」。三、「不要讓家裡知道」，十分關鍵的一著，阻斷對方與「家裡」聯繫，騙術最軟檔處。四、「打款給外面一位朋友」，轉帳時不會因姓名陌生而中止救友。五、「下午即還款」，堅定你的援友信心。當然，最最重要的是：騙子利用了忠厚敦實的國民性，掌握了「替友瞞醜」的急難心理，此類詐騙才屢屢得逞。據公安部資訊，僅「猜猜我是誰」，每年就被「猜」走幾個億。整個電信詐騙涉案金額高達數十億！僅僅2009年1～8月，浙江一省電信詐騙報案就五千餘起，涉案金額1.1億元。[1]奸偽並起，天下失寧矣！

初稿：2011-1-18；增補：2-25；再增補：2015-5-9
原載：《上海作家》2011年第5期

---

[1] 王先富：〈浙江特大電信詐騙案始末〉，載《檢察風雲》（上海）2011年第5期，頁48。

失去同情心

　　1890年，美國公理會傳教士明恩溥（Arthur Henderson Smith，1845～1932），出版《中國人的特性》，寫了中國人的一些劣根性。魯迅受此書影響，起意研究國民性，去世前還惦記此書的譯介出版。《中國人的特性》有一節〈缺乏同情心〉，略錄幾節：

　　中國人同情心的缺乏，從他們對殘疾人的態度中也可略見一斑，依照普遍的信念，跛子、瞎子、尤其是那些獨眼龍、聾子、禿頭、鬥雞眼（內斜視），所有這些人，都是應該避免接觸的。……這些人雖未受到很殘酷地虐待，但也幾乎得不到什麼同情。

　　年輕妻女的自殺極其頻繁。在某些地區，很難聽說某一村莊最近沒有發生這件事。一位母親竟如此責備一個已出嫁的女兒：「有這樣好的機會，你為什麼竟沒有死成？」

　　山東淮縣，縣城一家旅館店主拒絕讓幾個凍得半死的旅行者入內，將他們關在門外大街上，以免他們死在他的店裡，結果這些旅行者全部凍死在外了。

　　通常小孩子死後，屍體根本得不到妥善掩埋。中國人處理小孩屍體的一個慣用辦法便是「扔出去」。或者稍好一點，用破席子一捲，擲於戶外。由於掩埋得極為隨便，不久這些可憐孩子的屍骨便會暴露出來，從而成為獵狗的美餐。在一些地區，盛行著一種令人恐怖的習俗，將剛死去的小孩屍體搗碎，直至弄成血肉模糊、無法辨認的一團，據說這麼作是為了防止附於其上的「鬼魂」回來煩擾家人！[1]

　　最恭維中國文化的伯特蘭・羅素（1872～1970），也說中國人缺少同情心。1920年代前期留歐的羅家倫（1897～1969），電車上見乘

---

[1]　（美）明恩溥：《中國人的特性》，匡雁鵬譯，光明日報出版社（北京）1998年版，頁175、180、187～188、184。

客忽然紛紛脫帽致哀，很驚訝，回頭一看，原來車旁在出殯。在法國，就是總統遇著殯喪，也會脫帽。中國人卻不然，看見喪屬一臉戚容，弔唁者會滿不在乎大悅起來。鄉村甚至有人到處打聽哪兒有喪事，可前去蹭酒蹭肉。城裡也有萬人空巷看阮玲玉的大出殯，當作一件熱鬧事。

缺乏同情心，許多是非觀念便無法明確，救難精神必然低落。舊時上海，盜賊入室，不能喊「捉強盜」，只能叫「起火」。因為，鄰居聽到「捉強盜」必不敢出來，生怕殃及池魚；而聞「起火」，擔心蔓延自家，必然出來。少管閒事，見義勇為勢必稀寡。「各人自掃門前雪，哪管他人瓦上霜」，以己劃線，以鄰為壑，大是大非模糊，公德之心日淡。英美司法設立陪審員制，不但鼓勵管閒事，且帶有某種強制性。但在大陸，誰願耗時出力去管別人閒事？古代俠義已被當代滬人嘲為最最拎勿清的「管閒事」。

不能「解衣衣人，推食食人」，養成的只能是懦怯冷酷。另一方面，也只有在普遍缺乏同情心的社會中，俠義才顯得格外需要格外耀眼。如果全社會普遍見義勇為，都能挺身救難，「俠義」也就因平常而黯淡。這一意義上，人不能太「聰明」，太聰明就會吝嗇同情心，反之同情心一豐富，人也就「聰明」不起來。

缺乏同情心不僅僅涉及個人私德，同情心乃一系列社會公德得以矗立的基礎，關乎全社會道德層次，並最終決定整體素質。如面對苦難都滿不在乎，還有什麼值得肅然凝容？還有什麼值得堅守？

順便說一下，最早向美國總統建議退還庚款的，就是這位明恩溥先生。

2003-6-3　上海

原載：《成報》（香港）2004-12-3

孩子們為什麼不感恩？

　　高健民先生（1943～2014），空降兵出身，入越參戰因傷轉業從醫，1998年退休，婉拒多家醫院聘請，先後擔任吉遼冀豫鄂湘黔七省30餘所小學志願輔導員，2003年吉林團省委志願輔導員。他每月退休金1200元，醫藥費約需一半。截止2006年，他先後資助130多名貧困生。受助學生畢業後，示謝者不到10%。

　　2003年，西北老區高分女生黎岳（化名），東北重點高校錄取，其父拿不出路費羞憤自殺。高健民從報上得訊，資助這位女生。黎岳入學後，不願老人打電話到寢室，也從未給老人打過電話。2005年中秋節，高健民拖著病體，拎著月餅去看她。事先打了電話，黎岳連寢室都沒出，接過月餅，看都沒看，隨手扔在桌上，直到老人離去，一聲「謝謝」都沒有。另一位接受四年資助的初二生，高健民為他買文具買球鞋，逢年過節給他家買米麵油，此生卻從未給高伯伯打過一個電話。2006年，高健民終於累了：

　　　在學雷鋒這條路上，越走越累，主要是精神上的疲憊。[1]

極端事例

　　——2006年3月，「中將女兒詐騙案」震驚全國。山西呂梁中師肄業女生李曉豔，無家庭溫暖（送姨媽撫養），15歲初中畢業，捏著打工所掙300元闖京。錢很快花光，蹲在路邊一籌莫展，一位好心武警給了300元讓她回家，但她捏著錢並未回家。軍人的善良未使她感恩，反而認為「軍人很傻」，從此專門卯上軍人，冒充空政幹部處中

---

[1]　彭冰、葉彤：〈100多名受助大學生畢業後杳無音信〉，載《中國青年報》（北京）2006-4-24，版1.

尉專騙軍人，自稱父親中將（軍區副司令），能給尉官辦調動，共騙
四位軍官「活動經費」15.8萬，且認為有足夠智商對付警察。[2]好心武
警播下的慈善，收穫的竟是無恥。

──西南財大2006屆畢業生小唐，汶川貧困生，其父「右派」八
年勞教，1996年死於車禍。家貧如洗，九歲弟弟、七歲妹妹失學。小
唐中學全免學雜費，每月得助300元生活費，以阿壩州理科狀元考入
西南財大。社會慈捐5.1萬（含下崗趙先生6000元），足夠一切開銷，
但畢業前仍欠六千學費，無法領取畢業證。他向長年助捐的73歲老漢
呂恒威索要九千元，稱尚須繳納七千檔案費、兩千房租。呂老漢在阿
壩州翻山越嶺賣茶50餘年，攢錢不易。小唐除了要錢，從不給呂老漢
打電話，這次索款甚巨，呂老漢生疑，請《成都晚報》記者核實，東
窗事發。《成都晚報》以「愛心被忽悠」曝光：西南財大四年學費共
1.9萬餘，小唐尚欠6000餘元，其生活費每月超過800元，大大奢於貧
困生。據小唐報賬，西裝1100元、手機1000元、網遊無法計算。原擬
聘用小唐的實習單位拒絕接收。直到此時，校方才知道小唐乃貧困
生，他從未向學校說明貧困家境。原擬資助小唐至碩士的某企業，發
現他不珍惜慈捐──未按約假期打工，第二年中止資助。小唐畢業時
4～6門課程須補考，成績全班倒數第二。[3]

──2006年11月29日晚，蘭州民警梁斌為解救兩名遭調戲女子，
與醉漢搏鬥，身中八刀，最後制服歹徒，扭送派出所。鮮血滲透梁斌
衣褲，送醫院後發現四刀刺中要害，生命垂危，縫針兩百。兩名被解
救女子在梁斌與歹徒搏鬥時，既不相助也不報警，悄然離去。當梁斌
第三次制服兇徒，渾身帶血亮明身分，向兩名停車看熱鬧的出租司機
求助，兩名的哥冷漠走人。蘭州警方呼籲兩名女子站出來為梁斌作
證。當地一位派出所長感歎：被救者目睹民警受傷，漠然離去，實在

2　《海南經濟報》2006-3-20。李曉豔一姐一弟，父母欲生子，將她送姨媽，
　　幾次欲返親生父母家，被攔回。
3　央視12套「社會與法」頻道，2006-7-28～29日播出，「大家看法」。

難以理解。[4]

——江蘇鹽城汽車總站職工捐款設立「助行基金」，四年資助120名旅客回家，一再叮囑務必返款以周轉使用，資助其他困難旅客，僅兩人按期歸還。[5]

——2006年，94歲重慶老人李學林夫婦，30年收養棄嬰49人（得部分民政資助），大部分孩子兩三歲時被不能生育的夫婦領走，殘疾兒童四五歲進福利院，至今僅一位成年後從天津寄來200元，餘皆無訊，沒一位回來看望老人，兩老晚年境況孤苦。[6]

——2004年9月18日，甘肅酒泉九名小學生郊遊，女生楊盼盼滑入湖中，王婷伸手營救也掉入水中，楊盼盼被同學拉起，王婷卻漸漸遠去。男生戴志昊下湖救人，王婷得救，戴志昊溺斃。追悼會上，王婷、楊盼盼兩家未參加。此後年餘，王家從未慰謝。2006年初，戴父狀告王婷，索要「感激」與三萬元補償。王家認為女兒為救楊盼盼落水，楊家才是受益人，應兩家共同補償。法院多次調解未成，2006年8月4日判決：楊家補償2萬、王家補償1.5萬。戴父說「告狀」意在喚醒兩家道德良知。[7]

——青年歌手叢飛（1969～2006），11年間捐助183位貧童300餘萬元，未得感謝。一位已是大學教師的受助者，非常不滿叢飛接受採訪時提到其名，他不願學生知道他曾經受助。另一名受助女生，不滿叢飛為她覓職音樂教師而「失聯」，她回答採訪記者：「任何人做事都是有所圖的，叢飛圖什麼，你應該能猜到。」叢飛住院後，許多受助學生家長因未及時收到學費打電話催款。其中一位：「你不是說好要將我的孩子供到大學畢業嗎？他正在讀初中，你就不肯出錢了？

[4] 莊坤、馮忠海：〈民警浴血擒色狼生命垂危・被救女子默然離開〉，網易「斑馬新聞」，2006-12-1。
[5] 王駿勇、朱旭東：〈鹽城「助行基金」：120人受助僅2人還〉，載《新華每日電訊》（北京）2006-8-19。
[6] 李國等：〈期待你一個感恩的擁抱〉，載《工人日報》（北京）2006-7-22。
[7] 〈烈士父親向獲救者索賠內幕〉，載《北京青年報》2006-10-24，版B3。

這不是坑人嗎？」叢妻急忙解釋：「叢飛病了，已經幾個月不能演出了，暫時沒錢給孩子們交學費，等他身體好了一定想辦法寄錢過去。」對方半信半疑：「那你問問他什麼時候治好病出來掙錢啊？」叢飛住院期間，僅幾位受助人前來探望。[8]

——2006年12月，央視播出「孫儷停捐事件」。渝視記者披露：51名受助山區貧孩，八九年後與捐助者保持聯繫者寥寥無幾，包括記者與受捐貧孩也鬧得不歡而散，原因多為受捐生未將捐款盡用於學業。

原因探析

西南財大小唐的輔導員認為社會捐助太多，小唐習以為常，感恩教育又沒跟上，小唐只有索取之念，沒有回報意識。

教育專家認為不能單一責怪孩子的「冷漠無情」，原因來自社會、家庭、學校三方面。現今90%的孩子不知感恩，認為毋須感恩，父母師長沒教會他們感恩。上海張瑞林先生，稀有血型RH陰性AB，二十多年無償獻血救活五位幼嬰，總獻血2100CC，迄今只有一位孩子（24歲）尋訪恩人登門致謝。[9]

貧窮似乎等於理應得助，受之無愧，理所當然，毋須感恩，更無傳遞愛心之理念。如此這般，極大傷害慈捐持續度，大大消解慈捐後勁。我國因受災、殘疾、貧困，每年超過1億人需要救助。國家又從僵化的計畫經濟走來，普遍貧窮，自顧不暇，長期無力辦慈。改革開放後稍有積蓄，慈業初興，社會捐贈總量仍微。2004年上海人均慈捐11.5元，刨去企業所捐，滬民人均慈捐僅1.7元，全國每年人均慈捐不足1元。[10]施恩者寡，也就不可能普遍意識到需要感恩。

8　鄭爽、習風：〈我心甘情願這麼傻下去——「愛心大使」叢飛笑答記者〉，載《晶報》（深圳）2005-5-28。
9　《新聞晚報》（上海）2006-6-12。央視12套2007-7-6「道德觀察」。
10　〈慈善捐款人均不足1元〉，載《羊城晚報》（廣州）2006-12-1。

辭職尋恩的青年幼兒教師王瑞芙：

如今，越來越多的人習慣了接受，卻忘記了回報，使得很多原本願意站出來奉獻愛心的人猶豫或者退縮。這是一種值得所有受捐助的人反思的尷尬現象。[11]

中外對比

北京街頭，一記者攔住行人求助：「對不起，我等人沒等到，能不能借你手機打個電話？」連問幾十人，無一願借。曼谷機場，同樣理由，第一位便毫不猶豫遞出手機。在中國，砍價照規矩攔腰對半斬，「最新理論」從腳脖子砍起。若在泰國也這麼砍價，商家會認為懷疑其誠信，說不定挨暴打。[12]誠信度低，就得加強各種防範，大大降低各項社會活動運轉速率。幾個小毛賊便使全國城鎮安裝窗柵，成本甚巨，且礙火災逃生。社會心態高度防範，易暴易躁。發生衝突後，自主調解率很低，矛盾極易激化。

國人防範之心遠遠高於施愛熱度，何談「人人都奉獻一點愛」？獻給誰？怎麼獻？為什麼要獻？會不會好心沒好報？……問題一大籮筐。2006年10月，北京公交擬於次年開展「明星乘客」評選活動，主動讓座老幼病殘孕的乘客，給予一定獎勵，立遭質疑：「有獎讓座能喚醒沉睡的道德嗎？」[13]

近年，上海200餘中小學生上街「採集微笑」——通過自己的微笑採集回笑。二十多個活動小組，計畫至少採集百個微笑，結果很多小組未達標，因為「不和陌生人說話」成為許多人的社交準則，缺乏

---

[11] 大友：〈不容褻瀆的還款承諾〉，載《檢察風雲》（上海）2006年第17期，頁61。

[12] 任建民：〈相互信任，咱不如泰國人〉，載《環球時報》（北京）2006-6-2。

[13] 石敬濤：〈有獎讓座能喚醒沉睡的道德嗎？〉，載《華商報》（西安）2006-10-24。

微笑成為上海的「城市表情」。[14]2005～2006年，筆者兩訪香港中大
（共50天），習慣性繃著臉行走校園，一路領受微笑與「Hi」，等明
白應該回笑，第二次訪港已臨結束。

　　我國並不缺乏感恩的歷史資源。滴水湧泉、烏鴉反哺、羊羔跪
乳……只是中式感恩屬受恩反哺，對象多為親友師長，「私德豐厚，
公德不足」。西式感恩則對象普泛，感恩節就是以感謝上帝的名義宣
倡各種感恩，遞送「無緣無故的愛」。

　　德國圖賓根大學醫學院解剖學考試結束次日，必上教堂舉行集
體追悼儀式，除解剖系全體師生員工，還有遺體捐獻者親友，鄭重感
謝捐獻遺體的死者。不少人當場與大學簽下捐獻遺體協議。中國留學
生：「在德國，我們學會了感謝死者。」[15]社會發展需要成員之間良
性互動，感恩推動施恩，施恩產生感恩。就當前我國文化建設角度，
感恩乃是較有操作性的一處切入口。

　　知恥近於勇，承認普遍缺失感恩，沒讓孩子學會感恩，是有點
痛，但卻是必須接受的痛。「美國人愛宣揚自己的缺點」，乃美國之
所以強大的人文基石。數點不足，不斷提醒自己，琢磨如何修正彌
補，確為社會進步必不可少的人文附件。最近，加拿大政府為百年前
的「人頭稅」向華人鄭重致歉，對歷史錯誤負責，撥鉅款補償傷害者
與糾錯宣傳。一位留法生撰文〈法國人愛認錯〉：

　　在法國很少聽到諸如學生因考試遲到而抱怨天氣或堵車，也沒有
見過誰不小心踩上狗屎而責怪鄰居為什麼在這兒遛狗。法國人認為碰
上了不愉快的事，強調客觀於事無補，捫心自問有沒有錯則可避免下
次再犯同樣錯誤。旅法幾年，很少見法國人在公共場合吵架。看來這
個民族長期奉行自我檢錯習慣，真不啻為潤滑劑，最大限度減少了人

---

[14] 張建松、葉鋒：〈想想我們已多久沒對陌生人微笑過〉，載《新華每日
　　電訊》（北京）2006-7-5。
[15] 高珊：〈在德國我們學會了感謝死者〉，載《青年參考》（北京）2006-8-
　　18。

際交往中的摩擦。[16]

2006年6～7月，略增補

原載：《檢察風雲》（上海）2006年第18期

---

[16] 熊春捷：〈法國人愛認錯〉，載《中國商報》（北京）2001-9-23。

大陸青年歪歪聲

　　中共至今運行歪斜的紅色意識形態，話筒獨持，一家獨鳴，封禁一切異聲。存在決定意識，歪理出歪聲，歪聲出歪思，歪思出歪青。信息決定判斷，邏輯決定旨歸。大陸青年雖有大批覺悟者，也有相當一部分深度蒙蔽者。尤其中青年黨員與偏激憤青，只聽「黨說」不聞「他說」，思想左歪，邏輯斜擰，偏讀國史，滿腦赤貨，史盲一個，卻以為長纓在手真理在胸，動輒自炫「我有信仰」，聽不得一點不同聲音，一聽就跳。撮掃大陸青年歪歪聲，讓港台及海外士民「見識見識」，具體感知紅色中國底調，亦同時存入「公共記憶」，讓後人對當今大陸多點感性認識。

中國政制優於美國

　　2011年底，筆者一位碩士生因不認同我的歷史觀，要求改從別師。此前，他極其虔誠投奔裴門，第一次見面90度鞠躬，還未入學，就與我「伊妹兒」長篇大論起來。此生自居愛國青年，執持《環球時報》仇美言論，駁斥我崇洋媚外「反動言論」，指責美國屠殺越南、伊拉克、阿富汗民眾，霸權單邊主義，扯著「反恐」大旗干涉別國內政、阻止中國入聯入世、阻止中國統一、分裂新疆西藏、轟炸駐南聯盟使館……這次，他寫來一封很長的「辭師信」，撮濃簡述：

一、台灣三民主義選舉，可惜社會分裂，經濟停滯，政令不行，彼此仇恨。陳水扁號稱台灣之子，結果貪污腐敗，弊案橫行。如果民主真像您所說那樣好，為什麼國民黨會被國民遺棄？為什麼1942年河南會餓死幾百萬人!?

二、美國只為自己利益著想，攻虛伐弱，掠世界財富歸自我，出事後

卻把全世界經濟都拉下水。這樣自私卑鄙的政府，殘暴無良的主義您卻一再堅持，我很擔憂很驚懼！美國就一定都是對嗎？如果是這樣，全世界就不會有如此多的人天天反美遊行了。

三、我們黨的確犯過一些錯誤，但我們已在前進中逐漸改變。美國發展到世界第一強國用了160年，我們改革開放只用了30年，再有10年，我們將超越美國。而您在我們走在正確道路之時一直看輕中國、批評政府，我確實無法接受。

四、我黨奉天承運，我很欣賞我們的九常委制，關起門談分歧，出門政令統一，總比日本八年七相好吧？總比台灣議會打架強吧？比美國恃強凌弱，轉嫁危機，還負債十五萬億美元強吧？

五、香港有一些人仍然認為國家這不好那不行。我知道政府曾經有錯，但人非聖賢孰能無過？更何況一個管理14億人口和960萬平方公里領土的政府了。社會主義本來就是摸著石頭過河。

這位27歲碩士生還未入黨，卻比本人任何一位黨員學生都赤斜。他的「中共奉天承運」、「『九常委』強過日美、台灣」、「十年後中國將超過美國」，中宣部都說不出口的「偉光正」。雖然此號赤青人數極少，卻有力證明大陸紅色意識形態的「成功」。

深感痛心的是：強大的「無產階級專政」尚容忍本人在海外發出「不同聲音」，學生卻不能容忍導師的「不同意見」。每次上課，不是我這位教授引導他點撥他，而是他不斷開導我糾正我，最後下了通牒令：「裴老師，能不能不談政治，只說文學？」我不可能與碩士生討論政治，他們對當代史幾無所知，只是文史難分家，有時必須涉及社會背景，不可能不沾歷史、黨派。何況，院總支書記再三敲打：「裴老師，請不要向學生說那些……」

僅僅觀點不一，他就一聽就跳，容異度如此之低，以至於「叛出師門」。這樣的「愛國青年」，能將中國引向民主自由麼？至此，這位「赤色憤青」還似乎很有些為國為民的熱情，但當您知道他的另一面，才真正領教中共教育的「成功」。

發給本人長信次日，該生在另一位教師的課上再發高論：

既然權錢交易這一現實無法改變，清高地批評它有什麼用？為什麼不摻乎進去「適應」它？

該生一再表示志在仕途，嚮往烏紗。現在讀碩，然後攻博，為進入官場積攢資本。我隨口敷衍：「處級廳級還有可能，省部級瓶口很窄，恐怕很難擠進去。」他應聲擲答：「燕雀安知鴻鵠之志」。看來省部級都打不住，希特勒是他崇拜對象。但他如此雄偉剛烈，面斥導師「燕雀」，且不說傳統的謙退不伐、尊師敬長，僅憑如此言談風姿，即便才如江海、大謀奇思，可得官場青睞乎？尤其能適應雲譎波詭的中共官場麼？他不知道胡錦濤的「脫穎而出」，可是一路低調熬出來的。文革初期「大串連」長江輪上，清華輔導員胡錦濤給「腳碰腳」的萬潤南擦過席子哩。這位狂生斥師「燕雀」，差得太遠呵，說不定連個處長都混不上。

這位病生雖為大陸學子一斑，比例不大，但凸顯《環球時報》之功效，乃中宣部希望收穫的「社會意識」。概率上，大陸青年多半不關心政治，認為與己無關，不少學生暗嘲我「吃得空」、「瞎操心」。本人歷屆碩士生，半數以上不理解我為什麼在港刊發一篇篇「反」文，冒偌大風險，還丟失許多「看得見的利益」。

監考趣聞

期末監考，苦差事，但可觸摸一點學生動態。人文學院教師的監考課目均為「兩課」（馬克思主義理論課、思想政治教育課），花絮多多，可惜這麼多年未及時錄下一則則「素材」。

2013年1月3日下午，一女生竟不知《近現代史綱要》（「兩課」之一）開卷考，既沒帶教材也沒帶筆記。兩小時考程，一男生70分鐘交卷，女生才提出可否借用其教材、筆記。我一面輕斥「怎麼現在才提出」？一面立即協助求借，男生爽快遞過資料。我請男生留下聯絡

方式以便歸還（考生座位打亂班級，互不相識），不料男生一揮手：「不用還了，反正考完了！」這就是政治課的「待遇」、最鮮活的「反應」。任何一門政治課動一下（包括更換名稱），得通過政治局。上面那麼重視，下面實際卻……

每學期末政治課監考，都會強烈感受這樣的對付。幾次開考前，大膽一點的男生還會進言：「老師，鬆一點啊，政治課呵！」考試結束，有學生會將教材、筆記「故意」遺忘考場，以示「鄭重告別」，本人幾次遭遇這種「不要了」。還有學生在教材上作出「不同意見」的精彩批註，可惜未抄錄下來。

求偶三條件

一位23歲女碩士生，閨蜜帶去相親，對方乃同齡本科畢業生。甫坐定，男生便朗聲開出三條件：一、賢妻良母型，願為家庭支付時間；二、家裡得有一定實力，能助他創業；三、得懂他。女碩很鬱悶，向我吐槽：「現在男生怎麼這麼世俗？你們那時也這樣麼？」我聳聳肩，耐心開導她：

這位男生太世俗太功利，確實不爽，不過這還是改革開放後才有的當代產品。本人青年時代，清高是清高，但不值得羨慕。這位一上來就開出三條件，當然不可愛，但你千萬不要認為我們那會兒的愛情多麼純潔無瑕，只不過將自私裹上一層紅色包裝，還不如現在公開透明，至少實打實，不玩虛的。

我給她講了一則文革相親故事。男女青工經人牽線初次見面，男方送給女方見面禮：一套紅色《毛選》。第一句話：「希望我們在毛主席革命路線下抓革命促生產，建立一個革命化的家庭！」姑娘感覺不對勁，但又不知哪兒不對勁，終嫌小伙子太硌人，沒「繼續」。女碩笑翻，我問她：「你要哪個時代的男生？」她的笑還沒停下來：「那……還是……現在……好一點。」

黨員夫婦

　　2012年春夏，筆者學開車近半年，每次與三兩青年「同學」同乘教練車。一次，「同學」為三旬農村淳樸女性，見我對中共不甚尊敬，質問：「沒有共產黨就沒有新中國，沒有共產黨，怎麼有你我？」開著車的五旬教練一向好脾氣，聽不下去：

　　沒有共產黨，怎麼會沒有你沒有他？難道沒有共產黨，中國人就不會生孩子？你媽就不生你了？

　　民間思想，藏汙納垢，水準之低，邏輯之謬，較之百年前的阿Q小D，並無多大進步，確需「待從頭收拾舊山河」，從基礎啟蒙修正。另一次，與一對三旬大學生夫婦同車，差點嗆嗆起來。

　　2012年6月8日，回程堵車，見車外人流車流，隨口一句：「整出這麼多人，都怪毛澤東！」後座農村女青年很驚訝：「教授，原來你這麼看毛澤東，那你怎麼看共產黨呢？」我實話奉告：「1949年至文革結束，宏觀政策方面，共產黨沒幹一件好事。」那對青年夫婦應聲反駁。丈夫乃同濟工科生：「共產黨不好，難道國民黨好?!」我只得應戰：

　　國民黨也有國民黨的毛病，但比較起來，人家本來就搞資本主義，不像共產黨費這樣大的彎折，走不通共產主義再回過來走資本主義，一來一回，半個世紀搭進去，還生生製造出那麼多人間悲劇！

　　其妻正色：「我可是共產黨員，你怎麼這麼說黨？我是有信仰的，人不能沒有信仰吧？」她大概第一次近距離與聞「反動言論」。其夫搬出歷史：「國民黨好？那蔣經國怎麼簽字割出蒙古？」

　　一聽就知道他對蒙古獨立缺乏常識，還一臉激憤拉開架子要辯論，只得耐住性子：「蔣經國沒有簽字同意蒙古獨立，同意蒙古獨立的是中共，你聽我說……」此男粗聲打斷：「不要聽你說，蔣經國不是1943年在蘇聯簽的字麼？宋子文沒同意……」本人銀鬚飄胸，歲近六旬，竟無說話資格，得不到起碼的「尊老」，中華傳統之停廢，赤

潮對基礎道德之摧毀，報應了。培養出這樣的青年一代，與謙恭助人的港台青年相比，落差太大了。

得向這位青年從頭說起：

1943年蔣經國還是小蒂頭，不可能對割出外蒙這麼大的事有拍板權。國民黨與外蒙獨立發生關係，起於1924年，蘇聯作為資助孫中山條件之一提出來。1946年，為阻止蘇聯援助中共，國民黨政府一度有條件同意外蒙獨立，但很快與蘇聯吵翻，國民黨到現在都沒承認外蒙獨立。真正同意外蒙獨立的是共產黨，1949年一開國就與外蒙建交。我去年上台灣旅遊，台灣女導遊一上車就問我們大陸客：「外蒙獨立，誰同意的啊？」

青年有點瘠：「這麼說，共產黨栽贓國民黨？怎麼沒聽見國民黨闢謠？」資訊如此閉塞，論據如此偏誤，態度如此惡劣，只能囑他回家上網查閱相關史料。中共一向封閉「異質」信息，你沒聽到國民黨闢謠，等於人家沒闢謠嗎？

經歷不快，十分鬱悶，晚上打電話給教練，請他勿再安排與這對夫婦「同車」，亦由此深刻認識國家內傷創痛深巨。如此赤紅底色，中宣部自然很滿意，正是他們想要的「效果」，也是他們想竭力維持下去的「特殊國情」。

結語

大陸中青年一代，久居「鐵屋」，不知道何為民主，當慣奴隸，已失自由意識。大陸思想界更是混亂百謬，歪歪赤說仍在嚴重誤導一代代青年。如此現實，雖聖人出世，承敝而起，仲尼為相、孫子為將，沒有二三十年撥亂反正，很難廓清左雲赤霧。中國共運今雖「西風殘照」，尚未「漢家陵闕」，如何走出「歷史三峽」，士林莫不引頸，碧海青天夜夜心。好在網絡時代，中共雖投鉅款搞金盾工程（網

警35萬）[1]，想回到全封閉的毛時代，不行啦，大陸人民終究一點點在「知道」，左僵者畢竟在減少。

初稿：2012-6-8～10；增補：2013-1-4；定稿：2013-8-7
原載：《揭露》（香港）2013年9月號

---

[1]　廖天琪：〈在聯合國揭露中國人權惡化現狀〉，載《揭露》（香港）2013年11月號，頁109。

大陸本科生文化庫底

　　2000年，上海財經大學經多年論證，成立人文學院，意在拓寬全校學科基礎，變單一財經專業為兼及文史哲，以利學生的知識均衡。不久，校教務處要求人文學院開設「中國文化概論」，新課備課量大，無有教師承接。筆者時任人文學院副院長，主管全院教學，只得自己頂伏。數年下來，心得漸積。

　　作為全校公共選修課，又是口徑甚寬的中國文化，向為學生輕視，選課人數遠不及「外國文學」、「西方宗教」。學生認為生於斯長於斯，十分熟悉本國文化，何必再投時間？抓緊學點外國文化、看點外國風景，是謂明智。這種來自骨子裡的崇洋媚外，遺美玉於手側、拒美景於眼前，不知美玉在兜美女在側，只需轉一下身、摸一下袋，便可一親芳澤。青年學生不明白「先華後洋」的學習順序，不先學好中國文化，拿什麼去理解吸收外國文化？即便從批判角度，不明白本土文化的局限，依據什麼去感知外洋文明的優長？

　　五年開課，通過對數屆本科生的摸底，已十分清楚當今大學生「中國文化」庫存。上海財經大學，「211」全國重點高校，[1]錄取分數線幾同復旦、交大。蓋因紅色意識形態教育擠壓古代經典，加上高考「理所當然」剝奪中學生的自由閱讀，本科生對博大精深的中國文化不僅談不上瞭解，甚至談不上略識之無。就這麼個門檻外水準，還硬認為已熟悉中國文化！據我所知，就普遍水準，當代大學生的中國文化庫存大致如下：

　　歷史：絕大多數前四史未讀一本，四書五經未誦一篇，歷史文化名人只知其名不知其事；能瀏覽《上下五千年》（淺俗通史讀本）已

---

[1] 1995年教育部啟動「211工程」——面向21世紀重點建設100所高校，傾斜性撥付經費。

屬不錯。

文學：四大古典名著多聞其名，絕大多數只看電視劇未讀原著；能背誦的唐詩宋詞不超過50首；楚辭、漢賦……直至明清小說幾無可能涉及。

哲學：幾無任何涉獵，九流十派更是一無所知，至多僅知其名，不可能再知其詳。

除中學教材，當代大學生的文化基礎十分狹窄。但比這更可怕的是：他們並不認為自己狹窄，反認為十分寬厚！我的碩士生發出驚呼：「裴老師要我們讀古書的！」將讀古書視為超級不可思議，好像外星人要求。

中國文化博大精深，歷朝歷代中華祖先的經驗凝結，精品迭出，僅僅一篇《離騷》就令多少老外競折腰，諸子百家凝重深厚，不投入一定時間難以擁占，而不掌握本國文化，又憑什麼去解析人家西方文化？連個蹬踏的台階都沒有！可以說，當代大陸本科生絕大多數都是站在中國文化宏偉殿堂外的小學生，文史哲以外的理工生，更是隔著十萬大山，但他們硬認為已對中國文化十分瞭解！筆者為此深感震驚，更感悲涼！

青年學子總以為窗外風景更美麗，總以為西方的東西才值得投目一顧。雖然我也認為希臘文化、西方文明確實高勝，也認為「二十一世紀的中國仍是向西方學習的一個世紀」，但西方文化再好也是人家的，自己的中國文化總還得捧接繼承吧？然後再談得上吸收人家西方文化，這一學習次序錯了嗎？這樣基礎的文化學習次序，我們的中小學為什麼普遍缺失？很難想像，一個對中國文化僅知皮毛者能深刻理解西方文化？靠什麼去理解？沒有比較，能有鑒別嗎？

事實上，多少國人（尤其華僑）在享受祖先的文化遺產，僅僅一項食文化就嘉惠全球華人。實在不行了，開一家中餐館或擺個小食攤，便能自養養家。漢語雖沒有英語那麼強勢，中餐可是無聲的語言，全球都懂得的。沒有一定的歷史承傳，沒有相當積累，中餐能達

到今天的水準麼？

　　文化是國家與民族發展的地基，中國文化是我中華民族發展的人文基礎。當代大學生輕視或遠離中華文化，使我深懷杞憂。1997年，香港城市大學教務委員會以壓倒多數通過議案——全校科系均須修學「中國文化」，一學年6學分。該校教委會闡述課程意義：「種子已經播下，什麼時候發芽不能確定，應該是一定會發芽的。」這一認識相當深刻，意識到中國文化乃高等教育不可或缺之一環，而且還是最重要的基礎部位。

　　那麼，大陸呢？對中國文化不該做點什麼嗎？上海財經大學面向全校本科生開設「中國文化概論」，既出於對人文素養的認識，也是專業類院校教育理念的延伸深化。春風秋雨，潤物無聲，明天的收穫取決今天的播種，而播種什麼又取決於人們的認識。教育的價值在於傳授經驗，中國文化正是中華經驗積澱的根鬚。

2008年秋　上海

原載：《中國青年報》（北京）2011-5-30

向香港學子進言

　　2005年1月訪港，《成報》主編邀請撰稿人餐聚，得識兩位港青，城市大學、中文大學的碩士博士。一同輪渡回九龍，順路交談，得知他們對香港現狀不甚滿意，反倒認為內地某些做法不錯，甚至文革也有可取之處，如平均主義畢竟追求社會公平……他們問我：

　　裴先生，你如何看待當今香港的貧富差異？

社會公平

　　青年提問總是指向宏觀，栓繫終極，牽一髮而動全身，解答他們的提問往往須從頭說起，這也是中老年教師與青年學子不易溝通的根源所在。青年總希望一鋤刨出金娃，思維方式直取中軍直搗龍庭，希望得到終極解決方案，殊不知求解社會問題實不存在兩點之間那條直線。

　　青年一般不了解歷史與社會的複雜性，像共產主義這樣一了百了終極解決一切社會弊端的「人間天堂」，事實證明是一座無法搭建的烏托邦。兩位青年從未到過內地，對尚不瞭解的地方容易產生嚮往。他們認為平均主義可解決社會公平，似可解決當下香港社會問題。他們不知道紅色大陸的社會問題遠比香港麻煩得多，還有一億貧困人口（絕對貧困三千多萬）。兩位港青要解決香港的社會公平，內地大片地區亟需解決的則是更為急迫的溫飽。一個下位問題（溫飽）都未解決的社會，怎麼可能提供解決上位問題（公平）的範式？

葉公好龍

南京大學丁帆教授某次講學新加坡，一些五六十歲的提問者竟懷念文革。這些沒親身感受文革的海外華人，對文革的懷念幾近瘋狂。丁教授很感慨：

他們在盡享現代社會賦予的物質文明之時，竟渴望一場「革命」來滿足自己的精神需求。但是，倘若「革命」需要他們付出血的代價，他們還會高調嗎？一如魯迅先生所言，他們還不知道「革命是充滿了汙穢和血的」，一旦清楚了這點，他們大概就不再葉公好龍了吧？

葉公好龍，因為葉公尚未見到龍。冷卻這些「文革」嚮往者的激情，最佳辦法當然是讓他們瞭解文革。他們因不瞭解而嚮往，一定也會因瞭解而厭棄。香港學生因不瞭解平均主義而嚮往大陸，解決香港學子上述思想認識，最佳辦法是請他們上內地實地考察，估計會很快深刻感受香港與內地的差距，不再嚮往用內地辦法解決香港問題。要曉得，香港目前人均GDP 2.8萬美元，內地龍頭城市的上海尚不足0.6萬美元，這還是擺脫平均主義桎梏後才達到的水準。

瞭解現實

我一直在想，無論內地還是香港，高中、大學均應開設「公平」專題講座，得向青年學生解釋社會發展與公平之間的辯證關係。如香港最低綜援金2000港幣／月，上海低保不足300人民幣／月，內地、鄉村還要低。香港比內地富裕得多，解決社會公平的能力當然也高得多。1950～1980年代，內地的公有制實踐證明：平均主義使全社會失去激勵機制，公有制理論上的人人負責，導致事實上的人人懶怠，「一大二公」的人民公社直接導致餓死四千萬人的大饑荒。

人類社會相當複雜，社會管理必須靠經驗摸索漸進，不能僅憑美好願望單騎突進。不過，人類社會自古嚮往「大同」，代代似乎都

揣此終極理想。因此，從這一角度，既然這一理想垂今不廢、青年旗幟，就得正視青年學子的這一「嚮往」，得向他們排疑解惑，請他們實地考察，更實際更理性也更全面瞭解現實。

　　青年易偏，思維方式上的片面化正是極左思潮得以掀起的社會溫床，每一時代都會產生追求徹底變革的「切·格瓦拉」。

2005-4中旬　上海

原載：《成報》（香港）2005-5-10

紅色文化怪胎
——副教授摑老翁

2012年9月18日北京「抗日」遊行，打出橫幅之一「毛主席我們想念您」，一位知識老翁路邊擲評：

想個屁！將這種維護國家尊嚴和民族大義的願望寄託在毛澤東身上是錯誤的，也是不可能實現的。

話音剛落，北京航空航天大學副教授韓德強（1967～ ），上去就摑了老翁兩耳光，滿腔「無產階級義憤」，指責老翁侮辱毛主席就是「漢奸」。有人拍下照片，迅速掛發網上。次晨，韓德強網上回覆，發表三點聲明，要點如下：

遇到造謠誹謗開國領袖，給日本當漢奸的人，我忍無可忍，不能再忍!寧可為此被拘留，也不能讓這等漢奸放肆、猖獗!

在群情激憤聲討小日本、想念毛主席的遊行隊伍中，不容許出現這種明目張膽的漢奸言論。今後如果在遊行隊伍中遇到這樣的漢奸，該出手時我還會出手!犯了法的，我認罪伏法，但絕不認錯。

不久，韓德強接受媒體採訪，再發怪論：

怎麼火燒趙家樓叫愛國行為，砸了幾輛日系車就叫暴徒呢？

大象走路，牠能顧得了螞蟻螳螂？一個國家一個社會的行為，它就是這樣的呀，它不可能是一點損失都沒有的呀?!

韓副教授的言行濺起一片譁然。《中國青年報》載文〈視公民如螻蟻者如何能真正愛國〉？嚴正駁斥韓氏。[1]韓論之偏，不值一駁。不將今天維護民族大義寄託毛澤東，怎麼就成了漢奸？什麼邏輯？韓

---

[1] 楊耕身：〈視公民如螻蟻者如何能真正愛國〉，載《中國青年報》（北京）2012-10-17，版2。

副教授怎會如此倒謬為正，晃著大蔥當象牙，還這麼自信？他是如何形成「摑掌有理論」？何以如此「認罪不認錯」？我們的文化怎會蘊育出這麼一具「怪胎」？

事實判斷

一、知識老翁不同意將毛澤東扯上「抗日」遊行，怎麼就等於「漢奸」？觀點不同怎麼扯得上出賣國家利益？論據與論點明顯缺乏對接，高知韓副教授怎麼這點事理都掰扯不清？

二、對異見者出手就打，還是一位白髮老者，涉及基本道德與法律底線，韓副教授怎麼一點不覺理虧？還叫囂「繼續出手」？

三、五四「火燒趙家樓」，當時就遭梁漱溟等知識分子指責。正義訴求也必須途徑正當、手段合法，「正義」並不能成為醜陋暴力的遮羞布。真正可怕的是韓德強使用的偏謬邏輯：

一、他之所以認定老翁「漢奸」，即惹他真正惱火的是「反毛」，不能容忍不敬「開國領袖」，一股霸道餿味。政治人物本就是「為人民服務」的公務員，所辦公務涉及公眾利益，公民當然有權對涉及自身利益的事務發表見解。老翁不贊同毛時代，認為不要將維護民族大義寄託毛澤東，最起碼的言行自由，韓副教授可以不同意，但不能扯上「漢奸」，更不能出手打人。最基本的是非，韓先生卻認為不僅這次打了，下次碰上還要打？？

二、韓將「火燒趙家樓」鉤掛這次砸日系車，說明大陸輿論未將「火燒趙家樓」（曹汝霖私宅）的暴力與五四愛國遊行區別開，籠統混包，使韓認為「火燒趙家樓」也是愛國行為一部分。韓使用邏輯──「趙家樓燒得，日系車為什麼砸不得」？可見，釐清現代史十分迫切，正確評史乃是理性對待當下的前提。正因為中共從頭到尾一直在「做歷史」，大陸一直未能釐清二十世紀國史，才留下一系列錯歧的邏輯起點。

三、日系車乃個人私產，仇日怎能洩憤於私車？還認為砸車有理，似乎毋須賠償，極端的暴力有理論。此論如成立，國人還敢買什麼車？德、日、美三大系列進口車，今天仇日，誰能保證今後不仇美仇德？

四、韓說「大象走路，牠能顧得了螞蟻螳螂？」視公民如螞蟻螳螂，毫無人權意識，極端藐視個人權益。殊不知，保護公民人身財產安全與各種合法權利，乃國家第一要責，怎能以「國家」名義毆打公民、踐踏人身安全？

五、最最可悲是韓將打人、砸車這些違法暴力，統統歸入「愛國行為」，用「愛國」為暴力遮醜。如此歪謬邏輯，還氣壯山河，似乎長纓在手，還是高校副教授?!當你以暴力對待他人，他人也就有了暴力還擊的合法性。當拳頭石塊落在你身上，你還會認為「應該」麼？就像二戰後期當炸彈落到德日國土，德日國民才切身感受「戰爭傷害」，才意識到戰爭給別國造成的災難。

不難看到：韓德強身後站著一批「同志」，這幾年歷次「抗日」都有這麼一批憤青。論據論點完全脫節的歪歪理斜斜論，倚為反日暴力的邏輯依據。韓副教授私拉亂接「愛國」，整出如此「活寶」言論。這批所謂「愛國者」，不把別人的生命與尊嚴當回事，似乎「愛國」便可無視一切人權。韓論「出處」實為革命暴力論，對革命暴力的長期謳歌，乃是孵生韓論的社會土壤。

文化怪胎當然不止一個韓德強。昨天，筆者一位男碩士生十分嚴肅地在課上說：「我的崇拜偶像是希特勒。無論如何，希特勒的戰略膽略是成功的，值得尊敬。」沒想到身邊竟有一位「希特勒崇拜者」。我擺手制止，他卻一本正經論證：「希特勒的軍事戰略……」他那兒輕言出口，我這兒渾身抽緊！他這一聲「崇拜希特勒」，使我想起三十年前一位知青女大學生很認真地對我說：「能夠嫁給希特勒，當然好啦！」1998年，復旦一女博士生課堂上表示崇拜希特勒，驚得女外教幾秒鐘閉不上嘴。

　　崇拜希魔之所以有承傳，當然在於大陸這幾十年意識形態的整體偏謬——未澈底批判暴力論、未將人性人權等普世價值理念輸入國人頭腦，幾代人才會不斷產生希魔崇拜者。大陸之所以未進行這項文化基本建設，原因也很簡單，中共不僅通過暴力奪權而且仍在使用暴力「維穩」，批駁暴力，豈非自抽赤論基礎「造反有理」為「無理」？自否政權來源的「歷史合法性」？

　　從另一意義上，應「感謝」韓德強先生：提供赤潮禍華一例活標本，清晰折射中共文化暴力底色，告急性凸顯大陸最緊急的人文搶修工程：夯築人性人權普世價值基石，至少明確「動口不動手」，必須澈底否定「打人有理」。當然，我們得紅著臉承認：大陸的人文層次實在太低，還在「初級階段」。

2012-10-31　上海

原載：《爭鳴》（香港）2013年1月號

拍案驚奇鐵屋人

　　本人五十又六，自幼愛史，長成後亦偏嗜文史。近年，每讀港版書刊，總會發出「原來如此」的聲聲驚嘆，接著便是陣陣「鐵屋人」的羞赧。

　　最近讀到曉沖（鄭義）主編《毛澤東欽點的108名「戰犯」的歸宿》（香港夏爾菲出版公司2003年），撮掃出對大陸國人仍有爆炸性的「新聞」——

胡適、林語堂是戰犯！

　　真不知毛共怎麼想的，胡適僅在抗戰中出任駐美大使，為國家爭取美援，抗戰後轉任北大校長，跟軍政不挨邊。林語堂更是標準學者，一生未任公職，居然也「榮登」戰犯榜！就算他們堅決反共，距離戰犯總還遠吧，難道他們也屬於參與國府樞要，挑起內戰？將胡適、林語堂劃入戰犯，再次領教毛共邏輯：只要反對我，就是死敵！

　　文革後，胡適在大陸第一批「解禁」，可以說一點評一點了，但以不涉反共為限，不少涉共言論仍被遮罩。如1953年1月16日胡適對大陸文教界廣播〈答曾虛白〉：

　　我對淪陷鐵幕的無數知識分子，始終抱著無限的同情。我知道這無數人中大多數是愛國的、愛自由的，是反對共產黨的，是反對共產主義的。國家不幸不能保護他們，使他們暫時淪陷在鐵幕裡，使他們暫時失去自由，使他們在大陸上受肉體上、精神上種種痛苦……他們所受的痛苦，就等於他們替我們國家受痛苦、替我們整個民族受痛苦。

　　1954年中共發起批判胡適思想運動，胡適回答：

　　在共產黨控制之下，大陸上不獨沒有說話的自由，更重要的，人

人都沒有不說話的自由。對於寫文章罵我、清算我思想的文化人，我一百分同情這些可憐的朋友，一點也不怪他們，還要感謝他們在鐵幕內替我宣傳。究竟共產黨為什麼要清算胡適，那是因為我的思想還有反對共產黨威脅的力量。（頁273～274）

今讀「胡言」仍覺新鮮，暗呼「總算弄明白胡適何以『反動』！」中共一向只列論點不舉論據，批判某人某論挑揀式按需引用，強納國民思維於赤左軌道。筆者幾十年只知胡適「反動」，一直不知何以反動。這下算是明白了，中共為什麼幾十年藏著掖著「論據」──不讓國人得知胡適的原聲原語。胡適原語含有「對共產黨威脅的力量」。

我還明白了：1957年毛共為什麼狠揍知識分子。這不，「胡適之流」將希望寄託在知識分子身上！

大概稍後毛共也覺得將胡適、林語堂列入戰犯實在太那個，這才不再提起。老毛從不下「罪己詔」，對自己的錯誤，哪怕已知大謬（如打倒彭德懷、文革），統統不提了──「淡化」。應了他那句語錄：驕傲使人落後。

黃維死於台灣謁陵

少年時代從各路紅色憶文中「認識」黃維──國軍12兵團中將司令。雙堆集戰役、四個師齊頭並進突圍、乘坦克逃跑、被俘後的頑固……最後一批「特赦」。都說黃維最頑固最反動，但未提供如何頑固如何反動的細節。至於黃維怎麼死的，久付闕如，這次才從書中讀知。

黃維（1904～1989），北京功德林獄中堅決不認罪──「如果有，唯一的罪惡就是打了敗仗。」獄方針對性要求討論「應堅持什麼樣的民族氣節」，黃維第一個發言：「我要堅持文天祥的民族氣節，絕不向敵人投降！」為此，黃維連遭三天批鬥。

黃維還說：

共產黨的中國人民銀行也就是毛澤東一家的。

不要糟蹋蔣介石，他也建設過鐵路、工廠、礦山。

陳誠是真君子，不貪污、不腐化，是本國之賢，敵國之仇。（頁394～395）

黃維還有更「惡劣」的行為——撕掉《鋼鐵是怎樣煉成的》當手紙。因不願批判蔣介石，黃維與學習組長董益山發生扭打，面斥這位打小報告者：

無恥！糟蹋人，沒有氣節，投降無恥！狗眼睛！

董益山（1904～1989），黃埔六期生，1927年參加中共，上過井岡山，1931年被捕，1933年出獄，經余灑度（紅軍叛將）介紹，加入復興社，1948年7月襄樊戰役被俘少將。因是中共叛徒，熟悉「革命理論」，獄中得任「組長」。他要黃維寫悔過書，黃維賦詩：「龍困淺灘遭蝦戲，虎落平陽被犬欺。」1959年中共國慶十周年首批特赦，周恩來因黃維名氣大而圈名，已通知其長女（清華教師）上監獄接父，戰犯管理所堅持黃維沒改造好，最後未予特赦。

國府「戰犯」獄中學習、談心、改造思想，出獄後各地參觀、對比今昔，中共十分得意的「攻心教育」，收穫連篇累牘的諛文。然1990年，公安部長期從事「改造戰犯」的任海生（預審局辦公室主任）承認：

近幾年與他們健在的幾位扯談時，他們對過去學習、勞動、治病、通信、參觀等等……與過去說的完全相反。（頁394）

人在矮檐下，不能不低頭，真話只能留待「自由後」，中共這點常識都沒有，竟會一直對「改造戰犯」甚抱自信。

黃維蹲監27年，1975年最後一批「特赦」，全國政協常委、副部級待遇。1989年4月19日，應邀訪台（台灣首次批准獲釋將領訪台），晉謁蔣公陵寢與陳誠（黃維老首長）墓園，黃維激動不能自已，心臟病突發而終，真正黨國忠臣，得到台灣喝彩：「委實無負於他的校長與黨國」，自然不得中共領首，低調處理其死，隱匿死因也

在「情理之中」。

文革中嚇死的「戰犯」

康澤、陳長捷、黃紹竑，名氣很響，大陸「四〇後」、「五〇後」無人不曉。康澤守襄樊被俘、陳長捷守天津敗績、黃紹竑躋身桂系三巨頭，監察院副院長、和談代表。他們的「下場」呢，不見大陸報刊。原來他們均死於文革。

黃紹竑（1895～1966.8.31），1949年4月和談破裂先赴香港，後降共「投向人民懷抱」，民革中常委、政務院委員、人大常委，1957年劃右，褫奪「為人民服務」資格，文革初期被紅衛兵揪鬥致死，對外宣稱「自殺」。（頁504）

抗日名將陳長捷（1898～1968），被鬥後先殺妻後自刎，手持菜刀倚在牆角不倒，怒目圓睜。次日，紅衛兵再上門，敲門無應，破門而入，見陳長捷怒屍及倒伏血泊的陳妻，幾個膽小鬼驚叫昏厥，嚇出精神病。（頁321）

康澤（1904～1967），上了《毛選》的大特務，1963年特赦；1967年11月6日押入秦城，此前遭紅衛兵殘酷「棍」鬥，倒下拉起再鬥，喊殺聲震耳欲聾。康澤惶惶不可終日，蹲屋熬日，12月23日死於秦城。（頁372）

連湖南「起義」大功臣程潛（1882～1968），毛澤東老鄉長、人大副委員長，也被抄家批鬥，恐懼中死去。（頁389）

都是戰犯，哀榮不一。文革後，北京為王耀武、范漢傑、廖耀湘開了追悼會，康澤、陳長捷則未享「追悼」。

還有一些並非戰犯的「起義」將領，按說應享「回到人民懷抱」的待遇，卻仍被目為「階級異己」。抗戰名將蔣光鼐（1887～1967），1933年11月反蔣「閩變」，1946年為反蔣團體「民促」提供經費，1948年參加「民革」、策反粵系國軍、營救中共地下黨；1949

年8月出席中共政協，紡織部長，文革初期患癌剛動手術，亦遭紅衛兵抄家，高聲唾罵「反動官僚」、「反動軍閥」，他忍氣不發，電囑好友蔡廷鍇：紅衛兵抄家千萬別發火。（頁430）

一向親共的余心清（1898～1966），美國哥倫比亞大學畢業，1944年參加「民盟」，1947年9月策動戰區司令孫連仲反水，遭國府逮捕，獲釋後向中共密獻天津城防地圖；1949年後，中共政府辦公廳副主任、政務院機關事務管理局長、人大常委副祕書長、北京市政協副主席。文革初期抄家，百般凌辱，逼他毀掉收藏的古董字畫，自殺前留書周恩來：「士可殺不可辱」。死後，火葬場拒屍，大熱天無法停屍，家屬再三哀求才得火化，但不賣骨灰盒。三年後，余妻（退休教授）亦迫害致死。（頁433）

劉善本（1915～1968），1946年6月26日駕B24轟炸機投共，名噪延安；1949年加入共黨，空軍學院副教育長（少將）、國防委員會委員。文革中，劉善本被指「假投降」，空軍學院晝夜輪鬥，1968年3月10日死於亂棍。（頁441）

鮮為人知的舊事

骨頭硬的國民黨俘將還有79軍中將軍長方靖（1900～1990），拒絕給舊日袍澤寫招降信，將《人民公敵蔣介石》扔在地下：「這種謾罵性質的書，我絕不看。」1966年4月第六批特赦才釋放。（頁389）

「戰犯」們在獄中集體哼唱黃埔校歌。1947年泰蒙戰役被俘的整編72師中將師長楊文瑔（1905～1973），黃埔二期生，曾任蔣介石侍從參謀，1973年病逝戰犯管理所，彌留時神志不清，但高呼：「蔣委員長萬歲！」

張學良特務總管陳旭東一連兩周打跪在地，逼出的口供：

聽到罵國民黨是如何罪惡滔天，我就不服。若沒有國民黨，中國不會有今天。國民黨對國家和人民之功是不朽的，不容歪曲。自己年

老，反正活不了幾天，與其受辱而生，不如殉節以死！

從紀錄片中看到蔣介石扶宋美齡下飛機檢閱軍隊，不少俘將熱淚盈眶。散場時情不自禁低語：「好容易見到一次，心裡真是熱辣辣的。」（頁393）

杜聿明和許多高級將領有一個共同特點，就是對蔣介石本人的崇拜忠貞。不僅黃埔學生是這樣，不是黃埔的嫡系、非嫡系也是這樣。（頁395）

戰犯們被要求向素不相識的「苦主」（按：毛像）下跪請罪。（頁394）

北伐名將黃琪翔（1898～1970），並非「戰犯」，抗戰前三次反蔣，抗戰後拒任國防部長，1949年在香港發表聲明脫離國府，成功策反吳奇偉、蕭文「粵東起義」，還寫策反信給袍澤張發奎、余漢謀、薛岳、李漢魂等。1957年，他懷疑「社會主義愈前進，階級鬥爭愈激烈」，劃右。他的「右論」很有骨頭：

共產黨內缺少民主、缺少自由，組織性、紀律性太強。因此我不讓兒子參加共產黨。共產黨員發展到1200萬，太多了。

國務院副總理盡是共產黨員，沒有一位黨外人士，共產黨包辦一切，不民主。我們這些人只能擺擺樣子。

1954年，他在農工黨中央會議說：農工黨員應接受本黨領導，不要接受共產黨領導。文革中，黃琪翔既被抄家也遭毒打，關在小屋寫口供。（頁472～475）

著名「民主人士」劉斐（1889～1983），躲得過反右躲不過文革，飽受皮肉之苦，妻子被剪陰陽頭，夫妻一起挨打罰跪，存摺現金被搶走，掃街於北太平莊國務院宿舍。（頁522）

60年後才得知的新聞

徐蚌會戰碾莊戰役反水將領張克俠（1900～1984）、何基灃

（1898～1980），竟是中共祕密黨員。張克俠1929年入黨，直屬
「中央」特別黨員，後任林業部副部長。（頁455）何基灃1939年入
黨，也是特別黨員，農業部副部長。周恩來要求他們將黨員身分守祕
終身。

　　文革中，張克俠兩遭抄家，紅衛兵逼他承認「假起義」、「假
黨員」、反革命投機分子，押入牛棚。七子女四「現反」、二「特
嫌」。1970年，張克俠押廣西農場勞動，以至癱瘓。死前實在嚥不下
這口氣，在子女強烈要求下，打破周恩來「嚴守祕密」的禁令，寫出
回憶錄，載明自己1929年入黨。（頁417、456）

　　筆者少年時代從「革命回憶錄」中得知閻錫山雇傭日俘打內戰，
日本軍士好狠鬥勇，武士道精神，戰力甚強。不料1947年四平戰役，
「共軍驅使日俘三萬人參戰」。（頁497）中共也雇用日俘?!這則資
訊至今仍被中共捂蓋。

　　1956年5月13日，「起義將領」董其武（1899～1989），拿了一
大疊信進中南海見毛澤東：

　　過去說過對起義人員既往不咎，現在幾乎都咎了。有抓的、有押
的、有管制的、有勞改的。我接到許多起義人員的信都轉到國務院，
問題得不到解決！

　　二三十年間，這位中共上將、全國政協副主席收到舊屬幾千封訴
冤信，「起義」時萬萬未料到。（頁527）

　　盧漢（1896～1974），雲南投共前，要求中共釋放其叔盧濬泉
（1948年10月錦州被俘、滇軍軍長），得允。盧漢「投誠」後，其叔
仍關押11年。（頁543）

　　1950年代，高叫人人平等的中共，北師大附中只收高幹子弟。
「起義」有功的龍雲提出批評：「為什麼社會主義國家也要設貴族學
校呢？」[1]龍雲的右派言論很精彩：

---

[1]　朱正：《反右派鬥爭始末》，明報出版社（香港）2004年版，上冊，頁148。

　　土改鬥爭太凶了，很多人跑去當土匪，弄得家破人亡，現在大家都被整窮了；農業合作化搞得太凶，到處餓死人；工商業改造，把大家都整垮整光整窮，沒飯吃；抗美援朝經費全由中國負擔，不合理，中國為社會主義而戰，借蘇聯的錢十幾年都還不清，還要付利息，蘇聯拆走東北工廠中的機器，有無代價、償還不償還？中國援外預算太大，應抓緊壓縮。過去幾次大運動都是共產黨整人，共產黨員犯錯誤不是一個兩個，共產黨應該想辦法改變。

　　龍雲得到的「報酬」除了劃右，還有舊屬的揭發：「統治雲南18年，罪惡滔天，是無惡不作的土皇帝」、「歌頌黑暗、詛咒光明，作美帝的應聲蟲」、「反蔣完全是為了維持家天下的打算而已。」（頁508～509）

　　1960年代雲南德宏州副州長方化龍，文革投奔台灣。州長、滇邊幹崖第24代土司刀京版（1898～1966），雖未被國民黨策反，文革仍被整死。（頁509）

　　中共大功臣、潛伏國民黨國防部核心機構的郭汝瑰（1907～1997），1929年祕密入黨的特別黨員，居然也是「右派」！1979年，中組部竟要他「重新入黨」！（頁547～551）

　　張治中堂弟張韶舞，黃埔教官，乃兄介紹入華北革大政治研究院受訓，1951年「鎮反」被捕，三周後張治中才知押往浙江平陽公審槍決。張韶舞曾任平陽縣長，罪名抽丁徵糧「民憤極大」。張治中掩面痛哭，精神幾乎失常。據《張治中回憶錄》，1940～1944年湘北、中條山、浙贛、鄂西、常德、中原、衡陽、桂林諸役，國軍政工人員殉國994人，國民黨沒抗日嗎？（頁486、490）

　　這些「爆炸性新聞」，這些幾十年前的舊聞之所以還是「新聞」，還能產生爆炸效應，當然在於久捂久蓋，積久成爆矣！

2010年初　上海

原載：《開放》（香港）2010年4月號

歪脖挺毛王年一

　　文革後，無論中外學界還是朝野各方，有關毛澤東的專斷獨裁蓋棺論定。就是最最慎重的中共中央，都承認毛澤東專斷獨裁。在毛身邊16年，中央文獻研究室毛研室主任、全國人大常委逢先知（1929～）：

　　專斷，聽不得不同意見。……破壞了黨內民主，一言堂而不是群言堂，最後導致犯錯誤。

　　不料，1990年代還有人歪脖挺毛，認為老毛並不專斷，雞蛋裡面找石頭為毛辯護。為示公正，抄錄原文：

　　訪問人：毛澤東晚年還是犯了一些個人專斷的錯誤。現在學術界、民間都有人認為這是受了封建主義影響很深的原故。您是怎樣看的呢？

　　王年一：我不敢苟同，因為此說距離事實太遠。毛澤東早年是卓越的民主鬥士。大量事實說明，他在各方面（包括生活上）反封建主義是很堅定的、很澈底的。用受封建主義影響很深來解釋，與毛澤東在長期革命生涯中並不專斷這個事實相悖。在一生的大部分時間裡沒有受封建主義的影響，後來卻受了很深的影響，這是說不通的。

　　訪問人：那麼，毛澤東在晚年為什麼專斷了呢？

　　王年一：毛澤東晚年的專斷，無非為了維護他的意見主張。情形常常是這樣的：毛的意見主張不為中央集體所接受，或者勢必不為中央集體所接受，而他認為自己的意見不僅很正確，而且很重要，他就專斷了。也只有這時才需要專斷，任何人都不會為專斷而專斷。……這幾個例子都說明毛澤東的專斷是為了維護自己的意見。他並不是不承認民主集中制和集體領導的重要，但是他認為堅持他自以為正確的意見更重要。……個人專斷在毛澤東說來是不得已而為之，所以他十

分需要中央集體同意他的意見，或者事後批准他的意見。……毛澤東晚年的個人專斷很特別，他需要組織承認……這也說明了他並不認為個人專斷很好，也說明他並不是從根本上否定民主集中制和集體領導的原則。[1]

　　如此奇怪的「專斷有理論」，聞所未聞。如果毛澤東這樣的大獨裁者都不算專斷，誰還算專斷者？一篇文章掀起「反右」、一席發言打倒國防部長、一張大字報罷廢國家主席、打倒彭羅陸楊、打倒所有省市地縣領導……如此天大地大的國家大事，統統一人說了算，從未經過集體批准，也未經集體授權，誰反對自己就打倒誰，誰有礙其個人意志便掃除誰，不是個人專斷，還有其他解釋麼？

　　到了文革，「最高指示」一句頂一萬句，發表之夜，全國人民遊行慶祝，紅海洋、語錄仗、三忠於四無限……包括老毛自己多次說「需要一點個人崇拜」，都不是「封建主義」麼？1975年，一場紀念聶耳、冼星海的音樂會，都要毛澤東御筆親批，集權如斯。[2]如果統統不算，什麼才叫「封建主義」？

　　青年時代的反封建鬥士，晚年就不會成為獨裁者麼？王年一先生是不是太天真了？那麼簡單的彼一時此一時，還須論證麼？青年毛澤東要造人家的反，憤青一個，揚起反封建旗幟，呼籲開放黨禁，向國府要民主要自由，否則怎麼「造反有理」？等到自己執政享國，人家挑他的毛病，指責他的不是，缺乏民主意識的他，還能一以貫之保持反封建麼？還能繼續同意「造反有理」麼？形格勢禁，時移性遷，這麼簡單的事實，王年一先生真就那麼難理解麼？

　　二十世紀的中國，才開始掙脫封建束縛，各方面封建餘緒尚濃，毛澤東又一生嗜讀古書，怎麼可能「一生大部分時間裡沒有受封建主

---

[1]　張素華等編著：《說不盡的毛澤東》（上），遼寧人民出版社、中央文獻出版社1995年版，下冊，頁15；上冊，頁495～498。
[2]　顧保孜：《實說實說紅舞台》，中國青年出版社（北京）2005年版，頁390～391。

義影響」？如果毛澤東能有孫中山一半的西式教育底座，能有一點現代民主理念，會重演朱元璋大殺功臣的舊戲麼？

毛澤東當年在延安盛讚魯迅，封為革命文藝大軍的魯總司令，到了執政時的「反右」，1933年曾入蘇區晤毛的湘人羅稷南問他：「主席，我常常琢磨一個問題，要是魯迅今天還活著，他會怎麼樣？」毛澤東爽朗答道：「魯迅麼，要麼被關在牢裡繼續寫他的，要麼（識大體）一句話也不說。」[3] 史家評毛：「輕諾延安，寡信北京」。當年在野標榜民主自由，千好萬好都答應，進了北京變臉相向，引蛇出洞搞「陽謀」，公然失信天下，抹臉違背延安之諾。

王先生出生1932年，發表這一通評毛已60歲，有一點閱歷了，居然一如未出閣的純情少女，不禁想起那句：偉人之所以高大，是因為有人跪著。

王先生為挺毛還用了粗疏至極的「無非」──「無非維護他的意見主張⋯⋯」，這個「無非」，倒是深得老毛精髓。毛澤東常用此詞，大而化之回避反方論據，尤其山窮水盡，難轉邏輯時，更是一個個「無非」，無理取理，無辯尋辯。老毛一用「無非」，定是理屈詞窮，大事化小，最輕脫卸。王蒙指說毛澤東：

有時他把一些大事說得很小，「天塌不下來」這是他喜歡說的；還有文革中也說過這樣的話：「無非是死幾個人」。1950年代末他在提到不怕原子戰爭時，也曾說過無非死幾個人，即使死一半，還有一半繼續革命。

但沉重的歷史無法用「無非」略過，僅僅一個「大躍進」，後果就已驚天動地。新四軍出身的姚旭（軍事學院副軍職教員）：

糧食產量在年年下降。大躍進的第一年1958年已下降到2億噸，1959年下降到1.7億噸，1960年下降到1.4億噸。城鄉居民人均糧食供應

---

3 黃宗英：〈我親聆毛澤東羅稷南對話〉，載《炎黃春秋》（北京）2002年第12期，頁11。
周海嬰：《魯迅與我七十年》，南海出版公司（海口）2001年版，頁371。

量，1957年為406斤，1961年下降到318斤，食油由1957年人均供應量4.8斤，1961年下降到2.8斤。全國的人口數字也在下降。在第一個五年計畫時期，每年平均增加1434萬人。1960年卻下降1000萬，1961年又下降348萬人。[4]

王先生還為毛炮製了「專斷需要論」。因為「需要專斷」而不是「為專斷而專斷」，所以便不等於專斷。那麼，請問王先生：您的專斷標準是什麼？專斷何時成為純粹的「需要」？哪一位專斷者不是為維護自己的觀點立場？哪一位專斷者會「為專斷而專斷」？如果維護個人意見就可以專斷，還需要民主幹嘛？最最令人驚訝的是：毛澤東的專斷有特點也成為辯護詞！似乎有了特點——「需要組織承認」——就不同於一般的專斷，甚至不能算專斷。王年一先生對毛澤東確實忠誠之至（或謂誓死捍衛），只是如此指鹿為馬，如此小兒科式辯護，實為幫了大大倒忙——裸露挺毛派的無知無能。

王年一上述言論雖亦屬「不同聲音」，但由於挺毛，合乎中共主旋律，得以大鳴大放刊出。若超出「三七開」反毛，怕就難見天日了。

如今還有王年一這樣的紅朝遺老——不顧史實、硬違常識、不怕出醜、不怕遺笑。只是，王年一輩很難指望「後來人」矣，青年一代讀到這樣的挺毛文字，大概只會擲嘲：怎麼還有這樣的「毛癡」？是不是腦子真的進水？也可能王年一先生因《大動亂的年代》受到壓力，只能如此「三七開」給找回來？

2005-10-14 上海

原載：《開放》（香港）2005年11月號

---

[4] 張素華等編著：《說不盡的毛澤東》（下），遼寧人民出版社、中央文獻出版社1995年版，頁185～186、64。

左派發急要翻天

　　從「右派翻天」到「左派翻天」，大陸走了近半個世紀。1957年，中共再三邀請黨內外「向黨交心」、「助黨整風」，不久食言翻臉，指為「右派翻天」。其時，大陸山河一片紅，哪有什麼「右派」？只有鐵心附共的左派，「革命」吃掉的都是自己的兒女。如果真有看透看穿中共的「右派」，還會陪著你玩？提什麼意見？歷史證明：1957年的「右派翻天」，乃毛共誣栽。如今的左派翻天，則千真萬確。

毛派要翻天

　　2000年以來，毛澤東誕忌兩辰，毛派都要組織大型活動，向中央示威，抗議現行「右傾政策」。2005年5月15日，毛派領軍人物、部級高幹馬賓（1913～2017）致信中央——

　　（胡錦濤）拋棄馬克思主義階級鬥爭學說，背叛了無產階級專政……莫名其妙地提出一些沒有階級性和革命性的口號和主張，例如什麼「以人為本」、「和平崛起」、「和諧社會」、「小康社會」等這些資產階級人性論和階級鬥爭熄滅論的東西。

　　毛派把馬賓文章講話彙編成冊，上網炒作——

　　澈底為毛主席、江青、張春橋、姚文元、王洪文等人平反昭雪。（頁1）

　　必須造反，必須堅持毛澤東思想，遵循毛主席革命路線搞第二次文化大革命。（頁21）

　　要認真準備，打好「戰則必勝」的基礎。（頁199）

　　似已進入二次文革行動準備階段。2005年9月，毛派示威抗議達到高潮。京津滬渝等18城市都有紀念毛忌辰活動，每處200～1700餘

人。活動主題：改革開放乃資本主義復辟，號召再掀革命風暴，將走資派趕下台。9月10日，天津極左派集會「緬懷主席·革命不息」，毛左主將魏巍（1920～2008）朗誦詩歌〈讓革命烈火燃燒吧〉，高呼口號「毛澤東思想萬歲！打倒腐敗墮落的政府！」監場的宣傳部官員多次警告：會議已超越界限！主持人則應以播放文革語錄歌──〈造反有理〉。

9月9～10日，毛派在延安舉行毛澤東追思紀念會，近1200人參加，內有離休省委書記、大軍區政委。與會者情緒激動，大罵鄧小平是徹頭徹尾的無產階級叛徒，會場外鳴槍。港刊驚呼：「朝野毛派要造反！」

10月，中央政研室綜合處長張勤德（1946～　）發表網文〈庸俗發展觀是「百病之根」〉，擂響二次文革戰鼓：

即將到來的這場決戰，實質上是走資本主義道路還是走社會主義道路、資改派掌權還是社改派掌權、作美帝國主義的附庸還是維護民主獨立和國家主權的兩種前途、兩種命運的生死搏殺。

矛頭直指今上胡溫，擺出「兩條道路大決戰」的架勢。

2006年，毛派分貝漸弱，逐漸退潮。2007年毛誕辰，僅昆明、鄭州、北京三四城市有紀念活動，最多三四十人參加，不那麼囂張，降低了反中央調子。但由於他們的政治訴求與改革開放完全悖反，漢賊不兩立，冰炭不同器，無法妥協，只能寄望「翻天」。毛派根本不承認毛時代乃封建還魂，認為對毛時代的「黑暗描述」乃是否定社會主義優越性、內外反動派的一貫誣衊。他們向當今弱勢工農描繪毛時代「一片鶯歌燕舞」，文革更是人人平等、貧富無殊、四大自由、夜不閉戶、路無拾遺，全國人民意氣風發走在共產主義大道上……

魏巍政治遺囑

2008年8月24日魏巍去世，政治遺囑主要內容：

一、資本主義已基本復辟，國家機器澈底腐朽，必須澈底砸碎國家機
　　器；無產階級和勞動人民必須進行二次革命。

二、高舉毛澤東繼續革命偉大旗幟，把反腐敗、反賣國、反對資本主
　　義復辟的社會主義大革命進行到底。

三、革命的對象是黨內走資派和篡黨奪權的修正主義叛徒集團。「十
　　七大」將鄧江胡思想作為獨立理論體系，砍掉馬列毛主義，只在
　　黨章上提到馬列毛；他們的階級實質是官僚買辦資產階級，民族
　　意識連普京都不如，奴顏媚骨只能比之滿清賣國政府。

四、重建共產黨，建立真正戰鬥的馬列政黨，正直優秀的共產黨員還
　　是重要力量，要使群眾分清真假共產黨。我們的口號：代表勞苦
　　大眾的真共產黨，不要代表貪官污吏資產階級的假共產黨！要公
　　有制為基礎的真社會主義！

　　毛派自稱代表廣大無產階級勞動人民，利用當局不能有效遏制貪
腐與兩極分化，再舉階級鬥爭大旗、呼籲重走公有化、重回毛時代、
堅持馬列原教旨、推翻「叛徒集團」、發動二次革命。直到此時，中
南海才意識到：毛派才是真正奪命殺手，真刀真槍要真幹了，臥榻之
鼾肘腋之患。毛派要扭轉改革開放大龍頭，重回毛時代。反觀籲求民
主自由的右派，只有言論無有行動，更重要的是與中央大致同向，只
是要求步子走得快一點，小罵大幫忙的「自家人」。

李銳列席「十七大」

　　實事求是地說，三十年改革開放「打左燈向右行」，只幹不說，
言行脫節，意識形態無法解釋改革開放，十分別扭，且發生「六・
四」驚天血案，但中國畢竟從赤左地獄一點點走出來，漸回歷史理性
中軸，社會轉型所付代價相對較小。「不爭論」中完成私有化，國民
經濟從99.1%公有制轉為78%私有化。既要改又要穩，黨內改革派相當
不易，算總帳看大節，應承認改革派的既有實績。現實政治須兼顧各

方，不可能不受各方掣肘，比不得一窗之下的理論設計與邏輯推演。

　　去年中共「十七大」，邀請李銳老列席，政治意味深長。李銳老一直呼籲重評毛澤東，公開評毛「倒三七」──功勞蓋世，罪惡滔天。李銳老的聲音當然「未與中央保持一致」，引議紛紛，一度遭禁封殺。這次列席「十七大」，黨內外民主派看到希望。2007年，辛子陵港版《紅太陽的隕落──千秋功罪毛澤東》，剖析毛澤東禍國巨罪，挑破最後一層窗戶紙──共產學說引導列寧、史達林、毛澤東犯下二十世紀最大人文巨禍。不少人為辛先生擔心，不想他安坐家中，因為「允許討論」。

　　依民主自由原則，毛派也有主張政治訴求的權利，只是不能不經民選就自封「人民代表」，不能將自己的政治主張定為不容置疑的絕對真理，不能以「為人民謀福利」的名義暴力執政。馬列主義描繪的「優越性」已不是一個世紀前的「將來時」，而是得到一個世紀實踐證偽的「過去時」──荒謬透頂的赤色烏托邦，致全球一億人非正常死亡、二十億人非正常生存，所有赤國都為之痛苦買單，該收場了。沒多少信徒了，尤其沒青年信徒了。

　　請注意，民主派與毛派有一根本差異：毛派自封絕對真理，不許質疑，憎恨自由，尤其憎恨民主；民主派則歡迎批評允許修正，且堅決捍衛毛派的言論自由。誰符合歷史理性？誰在堅持自由？貨比貨，一目清。

　　毛派以恢復私有制、兩極分化否定改革開放，持馬列原教旨理直氣壯批判「向右行」的改革派，這些左論確為中共此前一直大力播植的「革命理念」。由於三十年「只幹不說」、「打左燈向右行」、「不爭論」，至今不敢正本清源，為毛派的「理直氣壯」留下巨大價值空間。這不，毛派最大的法理基礎就是「代表人民」，向改革派索要「公平」──改革開放形成新一輪兩極分化。「不爭論」最終無法避免大爭論。

歷史不容開倒車

畢竟一個世紀過去了，中國士林成熟多了，懂得如何區分理想與理性，更明白烏托邦+暴力的後果。赤潮萎縮退落，馬列不再神聖，上個世紀的「紅色三十年代」已不可能重演。除一些耄耋赤幹，再也找不到繼承人。中國已從左拐右，潮流不可逆轉。

反右至今五十一年，從無中生有的「左派翻天」，到波瀾不驚地對待毛派「延安鳴槍」；從胡耀邦保留陳永貴的高幹待遇，到魏巍得到善終；從強調「階級鬥爭為綱」到致力「和諧社會」；方向扭轉，量變積質變，中共寬容度似有擴大。「十七大」後，意識形態也有一些新動作，「走中國特色社會主義」——內涵之一當然是作別馬列原教旨。

一位京士曾對我說：「你以為你思想解放嗎？人家高層解放起來比你還解放！」聞言一怔，繼而痛呼：但願如此！但願如此!!他們解放起來肯定比我解放，因為比我敢於解放。他們的「解放」毋需我同意，我的「解放」則需他們批准。

澈底掙脫赤色意識形態，澈底甩去已被證謬的馬列主義，還是一篇大文章，需要朝野共同努力，也希望得到海內外關心中國事務的朋友多多出力。大地已在動搖，赤色意識形態搖搖欲墜，向它告別的時候也許不遠了。

2008-10上旬　上海

原載：《開放》（香港）2008年11月號

出現新毛黨

毛澤東主義共產黨

世界金融危機蔓延，各種社會矛盾激化，大陸毛派再度活躍。2008年12月26日～2009年春節，「中國毛澤東主義共產黨」在互聯網張貼傳單，發佈〈告全國人民書〉，運用文革邏輯，批判鄧小平及三十年改革開放、譴責自由知識分子的〈零八憲章〉乃分裂中國，只有他們「毛澤東主義共產黨」才能救中國，才是全國人民利益的真正代表。

「毛黨」與所有極左派一樣，用「忘記過去就意味著背叛」敦促人們懷念毛時代。〈告全國人民書〉號召國人起來推翻當今「修正主義反動統治集團」。

近年，左風頻刮左論頻出，諸如「無限懷念毛時代」……但「中國毛澤東主義共產黨」，從形而上思想落至形而下組織，值得朝野關注的「階級鬥爭新動向」。這個「毛主義共產黨」，背景一時不清。有人揣測組織者乃今天淪為非既得利益的毛時代得益者，還有人猜測是一些對市場經濟不滿的底層人物。再一種猜測：可能是一些對毛時代並不真正瞭解的憤青，因無法容忍目前的貧富懸殊與普泛化貪腐而「組織起來」。

據2006年世界銀行報告，中國0.4%的人掌握了70%的國家財富，美國則是5%的人掌握了60%的國家財富，財富集中度中國第一。二十年前還在聲嘶力竭「防止兩極分化」的中國，如今已是全球兩極分化最嚴重的國家。2008年，經濟糾紛引發的20人以上群體事件12萬起。專家認為：星火遍地，兩極分化到了非解決不可的地步。總之，經濟形勢是毛派左潮鼓湧的社會背景。

「團結在毛新宇主席周圍」

近日，漢族網、環球網論壇、RFA中國博客網等多家網站，先後刊出奇文〈團結在毛新宇主席周圍・為奪回人民的江山奮勇前進〉，作者王均甫。Google搜索，方知王均甫乃「××毛澤東思想研究會」副祕書長。

這些年，烏有之鄉、毛澤東旗幟網、祖國網等毛左網站，以及海外「文革研究網」，一再為毛澤東歌功頌德，叫囂為文革翻案，惡攻鄧小平，惡攻改革開放，但公開呼籲「團結在毛新宇主席周圍」還是第一次。只是以「皇孫」繼承皇位，一下子就暴露毛派封建臀章，且不說「皇孫」明顯戇憨，素質遠低「主席」。

王均甫認為：毛時代的江山才是人民的，鄧矮子以後，江山便被人民的敵人奪走了。有人詰問：如果江山真被人民奪回，應該由人民決定重新團結在誰的周圍，怎麼事先就宣布必須「團結在毛新宇主席周圍」？江山究竟是人民的還是他毛家的？

嚴家祺分析

前中國社科院政治所長、現居紐約的嚴家祺（1942～　），接受BBC「中國叢談」採訪，指出這一現象的兩個原因。一、公眾在經濟困難或國家崩潰時，都會懷念前朝，儘管「前朝」其實更糟糕。如前蘇聯解體後最初幾年，經濟困難，民不聊生，部分俄人懷念蘇共。二、胡錦濤雖堅持改革開放，經濟發展迅速，政治上並未繼承鄧小平「有限非毛化」，為懷毛思潮的抬頭起了推波助瀾的作用。

嚴家祺認為胡溫對懷毛思潮束手無策，因為胡錦濤一直提倡有限回到毛時代，所以很難解決「毛問題」。以胡目前設定的意識形態框架，很難對付「同向」的懷毛思潮。如真想回擊這股懷毛逆潮，現政府只有狠下決心，把非毛化（甚至非鄧化）提上議事日程，全面評析

毛鄧，為倡議民主的胡耀邦、趙紫陽平反，為六四翻案，開放言論，
鬆開對維權運動的壓制。只有在這樣的政治條件下才能解決問題，如
仍用簡單鎮壓的老辦法，只能導致新的混亂。

　　嚴家祺進而認為：只要「左燈」不滅，中國的兩極分化加劇、貪
汙腐敗得不到遏制，毛左回潮還會進一步發展，影響改革開放的進一
步邁進。1980年代，中國政界就有許多派別，只是當時的派系分化不
明顯，如今分化進一步發展，也可從積極角度把這一現象看作政治多
元化的表現。

其他學者評論

　　其他學者認為：毛派利用這次金融危機煽動窮人，致使極左思潮
抬頭。儘管絕大多數國人堅信不可能重回毛時代，但毛左思潮影響日
擴、勢力坐大，至少會使目前的「有限開放」倒退。

　　「毛澤東主義共產黨」的〈告全國人民書〉引起國人震驚，但一
些學者認為，出現如此極端言論也顯示中國政治氣氛有所寬鬆，儘管
毛黨是從左的方向在「爭取民主」。

　　學者分析認為：這股懷毛思潮有一些憤青加入，如汪暉、曠新年
為代表的中青年新左派，認為中國貧富差距懸殊乃國際資本入侵與全
球化的結果，而全球化乃美國意志的伸延，因此中國應反對國際資本
入侵與美帝霸權。新左派不僅肯定國際共運，而且肯定毛澤東、金日
成、波爾布特。曠新年甚至認為誰向美國叫板，誰就是好樣的。新左
派舉著同情弱勢群體的旗幟，實質仍不過以馬克思那套階級剝削論反
對歐美國家，利用全球反美勢力與民族主義為反美張目。

　　新左憤青的出現，懷毛思潮的協奏曲，出於中共對反右～文革的
「淡化」。大陸40歲以下中青年已很少知道反右、大躍進、大饑荒、
文革，青少年則連「六四」都不知道了（包括筆者之子及門下碩士
生）。史實被遮蔽，理性才會被歪曲。當然，毛澤東已不可能不「上

書」。打了五百萬人的反右反右傾、餓死四千餘萬的人禍、整了一億人的文革，開了歷史大倒車，無論政治上文化上，毛澤東罪孽深重，能不被清算嗎？中國要前進，社會要發展，眞相要恢復，首先就得重新評毛。有什麼辦法，我們這一代必須先搬去堵在門口的「毛石」——要想富，先修路呵！

由於未澈底揭開毛的蓋子，中共還在宣傳毛澤東的「偉大功績」，「毛熱」仍在升溫，韶山紅色旅遊仍在發燒，每天成百上千朝聖者，有些老赤幹甚至將懲貪制腐也乞靈於毛。更可笑的是：近年出現的人文景觀——祭奉毛像。據2009年一項信仰調查：京滬穗漢40城鎮供奉毛像家庭11.5%，超過供奉佛像、財神、土地爺。[1]

權力入籠

2004年7月4日美國國慶，布希總統向中國網民演講：

人類千萬年的歷史，最為珍貴的不是令人炫目的科技，不是大師們的浩瀚經典，更不是政客天花亂墜的演講，而是實現了對統治者的馴服，實現了把他們關在籠子的夢想。因為只有馴服了他們，把他們關起來，才不會害人。我現在就是站在籠子裡向你們講話。

比比人家的境界，看看身邊的「新毛黨」，還能說什麼？還想說什麼？人家對權力的認識達到這般高度，自甘「進籠」，我們這裡還得為批判一位罪惡獨裁者「奮鬥終身」！套用一句俚語：這國與國之間的差距，咋就這麼大呢?!

2009-2-20　上海

原載：《開放》（香港）2009年3月號

---

[1]　〈大陸「毛澤東熱」再度興起〉，原載《明報》（香港）2009-4-26。轉引自《鳳凰週刊》（香港）2009年第14期，頁8。

撤孔像・撤毛議・赤潮誤

孔像先立後撤

2011年1月11日，國家博物館在天安門廣場隆重舉行「孔像落成儀式」，青銅孔像高9.5公尺。出席官員：人大副委員長蔣樹聲、政協副主席孫家正、文化部副部長王文章、文聯黨組副書記覃志剛、文物局副局長顧玉才。最敏感的天安門廣場，當年打倒孔家店之地，為孔子恢復名譽，既表示向孔子道歉，更是一望而知的政治動作——中南海裡一定有「階級鬥爭新動向」。否則，怎會隆重迎回孔子？

中共一直數典忘祖，天安門前長期矗立金髮濃鬚的馬恩列斯，如今認祖歸宗，不僅僅向孔子道歉，亦含悄別赤說。既求「和諧」，就不能再喊「千萬不要忘記」；既掌國柄，當然不希望別人再搞「階級鬥爭」。革命黨這會兒最怕成為新一輪的「革命對象」。

豎立孔像，回歸歷史理性，符合國家利益，也符合中共利益。既求「安定團結」，就得尊卑有別、長幼有序；再高唱「階級鬥爭」，豈非讓新一代無產階級再來一次「造反有理」？擁有「無堅不摧」的革命理論？「全世界無產者聯合起來！」聯合起來幹什麼，還不是去奪資產階級的財產？還有穩定和諧麼？兩下比較，孔子儒學才合乎「安定團結」，才是放之四海而皆準的治器，才合乎「黨的需要」！這幾粒算珠子，中南海會撥拉不清麼？

老毛剛愎自用，不諳馬上馬下之別，硬將「階級鬥爭」唱到死，唱來大饑荒、唱來文革，也唱來千古惡名。吾華歷史上誰有他這樣的破壞力？承平三年，一個人民公社，活活餓死四千餘萬「階級兄弟」，加上文革整死兩千萬，死絕整一個兩漢王朝（西漢人口1800萬，東漢3500萬），誰有這等能耐？偉大導師竟是「偉大導死」呵！

「實績」在此，這麼一幅「最新最美」，老毛還配像掛天安門、屍供「祖國心臟」麼？

隨著大饑荒與文革被不斷揭蓋子，「今上」已實在不便為毛硬遮強捂，中南海裡想來總還會有一二真正「全心全意」。如此這般，前度孔子今又來。孔像一豎，意味著毛像即將下牆。今年逝世的劉華清（1916～2011），據說臨終留言：毛屍撤出天安門廣場。這位1929年參加紅軍的上將都「覺悟」了。很簡單，老毛「開國有功」只是對中共一黨，「建國有罪」則是禍及全民，國家大還是政黨大？餓死整死這麼多國人，整出罪孽深重的反右、文革，開國之功還有什麼分量？供享天安門需要歷史承認，並非一時一人可定千秋。華國鋒、汪東興以為世人會與他們一樣對老毛懷有深厚「階級感情」，當然是淺見與無知。

一時強弱在於力，千秋勝負在於理。毛澤東批得臭要死的孔老二、胡適、馬寅初、梁漱溟、赫魯雪夫……後人一一請回。你老毛的分量呢？你確實勝利了，得了天下，但「天翻地覆」的價值呢？四千萬餓殍的大饑荒、二千萬冤魂的文革，還不算死於土改的200萬地富，不算被鎮壓的百萬「反革命」，不算三反、五反、肅反、反右……再想國人「熱愛毛主席」，可乎？赤潮終有退落時，革命沒有後來人。

孔像一豎，國人咸知政治意味。毛澤東竭力打倒的孔老二，如今與「偉大導師」同享天安門廣場，歷史是不是太搞笑？毛堂未撤，孔像既豎，說明中南海裡的「拔河」處於均勢。

《北京晚報》4月21日披露：4月20日晚，孔像悄悄遷入國家博物館雕塑園。網民調侃：孔像「悄悄地走了，正如悄悄地來」——東風再次壓倒西風。外媒評曰：胡錦濤的百日維新失敗。不過，孔像畢竟站立百日，「革命人民」看到希望，他們有耐心得很，也等得起，放進去的孔像，最終還得放出來。倒是天安門城頭那幅「萬歲像」，腳下已虛，時日無多矣。

179號決議

　　近傳確訊：2010年12月28日，中南海通過決議〈關於毛澤東思想若干建議的意見〉（編號179），十七屆政治局179號議案。又傳議案由吳邦國、習近平提出，今後不再提「毛澤東思想」。據悉，179號議案一致通過（未有棄權或反對票），政治局委員全體起立，長時間鼓掌。這應當就是豎立孔像的「出處」了。

　　一些中共老人說習近平提出這一重大決議，意味深長，暗示其執政走向，有可能領導中共走向中興，云云。吳邦國剛剛提出撤毛案，不久左拐，2011年3月10日在全國人大講了「五不准」——不搞多黨輪流執政、不搞指導思想多元化、不搞「三權鼎立」和兩院制、不搞聯邦制，不搞私有化。這種「之」形步態，折射中共高層在意識形態依違兩難的矛盾心態。

　　當然，無論從歷史功過還是現實需要，中國都必須告別毛澤東。一個給國家造成巨禍的「大災星」，怎能一直奉為「大救星」？祭享「祖國心臟」？什麼功績什麼思想值得後人繼承？反右？文革？「造反有理」？「狠鬥私字一閃念」？中共還敢繼承哪一項？

　　中共別毛，前後拉鋸34年矣！179號決議僅僅「萬里長征第一步」，距離毛像下牆毛屍出堂還不知要多少年。揮別巨惡毛澤東都如此艱難，當然說明革別人的命容易，革自己的命很難。同時也反襯對民主政制的呼喚。如有民主制衡，何須等待中共第二代江李全部都「走完」？何須等待中南海的「階級覺悟」？民主政制重大功能之一即糾錯及時，不必苦等「人事」。專制之下，官家永遠「代表」人民，反正不需要提供「代表」的選票。

　　無論如何，千呼萬喚始出來的179號決議，標誌著中共開始「去毛化」。溫家寶今年的政府工作報告只提「鄧三科」，未提「毛思想」；大學政治課2008年「毛澤東思想概論」與「鄧小平理論」合併為：毛澤東思想與中國特色社會主義理論體系概論；兩學分壓至1.5

學分，碩士生政治課學分也有所壓縮，「去毛化」車輪似已悄悄開動。更有一發耀眼信號彈：4月28日，《人民日報》發表〈以包容心對待「異質思維」〉（本報評論部），內有——

今天的中國社會正處在一個思想和文化多元、多樣、多變的時代。……相對於普通民眾，手握權力的執政者尤其需要這種「包容」。如果說前者的狹隘只是語言暴力，後者的狹隘則可能帶來真實傷害。

這不是明顯有違一元化的「四項基本原則」？《人民日報》都出現這樣的「階級鬥爭新動向」，士林當然「你懂的」——中南海放出「轉彎子」的氣球！

不過，套用一句中共習語：「距離人民的要求還很遠」！政改步伐實在太慢太慢。從南昌暴動到北京建政，「千山萬水」不過22年，告別一個毛澤東則要34年，「異質思維」獲得合法權竟要62年（1949年算起）。最低層次的言論自由，鄭重的延安之諾！糾誤之難之久，只能說明中國的落後，說明政改的急迫性必要性。很簡單，如有政治制衡力量，糾正如此顯誤，何需悠長歲月？江海逝波，人生幾何？62年，人家美國從種族歧視到黑人總統不到40年，我們62年還未讓說真話，「路線」真的很重要呵！

赤潮謬根——個人無權益

赤潮雖退，滿地廢墟。奈何意識形態「不鬆勁」，赤旗仍懸，反右、文革還須「淡化」，左影拖地，既長且濃，國人得在「不許否定反右」的軌道內向右轉，得背著文革搞改革，全國仍在「不能說真話」的高壓中，革命遠未成功。從根子上，赤潮禍華，棄傳統毀文化，擰歪價值。艾未未在推特上說：「你如果希望瞭解你的祖國，你已經走上了犯罪的道路。」形成如此特殊國情，難道不需要追蹤溯源刨根掘底麼？能任由赤色罪惡隨風飄去麼？

　　昔人已逝昔歲已遙，「激情燃燒的歲月」漸行漸遠，惟赤色邏輯枯爪握地，死死不肯退出歷史舞台，形成一系列「走資派仍在走」的謬論謬據。如毛派中國工人黨要求中共大員出席今年八月山西交城華國鋒陵園落成儀式，要求毛酋紀念堂闢設「華國鋒紀念室」，理由「喝水不忘掘井人」──別忘了你們政權的來源！

　　政治層面的「毛聲」尚在明面，赤潮最隱蔽最核心的禍根則在陰裡──個人無權益，一提個人就俗，一涉個權就卑，否定了個人權益的合法性，只能「狠鬥私字一閃念」。可是，不包括個人權益的集體利益，還有什麼實質性內涵？還有什麼來源性價值？個人權益乃國家利益的價值根鬚，確立個權乃現代文明大方向。以否定個權為地基的赤色大廈早已傾斜，不可能得到普遍支持──既然不承認社會成員個人利益。

　　1994年，女作家張潔（1937～）憤斥拖欠稿費：

　　一些同行視我為斤斤計較的庸俗之輩，根據是：一、我單刀直入地向邀稿人詢問稿酬；二、我向《十月》雜誌社預支稿費；三、對不及時付給稿費的報刊，要求一手交稿，一手交稿費。[1]

　　社會上早就流傳「楊白勞」比「黃世仁」還橫，怎麼形成如此邏輯？欠稿費還不允許人家問一聲？憑什麼得為別人活著？為什麼不能想到自己？沒了「自己」怎麼活？還有必要活嗎？反動至極的「狠鬥私字一閃念」，怎麼會得到地動山搖的歡呼？喜歡賣弄哲學的毛澤東，辯證法遠不如被他蔑視的曾國藩：「合眾人之私以成一人之公。」[2]曾幕乃晚清最大人才庫，支撐曾文正公完成中興大業。老毛臨終獨居深宮，身邊只有一批服務員，晚年重用者無一大學生。誰能「萬歲」？誰能得到後人追尊？

　　1688年英國「光榮革命」（未流血）；次年頒佈影響深遠的《權

---

[1]　張潔：〈不再清高〉，載《光明日報》（北京）1994-3-26，版5。
[2]　隋曉明、趙文明：《曾國藩人生智慧》，中國市場出版社（北京）2006年版，頁209。

利法案》——未經議會同意，國王不得自行立法廢法。這一限制國王權力的法案，成為人類走向現代政治文明的起點。毛澤東則回到「朕即天下」的君權社會，「最高指示」比皇帝聖旨還厲害，大開歷史倒車，還有什麼可比性？

　　撐歪的邏輯不扳正過來，赤色謬說不澈底卸載，民權不能制衡官權，腐敗、瀆職如何有效遏止？各路才俊如何識拔？中共選吏仍停留人治，如何實現以法治國？中國又如何與國際接軌？意識形態與價值邏輯，牛頭難對馬嘴呵！

2011-5-8～10　上海

原載：《開放》（香港）2011年6月號

「延安文藝」研討會

　　2012年5月16〜19日，西安「延安文藝與二十世紀中國文學」國際學術研討會。陝西師大、延安大學、中國當代文學研究會、《文史哲》雜誌聯合舉辦，兩所大學出資，另兩家出名。今年，毛澤東〈在延安文藝座談會上的講話〉發表70周年。陝西師大申請到國家社科基金重大項目──「延安文藝與二十世紀中國文學研究」（70萬元），國際研討會為「項目」內容之一。當然，必須「正說」主旋律，與會者心照不宣，必須理解的「特殊國情」。

　　5月19〜23日，央視隆重播出五集大型文獻紀錄片《大魯藝》，中宣部在人民大會堂高調召開紀念〈講話〉座談會，李長春宣讀胡錦濤題詞「重溫『講話』精神，牢牢把握創作導向」。百位作家藝家在「聖譽百名」「千元獎勵」雙誘下，各抄一段〈講話〉，精裝出版。一系列動作表明「不鬆勁」，宣示「明確的政治方向」──不能自由化。西安研討會乃基層配合性動作。

　　如此這般，事涉敏感，研討會主辦方十分謹慎，邀來延安《解放日報》副刊編輯黎辛（1920〜 ）、地下黨出身左評家張炯（1933〜 ，中社院前文學所長），他們及隨員由「大會」全程埋單。我輩與會者除自理交通費、住宿費，還得繳納600元會務費，筆者此行總費近三千。不過，四天伙食（兩場宴請）、旅遊（黃陵、壺口）、紀念品，600元打不住的，兩所大學共補貼近20萬。

出席者

　　為顯示「延安文藝」的國際影響及研討會的國際性，邀來日韓港新七位「國際學者」（食宿免單）。國內學界出席127名（多為高校

教師），收到論文88篇。

老一代紅士精華已盡，延安老人碩果僅存，就是「解放牌」也寥若晨星，大多為現當代文學專業中青年教師。所有與會者對二十世紀影響力僅次於五四的第二文化事件——〈講話〉，一個個門兒清。〈講話〉構成大陸當代文藝生態，決定大陸國人當代精神生活品質，尤其文藝工作者的生存質量。

斗轉星移，大陸學界已非清一色紅士，與會者年齡決定了會議不可能再對〈講話〉及延安文藝「一面倒」，不會再次開成政治表態會與「老幹部俱樂部」。中青年出席者一個個或與筆者一樣暗揣懸疑：今天怎麼開〈講話〉的會？如何評說這篇「紅咒」？還堅持「工農兵方向」？尤其薄熙來新收，「唱紅」叫停，〈講話〉咋辦？「六四」後，筆者報考杭州大學中國現當代文學專業碩士生，試題中跳出沉寂多年的〈講話〉：「談談〈講話〉的主要內容及你的認識」，〈講話〉成為紅色意識形態的濃淡光譜。

會議發言

開幕式照例領導一個個先講話，一通通不聽也知道的官話，但卻是最最重要的「定調」。陝省宣傳部女處長要求「發揚光大〈講話〉精神」，通篇發言形容詞副詞很多，從概念到概念，既不聯繫延安文藝實際，更沒聯繫當下文學，不知如何具體「發揚光大」？陝西師大副校長的發言有點骨頭，「今天恐怕不會認為〈講話〉後的中國文學史就是春暖花開、面向大海……」

開幕式下半場為八位指定發言人（三位外國學者）。三位老外入鄉隨俗，十分熟稔吾華國情，回避對〈講話〉及「延安文藝」的價值判斷，只抖點史料或打打擦邊球，說一點〈講話〉對本國的影響。大陸發言人當然都是「主流」，避開〈講話〉要害——工農兵方向、文藝為政治服務、知識分子思想改造，著重強調抗戰危亡背景，為〈講

話〉的政治性說項，以歷史性沖淡〈講話〉的危害性。中宣部很清楚：「守住」延安就是守住紅色政權的合法性。守不住〈講話〉，便會守不住「四項基本原則」。

主講嘉賓張炯：

〈講話〉是中國當代文藝大發展的指路明燈，樹立起「為人民大眾服務」的路標，但極左派對〈講話〉進行曲解，西方思潮對貫徹社會主義文藝方針干擾甚大。

中國社科院學者、當代文學研究專家白燁（1952～　）：

〈講話〉是馬列主義文藝學的教科書，越來越彰顯光芒。

武漢大學于可訓教授（1947～　）：

〈講話〉後來造成的問題是我們自己的問題，因為〈講話〉本身沒有提出文學為政治服務。

真不成話，什麼叫「我們自己的問題」？〈講話〉不是明確「政治標準第一、藝術標準第二」？不是確立「文藝為政治服務」的原則？「文學為政治服務」不是毛時代的標誌性產品麼？毛澤東能夠不負責麼？後人如何為〈講話〉的惡劣影響買單？這不還在護著毛皇帝？〈講話〉後的局面，尤其1949年後的局面，老毛一手「開創」，居然要臣民負責？這樣的學者，還有一點常識否？會議期間，因無共同語言，一直未與于先生拉話。

陝西師大教授趙學勇（1953～　），竟也一嘴左腔：

延安文藝並未切斷五四文脈，而是恰恰實現了五四文脈的流淌，是對五四文學的承續與發展；不僅未對現代文藝有傷害，反而有助於推進，如大眾化平民化邁上新台階，真正解決了文學與革命與群眾的關係。〈講話〉是馬克思文藝的重大成果，是五四現代性訴求的重大實現。延安文藝有現代性、先鋒性……

華南師大中年女教授吳敏（1965～　），最後發言，有點「衝」，指出「延安文藝」研究的麻煩——涉及政治，從而有「安全區域」與「不安全區域」之分。

16日下午，小組發言研討。第一組一位青年學子質疑開幕式的「主流」：

怎麼還是1970年代的老腔調？好像沒一點進步，怎麼不涉及〈講話〉的左？

第三組也有人提出：

上午「八大發言人」的面太窄，中青年學者太少。

筆者在第二組，不能不顧「和諧」，只能有限度地講點真話：

對〈講話〉正面講得太多，長時間不准講負面，這種評史態度本身就有失平衡，太政治化。〈講話〉許多核心理念已被實踐否定，如「文藝必須為政治服務」、「工農兵方向」、「普及壓倒提高」、「知識分子思想改造」等等。「工農兵方向」演化為無知化，似乎越無知就越革命。1983年第四屆文代會，「文藝為政治服務」被鄧小平明確停廢。此外，為什麼延安文藝普遍「前半部分比後半部分寫得好」……今天對〈講話〉的認識如還停留於五十年前、三十年前，說明社會進步不大，至少這一領域還在原地踏步。

我的發言未引起任何反響，沒人「接著說」，沒人反駁，亦無片言隻語進入閉幕式小組長的總結發言。

19日上午，閉幕式在延安大學舉行，大會總結者對「延安文藝」使用了豐富性複雜性等中性詞彙，留下「想像空間」，對〈講話〉的整體評價落在郭沫若當年的評價──「有經有權」（常規與權宜），[1]暗示〈講話〉屬於「權宜」，不能「要求太高」。一位小組長發言中：「將延安文藝提得太高也不合適」、「延安文藝的價值懸疑不可回避」、「延安文藝的價值判斷是必須的」、「『文藝為政治服務』對中國當代文藝弊多利少」。失諧之聲還是多少鳴放出一些，青山遮不住呵！據說這樣的會議不可能在北京召開，不敢開也不讓開。思想解放好像也在「農村包圍城市」。

---

[1] 《胡喬木回憶毛澤東》，人民出版社（北京）1994年版，頁60。

　　研討會的這點「不同聲音」，多少體現歷史進步，比我預期要「活潑」一些。內地學者相當體恤國情，亦被打磨得要求甚低，只要給點「空間」就欣欣然，就認為社會在前進、國家在進步。

會下收穫

　　餐桌上，我與韓國教授朴宰雨說了幾句韓戰起因與造成「金三世」的後果，他回應強烈：「我喜歡中國的知識分子，不喜歡中國的官員。」回程與朴先生同車去機場，又說起北韓人民在「水深火熱」之中。朴先生說：「你這番話應該向你們的政府去說。」另一位韓國青年女學者：

　　中韓兩國社會制度不同，你們是光明的社會主義，我們則是腐朽的資本主義，嘿嘿……

　　新加坡南洋理工大學張釗貽副教授，去延安的車上一路鄰座，聊起各自收入，他的薪水為筆者十倍，以為我會很沮喪，不料我竟大大慶幸起來：「十倍？只有十倍！二十年前，北大季羨林，全國頂尖教授，薪水只有香港中文大學教授的1%！」

　　與一位大陸中年學者私下交流，他很感慨延安文藝研究圈十多年第一次大聚會，第一次真正意義上的聚集與交鋒。另一位中年學者吐實：研究延安文藝，屬於痛並快樂著，只能戴著鐐銬起舞，很刺激也很敏感，也潛藏著危險。他們希望正常生存，還能幹點正事，為歷史說幾句公道話，為未來鋪築一點台階。

邊際效益

　　山東一位師專青年教師自費赴會，火車往返，借宿西安同學處，因單位不給報銷。他們那兒，系主任出來開會可報銷，其他人不行，系裡教師多年忍受不公平，無處申訴，申訴也沒用。

　　最後一晚，與一位四十剛出頭、體格健碩的洛陽師院副教授同屋。他出身聊城農村，父母種地只能糊口，掙錢得上磚廠打工，廠主接不到訂單就停工，每年掙不到一萬。他的副教授年薪不到五萬，每年支持家裡三四千，三年得在「核心期刊」發表兩篇論文，否則就要從兩萬津貼中扣錢（津貼1/3鉤掛科研成果）。他想改變現實，發現根本不可能改變處境，只能改變心境──對社會不平漸無感覺。攻博前，教過幾年中學，校長與大多數教師不做學問不看書，只知打牌雀戰，很少上心業務。他想讀點書，顯得很憨。洛陽師院書記到職三四年不幹正活，盡提拔幹部，一位品質很差的碩士得任招生處副處長，「都靠錢買官」。回滬後，這位「一夜友」來函，說洛陽搞「一日捐」，洛陽師院規定副教授以上至少捐150元，講師至少100元，助教至少50元。小學生家長會，要求家長響應「一日捐」──為了孩子，誰敢不捐？

　　兩位重慶師大中年學者，一位還是熟悉的復旦校友，問及渝人對薄熙來的態度。他們回答：80%渝民對薄有好感，稱讚薄的安居工程與「打黑」。一位大連工作過的文學博士，說薄熙來一進市府，整幢大樓立即一片寂靜。薄一見不幹正活立即撤人，就地下崗。他倆認為薄「唱紅」不對，「打黑」沒錯。

　　延安大學的窯洞招待所比西安賓館還貴，雙人標間240元／天。不是延安大學主辦的會議，旅遊旺季還住不上。只一晚，就發現體制病。床頭櫃留有前客「遺物」──半瓶礦泉水、一套內衣內褲、一冊黨政培訓班記事本，一張「禮品卡」。看來是一位「朝聖」官員，公費培訓，十分闊綽，有不少「禮品卡」。

　　陝西師大賓館女侍月薪1200元，全市最低收入700～800元。賓館服務質量至少落後上海10年，街頭飯店衛生及人文層次相差30年。西安出租車起步7元，上海13元；西安「的哥」年收入最高四萬，上海至少六萬。陝西師大校車司機，月薪2700元，寒暑假只發800元基本工資。上海大巴司機，月薪至少五千。

　　〈講話〉、「延安文藝」作為歷史存在，還會被反覆提及。不過，學界咸知二十世紀中國文藝的癥結在延安，捅破這層窗戶紙，廢棄這座紅色堡壘，中國文藝乃至諸多國務均可迎刃而解。筆者有信心寄望後人、有信心擲問：紅旗還能打多久？今天的「主流」還有後來人麼？當我們這邊還在為「文藝為政治服務」羞羞答答，不肯認錯，人家台灣馬英九前年已提出「政治要為文藝服務」[2]。歷史呵，還能不引人感慨麼？

2012-5-20～25　上海

原載：《開放》（香港）2012年6月號

---

[2]　王培元：〈延安文藝談片〉，載梁向陽、王俊虎主編：《延安文藝研究論叢》，陝西人民出版社2012年版，頁9。

「延安文藝」研討會（續）

　　六月號《開放》已發一篇該會報導，細閱會議資料，沒想到「有貨」大大的，續貂一篇。新一代大陸學人不僅全無延安赤色熱情，而且一個個千方百計撬挖延安邏輯基礎。〈講話〉金光褪盡、神聖不再，那些耳熟能詳的〈講話〉名言均遭商榷、否定。

　　與會者各發一冊《延安文藝論叢》、兩厚冊《論文集》。原以為「彎腰」之下無直聲，只有一片「和諧」。不料《論文集》內埋「地雷」，暗彈「不和之弦」，有的還相當「反動」。

　　《論文集》扉頁「編輯說明」：

　　文責自負，觀點屬於作者本人，並不代表會議主辦方立場。

　　僅此一行文字，便可知「延安文藝」在降溫，紅色邏輯氣血已衰，「不諧」之聲已出，須加「說明」矣。此前，哪還允許「文責自負」？只能按規定運行思想言論，還需要「說明」麼？此類會議，幾十年大多開成「老幹部俱樂部」，發言多為政治表態。這回延安文藝研究圈首次大聚會，稍稍像樣一點的學者聚議。出席者對〈講話〉已不可能一面倒，赤左之力，雄風不再矣！

政治要為文藝服務

　　人民文學出版社王培元記述（1955～ ），2010年出席台灣世界華文文學研討會，兩岸不少名家與會。馬英九致詞，口號「政治要為文藝服務」。[1]王培元感慨：

---

[1] 2010-4-16，台灣舉行世界華文文學高峰會議，開幕式馬英九致辭：海峽兩岸在過去幾十年中，尤其威權年代，文學很多是為政治服務的。但我在台北市長任上提出一個概念：現在要倒過來，政治跟行政要為文藝服務。

把過去和眼下的情形對比一下，是很有意思的。實在讓人感慨萬千。（《論叢》頁9）

馬英九的「政治要為文化服務」，閱之渾身一震，恍如隔世。王培元膽子不小，敢逆〈講話〉龍鱗，這不是在造〈講話〉的反麼？明目張膽在抽「延安文藝」的地基？失去政治性階級性、否定「文藝為政治服務」，延安文藝還剩下什麼？還有什麼值得紀念？難道僅僅有助中共奪權，就會代代奉為正朔？歲月無情，歪歪理終被扳正，政治為文藝服務，才是兩者關係正常化的「正朔」。

王培元還寫出大陸人文學者相當普遍的心態：

我那本研究延安魯藝的小書，1996年寫的時候，還是有些戰戰兢兢的，怕觸「紅線」，在探討有些問題時，不敢越雷池一步，還擔心書裡寫到的人看了、不滿意、不高興，通不過。這樣的心態，這麼多條條框框，如臨深淵如履薄冰，怎麼能研究好呢？（《論叢》頁10）

敢發表這些大實話，本身就是歷史進步。

鮮為人知的細節

高浦棠（1957～2008），《延大學報》主編、市政協常委，2008年在香港出版《延安搶救運動始末》（大陸不宜），披露幾位延安名士鮮為人知的細節。

吳奚如（1906～1985），湖北京山人，黃埔四期生（董必武介紹報考），1925年加入共黨，葉挺獨立團指導員；1933年入「左聯」、特科成員，同年秋祕赴西安，「抗日同志會」《文化週報》主編；西安事變後赴延，抗大一期政治教員、周恩來政治祕書、八路軍桂林辦事處主任、新四軍江北縱隊政治部主任；皖南事變後九死一生返回延安，八路軍總政治部文藝科長；參加延安文藝座談會，認為抗戰期間應儘量團結作家，〈講話〉提倡階級立場，會將重慶小資作家嚇跑；

遭朱德喝斥，彭眞、胡喬木批評。[2]毛邀吳詳談，擬調吳至身邊，吳未同意。審幹初期，指其返延經歷缺乏證人，疑被國民黨派回——「隱藏很深」的特務。吳無法接受而退黨。1949年後，武漢作協理事、市政協委員、省政協常委。吳奚如退黨，怪不得如此老資格1949年後沒了聲響。

吳伯簫（1906～1982），以〈一輛紡車〉（1962）名世，出身山東萊蕪富農，北師大英語系畢業生；1938年赴延安入抗大，邊區文協祕書長、教育廳科長，1941年入黨。1943年「搶救審幹」，吳為教育廳第一個「特務」，指與國府山東教育廳長何思敬有染。吳在延安作過無數次「坦白示範」。沒想到這位紅色散文家、中國作協文學講習所長，竟有如此「不甚光彩」的一節。

中青年悖反

筆者尤其關注中青年學者的觀點，留意他們奉持的價值標準。翻閱三厚本資料，大多數中青年學子的「階級立場」已根本逆變，雖然還不敢捅破最後一層窗戶紙，還在「繞著說」，但可明確看出價值傾向。無論「為什麼人」、「歌頌與暴露」，還是「普及與提高」、「文藝為政治服務」、「思想改造」，中青年學子均已拋棄延安邏輯，走在告別〈講話〉的大道上，奉西方現代派文藝理論為正朔。

華南師大女教授吳敏（1965～　）：

延安時期形成了一種很不好的風氣：文人文章由政治家決定價值，價值高低最終又取決於政治家權位的高低。誰的「權位」更高，誰的「評說」就更有權威性，更可以當做「定論」。政治家不是文學的「讀者種類之一」，不是文學評論的「一種聲音」，而是文學的「特殊讀者」，是文學評論一錘定音的「決斷聲音」。文人成了政治

2　田剛：〈延安文藝座談會上的「魯迅」〉，載《論文集》上冊，頁102～103。

家手中的風箏，文學價值需要仰人鼻息。（《論叢》頁359）

延安大學教授何滿倉（1955～）：

知識分子意識被政黨意識所取代，知識分子觀念形態的延安文藝被黨的文藝所取代，文藝被澈底工具化，失去了其獨立性和本體性，被納入一個完整的意識形態體系之內。知識分子的地位也隨之發生倒置，由啟蒙者變成了被啟蒙者。（《論叢》頁401）

陝西師大中年教授田剛（1962～）：

秉承了魯迅衣缽的魯迅弟子如丁玲、蕭軍、吳奚如等人，明顯地與會議（按：延安文藝座談會）的基本精神處於某種衝突或不和諧的狀態。而魯迅在毛澤東的〈講話〉中被重寫和改造的命運，雖然從表面看來消弭了上述的衝突或不和諧，而在實質上則預示了魯迅所代表的五四啟蒙主義精神在新時代驟然沉落的命運。從此以後，魯迅的旗幟雖然仍在獵獵飄揚，但其色彩已被染成了毛澤東的顏色。（《論文集》頁107）

雖未再前進一小步指戳毛〈講話〉的歷史反作用，但這些文章所持邏輯與著力方向，均已背離〈講話〉矣。當然，這一小步的「不敢」，正體現大陸學人的小心擔心，折射出官方對國人思想的箝勒。一位中年教授私下說：

如果都是衛道、護祖、歌德、拔高，那還叫研究？又何必研究？當今，一切好像已經在變，一切又實際上未變。守住一個偏執的預設方向，對歷史、現實和學理做些生猛時尚的簡化和標籤化處理，最省力也最易討巧，但也最廢物，幾十年間這路貨出得還少嗎。

當然，左學赤說仍在浸淫滲漫，什麼「文化反哺」（工農才是知識分子的老師）、「階級意識」、「工農化方向」……少數青年學子還在不經意間襲用。

一聲驚訝說史實

山東大學賀立華教授（1948～　），十分驚訝「左聯五烈士」竟是「做出來的」：

「左聯」五位作家本來是由中共黨內宗派矛盾鬥爭的牽涉而去開會的，和當時的「左聯」無關。當作家死後，「左聯」對五位烈士的紀念和宣傳，使這一事件由一個黨內宗派鬥爭導致的政治事件轉化為一個左翼文藝運動反抗國民黨文化圍剿的文藝事件。「左聯」五烈士的歷史定位也由黨內宗派鬥爭的受害者轉化為革命文藝運動的前驅和烈士了。（《論文集》頁37）

至於有違人性的「階級立場」、價值倒置的「文藝為政治服務」，中青年學人已不好意思「接著說」。〈講話〉這柄紅纓槍，無有接槍人矣。儘管還有相當強烈的「主流」左聲，但真正的「主流」已發生逆轉，從「唱紅」轉至「質紅」。

〈講話〉要求文藝為政治服務、政治動員壓倒藝術審美、黨性壓倒人性、黨權高於人權、只能寫工農兵、只能歌頌不能批評……中宣部已無法堅守的紅色關隘。不過，中宣部很清楚：「守住」延安、守住〈講話〉，就是守住政權合法性。延安不神聖了，〈講話〉廢棄了，中共咋辦？紅色革命的歷史合理性咋整？

大陸學人咸知：中共對〈講話〉的濃淡之態，乃「思想解放」的轉速表。中南海雖仍力挺〈講話〉，但其歷史作用明顯反動，價值已被證偽。紅色邏輯無力運行，城頭紅旗失魂，飄甩不了多久矣！

深深一聲潼關歎

合上三厚本資料，一聲長歎：幾代人那麼不得了的大是大非大波大瀾，白雲蒼狗，今如微塵，真正何必當初！1982年，胡喬木為多次傷害蕭軍深表歉疚。有關延安文藝座談會大是大非的「路線問題」，

塵埃落定矣！如果〈講話〉光芒萬丈，〈講話〉起草人胡喬木何必向最初的異議者認錯？如果〈講話〉造福吾華，何以失去承傳？

　　三十年前，筆者就在心裡商榷〈講話〉，紅色恐怖使我憋到今天才吐出來。如果〈講話〉與延安方向使國家走向自由民主，輕輕一句不同意見，何至於要憋上三十年？赤說縛國至少七十年，〈講話〉只是縛繩之一。毛澤東竟要全體國人只讀他一人之書，好像只有他一人之說才是值得繼承的「精華」，前賢古籍都是「糟粕」。如此唯我獨尊，秦皇漢武唐宗宋祖都沒有的「自我崇拜」。我們這一代從小生活在規定思想的「幸福」之中，至今仍不得甩脫，不知這輩子能否告別這種「幸福」？

　　一個國家的辨錯速率，當然決定這個國家的發展速度，決定國民提高幸福的速率。當今中國，各級官員仍享「批評豁免權」，政治局委員死後都不許貶評（除非倒台），竟還指說這是「無產階級真民主」……在尚無言論自由的大陸，糾赤才能批毛、政改才能平反「六‧四」、民主才能根治肅貪，這些政治ABC都是「同志遠須努力」的浩大工程。可愛的中國，實在也是可憐的中國呵！

2012-6-5～8　上海

原載：《開放》（香港）2012年7月號

終止文學官辦化

　　1949年後，大陸文學一直官辦公營。表面上，很重視文學，既提供發表園地，也供養一批專業作家，解除後顧之憂，關懷作家的德政呵，最初也濺起一陣歡呼。然六十年實踐證明，特別從投入與產出的比例，負弊遠遠大於正利，花了大銀子反養壞孩子，極不利於文學生態，「好心」辦了大壞事兒。1993年全國政協會議，文聯主席曹禺（1910～1996）扶病出席，對中共領導人說：「建議將文聯和一些協會解散。」[1]文藝界一些名士予以呼應。上個世紀末，詩人沙伊亦呼籲：解散作協。[2]

　　2009年6月23日，八名北京作家宣布退出北京作協，2010年4月25日再宣布退出中國作協。「退會」事件將文學官辦體制再次推向輿論焦點。2010年4月23日《北京晚報》，「童話大王」鄭淵潔呼籲停止文學官辦，「作協」應該自養。2011年9月，作家蕭立軍（1952～　）在《無冕皇帝》再版「後記」中——

　　中國作家協會風氣敗壞，各級領導搞裙帶關係，與職工、會員爭利益，失去公平、公正和嚴肅性。因此形成了中國文壇的烏煙瘴氣。[3]

　　文學官辦，蘇聯「舶來品」，帶有明顯政治內涵。中共將選題、寫作、出版、評論全都納入政府管理，整體調控，成為掌控意識形態的一隻手。文革後改革開放，社會轉型，得講究效益與競爭了，養了一大幫不幹活專攬權的作協官員，效益何出？有何價值？更重要的是：多元時代濾層已鬆，很難繼續「嚴防死守」。隨著政治功能的淡

---

[1]　王蒙：〈永遠的雷雨〉，載《讀書》（北京）1999年第5期，頁61。

[2]　徐志顒：〈「作家班」裡不出作家？〉，載《杭州日報》（下午版）1999-4-11。

[3]　朱競：〈惹禍的《無冕皇帝》〉，載《文學報》（上海）2012-8-23，版12。

褪，衙門化的文聯、作協，越來越尷尬──無公可辦。

全靠財政供養的文聯、作協，攤子鋪得甚大。全國至少養了200餘名專職作家。北京市作協年度財政撥款200萬，8名專職人員。全國縣級以上文聯、作協三千餘，每年用於各級文聯、作協的錢不是小數目。[4]

停廢文聯、作協，話題敏感，既得利益者自然皺眉撇嘴。大陸任何一家刊物接到此類稿件都有點嚇絲絲，生怕被罵「吃裡扒外」。因為，大陸所有刊物即使不受文聯、作協管轄，也受各級宣傳部管轄，發表這種「不和諧」的批評稿，豈非「端起飯碗吃肉，放下筷子罵娘」？生生得罪諸洞神仙？利害所在，不得不忌。2008年，筆者一篇拙文載一家全國性報刊，原有一句對文學官辦化的不滿，不知編輯還是總編，極具慧眼，精準挖去「地雷」。

文學官辦化，形成龐大利益集團。各級文聯、作協大小官員（包括工作人員）依附體制，得到極不公正的利益。各種只能意會不可言傳的圈子化，比比皆是。發稿熟人化、獎項圈子化、活動關係化，陰弊連連。1986年4月，李銳記述丁玲生前抱怨──

她不止一次同我談過現在某些年輕的作家和刊物編輯之間的不正之風，互相交換發表作品。[5]

劣幣淘汰良幣。余華、蘇童、麥家等成名前都有不堪回首的退稿之痛，一部書稿甚至被退十餘次。麥家（1964～　）成名作《解密》被出版社拒絕17次，「文學雜誌上充斥著大量平庸無聊的作品，編輯卻對這些大有潛力的種子選手不屑一顧，肯定是評判的眼光和態度有問題。」[6]

---

[4]　鄭淵潔：〈十年沒有工資收入〉，載《北京晚報》2010-4-23。

[5]　李銳：〈懷丁玲〉，載《李銳文集》第8冊，中國社會教育出版社（香港）2009年版，卷15，頁235。

[6]　周南焱：〈從羅琳匿名投稿被退說起〉，原載《北京日報》2016-4-1，轉載《文摘報》（北京）2016-4-7。

文聯、作協的各項大獎，圈外人士很難入圍，許多研究有素成績卓然的大學教師，幾無可能進入評選視界。弄來弄去，這獎那獎，還不都是各級作協的「自留地」。圈內外普遍忿忿然：「作協事實上是利益分配集團！」

馮驥才高呼：文壇比文學熱鬧，這是文學衰敗的表現！[7]

夏衍晚年對王蒙說：有些人現在是分田分地真忙了，但是誰知道分了地後長不長莊稼？[8]

利之所在，爭之所趨；有爭奪，勢必比人脈拼關係，更何況文人相輕自古而然。關係學在文聯、作協系統乃是一門不得不講的學問，體制性痼疾。

2017年1月，湖北省作協女主席方方（1955～　）：

中國大多評獎活動中「跑獎」很猖獗。評獎……大概作品文本水平占五成，人情三成，運氣占兩成，真能這樣，大體上也算過得去了。但要命的是，有不少評獎作品是水平占三成，人情占七成。……我曾經在湖北的兩個評選會上，都很不客氣地說過「我沒有想到，人情可以這樣大於文學」。……經常的結果會是：兩個人的文本差異非常大，一個是著名人士，作品弱而人頭熟，另一個是基層作家，作品優而完全不認識評委，最終得獎的多半仍然是跟大家很熟的那一個。被淘汰的基層作家的作品可能比得獎作品好幾十倍都不止。[9]

失去競爭，只能孵出低層次蛋品。既然失去生存壓力、失去爭取承認的煩惱，既然進入作協文聯（包括轄屬各刊）就已入圈、披上專業光環，還用那麼起勁拼力麼？事實上，失去那些熬守的痛苦掙扎，失去這樣那樣的壓力，也就失去創作衝動必須的激情，只能整出一些

---

[7]　徐志穎：〈「作家班」裡不出作家？〉，載《杭州日報》下午版，1999-4-11。

[8]　王蒙：〈夏衍的魅力〉，載王蒙《隨感與遐思》，甘肅人民出版社1996年版，頁192～193。

[9]　衛毅、劉嬋整理：〈方方：我不認為有「方柳之爭」〉，原載《南方人物周刊》（廣州）2017年第3期，轉載《報刊文摘》（上海）2017-2-10。

有氣無力的泡沫作品。

　　說起來，各級作協以發現潛質作家為己任，而各地又實在沒多少潛質作家，在無有冒尖者的情況下，拔高便成了不得不然的部門需要、單位利益。如此這般，孵出來的小雞自然「先天不足」，缺乏後勁，豈可免乎？

　　將作家養起來免受競爭煎熬，以為如此這般便大著可待，這一「社會主義優越性」已為實踐證謬，作家很難用專業方法孵養。文學創作取決綜合實力，取決才能而非技巧，「作家班」不出作家已成文壇常景。一位作家的成長，因素複雜，優秀作品可遇不可求，宮廷詩人少一流即為力證。1949年後大陸作家整體層次不如1920～1930年代，本人撰有專文〈難出文學大家探因〉（載《文藝報》（北京）1999-3-13）。

　　雖說文聯、作協已實行新人新辦法，不再給青年作家「專業」待遇，但機關衙門還是養了不少人。一位學者說：「那些月月領工資的作家，其實好多不是作家。要改變體制，否則創作就變得毫無壓力。」評論界幾乎一致認為當代文學缺少了沉靜大氣，缺乏歷史理性的穿透力。

　　1995年，王蒙：

　　不管文人們前兩年怎樣驚呼哀鳴商品大潮衝擊了純文學，反正不可否認的事實是：一、中國的職業作家（吃飽了只需寫作而不需任何其他藍領白領的工作，乃至連寫作也不需要）的數量最多；二、中國的純文學刊物數量最多。僅據此兩點就可以斷言，中國作家99%以上是鐵心擁護現有的社會主義制度的。如果有人想在中國搞資本主義，我們的作家是一千個不答應，一萬個共誅之的。我還說過話：「說到底，文學創作是人類的一項業餘活動。」[10]

　　文學官辦，自然得作出鼓勵文學青年的姿態，強調文學人人可

---

[10] 王蒙：〈後的以後是小說〉，載王蒙：《隨感與遐思》，甘肅人民出版社1996年版，頁69。

習，且不說各省市文學刊物的長年補貼，僅用職業化誘惑青年，就已十分可惡。大量文學青年荒疏本職，忽視生存技能，不務實只務虛，且絕大多數不可能實現文學夢。北京宋莊川籍詩人何路（1955～　），為詩歌丟掉經營不錯的火鍋店與記者職業。他原有幾十萬家產，1993年為詩上京，堅守17年，其中16年挨餓，進過收容所，曾遣返回渝。2010年，何路已近乎「盲流」，床板下只有400元生活費。[11]這難道是應予鼓勵的「熱愛文學」？將文學視為人生出路的，均為觀念封閉、出路狹窄的經濟落後地區。那兒最需要的當然不是文學，而是經濟。

競爭乃市場經濟靈魂，也是文學優化的惟一途徑。將文學罩在計畫經濟的玻璃房裡，只會使文學枯萎。遠的不說，1920～1930年代的作家，四無撐持，當他們從激烈競爭中衝殺而出，功夫得了錘鍊，水準也就相當了得。競爭與必要的搏擊，乃是作家必須經受的磨煉，即便有點殘酷，也是必要的砥礪。競爭之下見真才，必須接受的辯證法。再說，文學畢竟是生活的副產品，真正意義上的作家無法完全職業化，創作本身離不開「火熱的生活」。

文學創作乃私人化寫作，最需要廣闊無羈的自由。文學官辦將藝術強行納入紅色意識形態，形成審美標準統一化，劃定諸多條條框框，到處設禁設限，對文學只有反作用、負作用。

就世界文學大勢，追求思想深度已成為文學審美第一高度，作家學者化乃時代大潮流，「短平快」寫作已被淘汰。私人化創作的文學根本毋需文聯、作協的「管理」。

寰內文藝界一方面優秀作品甚少，受眾「饑渴」，一方面大量文藝產品壓庫，不少電影電視劇零拷貝。第一制約性因素還是政治，創作必須考慮「三滿意」──領導滿意、專家滿意、受眾滿意。領導滿意第一位，否則起勁搗鼓半載一年，作品出不來，一切白搭。同時，文化部門所有考核跟著獎項走，必須考慮專家滿意。至於受眾滿意，

---

[11] 趙涵漠：〈拯救詩人〉，載《中國青年報》（北京）2010-3-17。

誰都說不清。資料表明：每年上演新編劇碼數千，觀眾仍叫喚「沒好看的戲」。一位劇團負責人戲稱：「認認真真創造廢品」。

雲南省社科院研究員王亞南（1956～　）：

這種現象從根本上看，與文化事業單位現行體制有關。只需對上負責，導致一些文化生產由官員和專家代替受眾作了選擇，其作品就難以貼近實際、貼近群眾、貼近生活。[12]

綜上所述，無論從哪一方面，文學官辦都只有負效。文聯、作協既無公可辦，亦無業可從，還無事生非。1949年後，文藝界之所以一直多事，是非紛紛，除了政治大形勢，養著一批專業官員也是一大致因。起雲造霧孕雷放電，離不開一批專業務虛者。如今時代不同了，不至於再刮反右之類紅色颱風，但無事生非的痼疾仍在。依筆者愚見，文學官辦已必須動手術，可能會有一些陣痛，但相比經濟改革，文學體制改革終屬「毛毛雨」。退一萬步，文聯、作協也應大大精簡，縮編成文化廳一科室，足矣。

堅持文學仍須官辦者，當然是那些既得利益者，他們不願放棄吃得很舒服的飯碗，擺出一大籮筐的理由。正如一段有關體制的名言：

體制化是這樣一種東西，一開始你排斥它，後來你習慣它，直到最後你離不開它。

這篇拙文撰於2001年，在大陸一直找不到「婆家」，四處遭拒，體制性抵制。不過，說一千道一萬，不還得看結果麼？實踐不是檢驗真理的標準麼？改革現行文學官辦體制，已是難以阻擋的時代車輪。

初稿：2001-7-6；修改：2003-5-16
原載：《百家》（香港）2010年6月號

---

[12] 李亞彪等：〈這樣的文化產品為啥無人喝彩〉，載《瞭望》（北京）2003年第21期，頁49。

大陸「地心」

2013年秋，我請兩屆13名文學碩士生寫下父母學歷、職業、閱讀狀況，最後一項：「是否遭父母家暴？」四名男生、九名女生，五湖四海，父母年齡大致與筆者相近，屬於紅衛兵、紅小兵一代。

學歷·閱讀·挨打

二十六位五旬家長學歷，兩位本科、六位大專，十八位初中，甚至小學；70%初中以下學歷。家長職業：九位公務員（一名處級）、一位教師、五位私業主、四位農民工，其餘無業或夭亡。

這些家長的閱讀：至多只看報紙，偶而翻翻雜誌，只有一兩位閱讀書籍。九名公務員也僅翻閱報刊，其中一位幼稚園長只看通俗讀物《讀者》、《特別關注》，僅一位單身母親閱讀當代小說及政論雜誌，四位農民工不看任何書報。

大陸目前人均購書僅5冊／年，這還是包括各種教材教輔，真正閱讀文藝類、社科類、理論類書籍的，相當慘了。猶太人每年讀書64冊／人。猶太人聰明，那麼多世界級人物、拿了那麼多諾獎，根鬚在這兒呢！

與家長學歷、閱讀層次相關聯的挨打：無一得免，五位碩士生至少遭父母一次痛打，女生亦然。一位模樣周正、性格溫和的湖南永州女生抱怨：

經常挨打，都記不清次數了，一點點小事也會打。

家庭暴力與文化與經濟與地域成正比，越落後越閉塞，文化層次越低的縣鄉，孩童領受的暴力也就越烈。這些地方的學生，絕大多數不願回原籍工作，不願服務鄉梓，都留戀「大城市資產階級生活」。

各地婚席與禮金

隔周，我再向這批學生諮詢各地禮金、婚席費用，以瞭解各地經濟水準、消費能力。

山東昌邑縣男生：縣城高檔酒席千餘元／桌，一般酒店五百多元／桌（有雞、魚、蟹），紅白酒各一瓶；村莊婚宴一般三百元／桌。禮金：近親千元；遠一點三百，普遍100～200元。

遷居浙江義烏的川籍女生：四川達州酒席800～1000元／桌，禮金最低兩百，關係好的千元；義烏這邊，一般酒席約2000元／桌，禮金最低兩百。

湘中永州較好酒店兩千多元／桌，15個菜（肉菜六～七盤，素菜四～五盤，涼菜二～三盤）。一般酒店千餘元／桌，也不錯了。婚宴規模一般20桌以上。禮金：近親一般兩千，遠一點一千，同學同事五百。

魯川湘三省縣城差別似不大，惟農村婚席檔次比城裡明顯低一大截。全國則明顯東高西低。婚喪嫁娶、喬遷滿月、入學謝師、參軍開業，甚至為已逝老人立墓碑，都成為擺酒請宴的名目，賀儀兩百起步。四川通江乃國家級貧困縣，縣委辦公室幹事月薪兩千多元，苦於「人情」場次太多，負擔不起，苦惱不已——

子女考上大學，也不說考哪裡的大學，就通知你，你還不得不去。

還有喬遷辦酒的，大家根本不知道房子買在哪裡，而像老人立碑、孩子滿月等酒宴也很多，陷入惡性循環的怪圈。

2015年7月，通江縣府正式發函規定：全縣城鄉只能舉辦婚喪壽三宴，壽宴得過七十周歲，此後間隔十年才能辦一次，其他種類宴席一律不准操辦。[1]

---

[1]　林野：〈老人辦壽宴為何須滿70歲〉，載《新京報》（北京）2015-8-5。

中小學攤派

各位碩士生最痛恨中小學各種攤派，強迫滋味尤其難受。永州女生中小學就讀冷水灘區，小學四年級時，剛結婚的女班主任要求每生認購一箱啤酒，因教育局拖欠教師工資，發啤酒抵薪，實替當地啤酒廠強行推銷。2003年，班主任月薪八九百，加上補貼也才千餘元，拿不到工資，當然「很在乎」。永州女生還告訴我：大學畢業生要想進永州城裡四所有編制小學，「門檻費」十萬；進大專「農校」八萬以上。

達州籍女生：她曾就讀萬源縣太平鎮第一小學，老師「引導」學生參加補課，每人交費50～100元／月。雖是老師私辦的補習班，並非強制，但大多數學生還是會參加。一可多學一點，二不想得罪老師。最出格的是：小學畢業領初中錄取通知書，每人須交班主任10塊「過路費」，否則不得領取。可見，萬源那兒很窮，發個「小升初」通知書都順道勒索一下。

穿不完的校服

校服是學生的控訴重點。小學、初中「必須訂購」，一學期就得買一套，冬裝80元以上（很薄），夏裝約50元，還有秋裝，價格時有浮動。「基本上讓我們買，家長只能買，都不想因為這點錢跟老師鬧矛盾。」

那位四川萬源一中的女生：2003～2009年初中、高中，共買五套校服；薄款春裝90元／套，稍厚秋裝150元／套。

包頭籍女生：我們那兒也得買校服。

除了校服，還有強賣校報。山東昌邑籍男生控訴：「強制買校報！」福建泉州籍男生：「初中時強制買報紙，但沒見到啥報紙。」掏了錢，還沒看到報紙。

可怕的小學校長

各地中小學靠山吃山靠水吃水，教學生吃學生。啤酒代薪、強買校服、私開補習、攤訂報紙，小偷小摸，低俗委瑣，畢竟病象淺表，還容易矯治，最麻煩的是城鄉教育界被領歪的意識形態。

2013年秋，筆者陪妻回原籍──江蘇武進縣鄉下。一位五旬鄉村小學校長（親戚），一發話就指點江山：

我們這裡有句話，一家沒有主，掃把倒著豎。當今社會，沒有暴力怎麼行？看到人家千萬富翁、億萬家產，誰不想上去搶去分？我也想！沒有暴力壓著，怎麼行？

共產黨的江山永遠不會倒。毛澤東神聖，不論他有什麼錯，他的形象永遠高大。

我實在忍不住：你不瞭解情況，不知道毛澤東的另一面。

他笑笑，很傲然地：

我瞭解任何情況也不會改變對毛澤東的看法。這個國家是他打下來的，一家沒個主，掃把倒著豎。沒有暴力，不是全亂了？

接著又扔出一句：現在說共產黨壞話的都是受過打擊的。

且不說這位校長明顯有違辯證法──「我瞭解任何情況也不會……」，單就「說共產黨壞話的都是受過中共打擊的」，似乎受過打擊就不該反抗、自動喪失批判中共的資格，邏輯如此歪謬、層次如此之低。看來，他還是年輕一點，毛主席語錄沒學好，忘了那句「最高指示」──哪兒有壓迫，哪兒就有反抗。

他的毛澤東可是給了「受壓迫者」反抗權哩！既然受了打擊，當然有權反抗。毛澤東還有一句最高指示哩：造反有理！

以如此暴力邏輯與崇毛思想管轄一所小學，1500餘學生、六七十名教師，可憐呵！這位校長一輩子走不出「毛影」了，以其人文層次、思維能力，還能指望他培養出「現代化國民」麼？

暴力論下，大陸民眾普遍信奉「能力不如關係」。從拼爹的「我

爸是李剛」，到拼爹不成「搞關係」——先天不足後天補拙，形成各種挑戰公平正義的潛規則。大陸官場流諺：「關係就是生產力，應酬當中求發展。」

《北京日報》一文：

造成「能力不如關係」現象，「官本位」思想是生存土壤，特權現象是重要推力，用人不公是關鍵因素。[2]

滴水折光，這就是大陸真實一角。赤潮禍華，真正的「走資派還在走」。大陸人文層次與歐美對接，最樂觀估計也得一百年。

當年知青，如今都為父為祖了，他們當然深刻影響現實，實質性影響兒孫。

2014-8-17　上海

原載：《前哨》（香港）2015年9月號

---

[2] 邱煒煌：〈「能力不如關係」之怪象〉，載《北京日報》2013-9-9。

側耳聽世聲
——滬上學人聚議

　　2010年8月8日，《領導者》雜誌兼共識網社長周志興（1952～　），邀幾位滬上學人小聚，假座浙江瑞安商會——徐匯名都城54號。出席者：中國社科院前副院長劉吉（1935～　）、復旦哲學教授張汝倫（1953～　）、上海師大史學教授蕭功秦（1946～　）、上海季風書園董事長嚴搏非（1954～　）、中國作協會員任曉雯（1978～　），經濟學者朱小平、記者王孔瑞、商會人員李玉迪、本人。圍坐一桌，話匣一開，派別林立，側耳一聽，真實世聲，餐聚成辯論。不過，這也是周先生的用意，讓不同觀點碰撞摩擦，他當晚撰文博客〈思想者的盛宴〉，謂之「吵得一塌糊塗」。

傳遞資訊

　　劉吉先生乃江澤民幕僚，參與「三個代表」起草，剛從重慶飛滬。接近中樞，資訊多多，他熱忱推介「三個代表」，詳細解釋「先進生產力代表」、「先進文化代表」，解析「三個代表」如何凝聚江澤民「專家治國」思路。聽他一番介紹，筆者這樣的牖下學人多少感受「高處寒意」，稍窺政改必須面對的種種掣肘。

　　朱小平乃「紅二代」，父親「三八式」，1949年後首屆上海市委常委，家裡曾有「紅機子」（內部專線）。他分析當前紅色文化何以風雲再起：三十年經改成功但政改滯後，意識形態一仍其舊，經濟與政治脫節，許多社會矛盾無法化解且日益凸顯，底層民眾近乎本能地運用紅色文化進行宣洩；草民對一系列社會現象強烈不滿，但又不知道西方現代政治文明，毛左文士便用紅色語彙詮釋社會矛盾，藉此作

為進入權力階層的敲門磚。一些老年高幹也本能地高呼紅色口號，一批高幹子弟深受父輩影響，紛紛加入大合唱，推波助瀾。2006年，薄一波最後一次「慶生」，賀客300餘，內有不少聲名在外的「紅二代」，最後一個節目高唱〈東方紅〉，全體起立山呼「毛主席萬歲」！

我們都說小平也是「太子黨」，他擺擺手：「太子黨是有級別的，五級以上，我父親才八級，本人進不去！」小平先生最後總結：「意識形態再不動一下，看來真是水能載舟，也能覆舟了。」朱小平歲近六旬，「六四」後淡出體制，如今江湖中人，政治立場一語可知：「太子黨的出現，乃是第二次血統論！」

民主之議

針對「特殊國情論」與農民參政能力，嚴搏非先生發表見解：

要全體農民瞭解歷史資訊與國家大事，不太現實，亦無必要；他們只要通過選舉捍衛自己一村一鎮的利益就可以了。

對呵，先在基層農村推行維權式民主，然後由村長上鄉鎮維護本村利益，鎮裡再上縣裡維權，如此這般逐級維權，選票體現民意，由村而鄉而縣而市而省，最後進抵中央，不也可以「農村包圍城市」、「從地方至中央」，搞成漸進式民主？民主的價值不就落實於維權麼？邏輯正確，關係很順呵！難道農民一日未知識化，民主就一日「囿於國情」無法開展麼？至少，民主可以先搞起來，逐步完善。民主是件高檔貨，難以一蹴而就，得有一個逐步完善的過程。要求一上來就完美化，等於取消民主。中共高舉「國情特殊論」以拒民主，所依所憑就是這一所謂「民智落後」。

幾位中年學人發言很少。蕭功秦教授評了幾句毛，筆者也只是向劉吉先生提了幾個稍涉敏感的話題。幾位學人對時局對改革的思路相對一致，大體認同劉吉的「舊瓶裝新酒」，走「告別革命」的路子，

希望能夠在「集中」之下完成民主轉型。我插言:「此路能通,最好!但前提是高層必須領著走呵!」

席間,甚至討論如何具體操作民主。當代士林較之五四已有長足進步,意識到穩定的重要性,寧慢勿躁,不再嚮往「改天換地」重起爐灶。當然,時有爭論,風波迭起,很正常,如果一桌人所思所想都那麼嶄嶄齊,只能是「文革景象」。

還有人為「六‧四」平反支招:

六‧四可以通過雙否定來平反,先否定學運有過激之處,需要處置;再否定開槍,處置方式也過激。這樣左右兩派均可接受。

劉吉先生問我:這一方案,教授能同意嗎?

我略思索:可以接受,從政治上接受,至少往前走了一步。

劉吉認為:左派右派其實是一派,右派幫了左派的忙。我們說階級鬥爭不能講了,因為階級鬥爭沒有了,左派便指劉曉波說:階級鬥爭怎麼熄滅了?因此,左右兩派都不行,其實是一派,互為依存。從這一意義上,就是槍斃劉曉波都不為過。

如此看待不同觀點,竟認為左右兩派「一票貨」,為求「共識」甚至可以槍斃劉曉波。如此一元化思維、如此暴力論,從根子上缺乏適應多元異聲的主觀基礎。如此「帝佐」,江總書記的民主意識可想而知。無法對話了,席上畢竟只能列示主要觀點,無法展開長篇論證。

雜聲之議

幾位非學界人士的政論也值得關注。浙江瑞安駐滬商會會長,四旬少壯派,儀容整齊,紅光煥發。他惟一一次發言:

我認為,毛澤東首先是個偉人,沒有毛澤東,就沒有新中國;沒有毛澤東,就沒有後來的鄧小平,當然也就沒有我今天的從商機會與事業。

蕭功秦先生用反右、大饑荒、文革表示不同意，朱小平也擲以質疑。我感覺這位會長對毛的瞭解太淺，資訊不對稱，與他討論毛澤東十分吃力，深感第二次啟蒙之必要（1970年代末第一次）。所謂「走出極左」，對今人來說，就是走出極左邏輯與馬列學說。正本方能清源，頭腦中舊的家具不搬走，場地不騰空，新家具就搬不進去。

我身邊一位中年記者，一直悶不出聲，悄悄對我發議論：「毛鄧都不行！」我問他：「那麼，你看該怎麼辦？學西方嗎？」「不用！」「那麼，學誰？」「可以學老祖宗呵！我們有老祖宗呵！」我不解追問：「怎麼學？」他答曰：「老早不是有皇帝麼？現在既然誰都不服誰，為什麼不學學老祖宗呢？」呵！真沒想到，身邊端坐一位「帝制派」！這位「70後」怎麼會有帝王意識？看來，不得不找找「子錯父責」了。

需要再啟蒙

餐聚散出，胸內翻騰，深感民間思想渾沌雜亂，歷史車輪似回「五四」，只是這次意識形態重建過程更長。1980年代以來，赤潮全面退落，「王綱」再次解紐（五四首次），中共雖努力再三，意識形態深度分裂，已無可能凝聚朝野「共識」，尤其民主與集權，南轅北轍，如何統一？社會共識低，矛盾衝突自然就多，「維穩」難度就大。凝聚「共識」，即社會價值觀趨同，最大的維穩工程。公安維穩，儘管必不可少，畢竟揚湯止沸，治標耳。

囿於歷史積重，意識形態不得不帶著歷史一起走，無法徑走直線，只能「政治地」走曲線。周志興先生創辦政論網站——共識網，用意甚明。就當今國情，確實需要盡可能形成共識，有共識才有共力呵！麻煩的是：官家要士林向「主旋律」靠攏，在紅色意識形態下達成「共識」。這是不可能也不能讓步的：紅色主旋律與現代民主理念完全相悖。士林怎能接受這樣的「共識」？

　　中國乃全體國人之中國，每位公民都有言政權，難免多元錯歧，但最後決策，只能擇一。就現實國情，如何既讓各方講話，又保持理性、社會穩定，確為考量朝野智慧之大課題。而首當其衝的，當然是中南海，既要走又要穩，既要自由又要和諧，彈好政改這首樂曲，難度與價值同在，流芳百世的機會呵！

　　據中外歷史經驗，平衡社會成員之間的分歧，只有走「多數政治」，少數服從多數。民主不僅僅是政治原則，更是有效維穩器。分歧不公開，暗中憋著勁，久壓成爆，刀劍滅異。民主還是效率，及時糾錯、有效制貪、收集各方智慧，全社會擁有更多選項。一花獨放與百花齊放，誰的芬芳更濃烈呢？新聞自由的身後是社會守夜神，言論自由的身後則是智慧博弈呵！

2010-8-10～11　上海

原載：《開放》（香港）2010年9月號

山水要從細處看
——不能「淡化」的細節

　　山水要從細處看，論世評史重在論據。經歷偌大一場紅色革命，國人對抽象概念越來越不感興趣，越來越看重具體史實。偏偏這檔口中共搞起「淡化」，規定國人對黨史「宜粗不宜細」。中共敢做不敢當，能做不能說，當然是醜媳婦難見公婆，難上廳堂。拙文專以史實為據，不落一字評論，簡附出處。

早年史實

　　1918年8月30日，列寧與烏里茨基（彼得堡契卡主席）遇刺，俄共宣布紅色恐怖，槍決500名「資產階級代表」，400名沙俄軍官推至三個大坑前槍斃。高爾基怒斥：

　　這種極不理智的怯懦的算術……你們摧毀了君主制度的外部形式，但是它的靈魂你們卻不能消滅，看吧，這靈魂活在你們的心中，迫使你們失去了人的形象。[1]

　　1926年，15歲少共徐懋庸（1911～1977）回浙東家鄉，與篾匠叔父談起革命，叔父問：

　　你說的打倒列強除軍閥，打倒土豪劣紳，使窮人不再受剝削壓迫，這都很好。但是講共產，那就是不論勞動不勞動，都可以分到田地財產吧，我想這不好。這只能讓懶漢佔便宜，勤勞的人吃虧，那誰還願意勞動呢，結果豈不是誰也不想勞動，弄得大家都沒有飯吃麼？[2]

---

[1]　（俄）高爾基：《不合時宜的思想》，朱希渝譯，江蘇人民出版社1998年版，頁110。

[2]　《徐懋庸回憶錄》，人民文學出版社（北京）1982年版，頁25。

　　1938年，留法文學博士陳學昭（1906～1991）發現延安商人缺乏和氣，高高抬價，嗅出共產之弊：

　　邊區的各機關學校的事務科長、事務員、管理員，買東西都不回價的。「反正是公家的錢，省也省不到我自己。」既然有了這一層原因，延安商人見來了顧客，第一句話便問是為公還是為私？若是為公，價格與品質就勸你不要太認真了。

　　人人有工作，雖然多或少、重或輕是有分別的，但飯是吃得一樣的，何必多花費自己的氣力呢？我想也有人這樣想的。生活如果太有保障，人們是容易變成懶惰的。[3]

　　1959～1961年大饑荒，中南局第二書記王任重（1917～1992）調查「信陽事件」後：

　　我到光山（信陽地區轄縣）去看過，房屋倒塌，家徒四壁，一貧如洗，人人戴孝，戶戶哭聲，確實是這樣，這不是什麼右傾機會主義攻擊我們，這是真的。[4]

　　《紅旗》副總編鄧力群（1915～2015）：

　　老朋友彭大章從信陽調查回來，對我說：老鄧啊，問題真嚴重啊！說時神色慘然！後來先念同志也去了，回來講，他去過的村莊，婦女沒有一個不穿白鞋的。[5]

　　一位生產隊長每次帶回米飯鎖於櫥櫃，獨自享用，兩個兒子幾天粒米未進，不停叫餓，父親不理，幼子活活餓死。當地一姑娘餓死，伯父以收屍為名割肉煮食。饑民到處打聽誰家死人，以便夜間刨屍為食，野外常見剔除皮肉的屍骨。[6]

3　陳學昭：《延安訪問記》，廣東人民出版社2001年版，頁22、17。
4　孫保定：〈「大躍進」期間的河南農村人民公社〉，載《黨的文獻》（北京）1995年第4期，頁50。
5　張素華：《變局：七千人大會始末》，中國青年出版社（北京）2006年版，頁328。
6　謝貴平：〈安徽無為縣的「大躍進」運動及其後果〉，載《當代中國研究》（美‧普林斯頓）2006年夏季號，頁126。

天津東郊茶澱勞改農場，兩名勞教犯各將一根細黃瓜塞藏對方肛門，以避下工檢查，但被識破，扒下褲子拉出黃瓜。燕京畢業生韓大鈞（後為中科院研究員），挖出一窩剛出生的幼鼠，眾目睽睽下，活活生吞還沒睜開眼的幼鼠。[7]

1962年七千人大會——

每次吃完飯，桌子上光光的，不論副食還是主食，都是光光的。……即使是少奇同志去安徽組開會，吃飯時也和大家一樣，憑飯票吃飯。十人一桌坐滿才上飯，坐不滿不行，飯票丟了也不行。[8]

外賓招待會原本請不到的部長，這時凡請必到，一上冷餐盤，一擁而上一搶而光。周恩來不得不輕聲提醒：注意點吃相！[9]

1969年底，學部外文所下放河南息縣東嶽鎮，軍宣隊號召訪貧問苦。一位房東告訴鄒荻帆「餓死人那年」如何挖死人吃：「要是你們所長馮至來，我們都會把他吃了。」馮至胖，肉多。[10]

文革故事

文革中，廣西某縣出現「吃人運動」，吃瘋吃狂了，動輒拖出一排人批鬥，每鬥必死，每死必吃。人一倒下，不管是否斷氣，「革命人民」便拿出菜刀匕首蜂擁而上，斷肢割肉毫無慟色。一老太眼神不好，專用尖刀挖眼珠。幾個老頭專門吸人腦，朝腦袋砸一鋼管，趴下就吸。有的婦女背著病孩趕來，來遲一步，人肉已被割盡，失聲痛哭。[11]

7　叢維熙：《走向混沌》，花城出版社（廣州）2007年版，頁108、132。
8　張素華：《變局：七千人大會始末》，中國青年出版社（北京）2006年版，頁30、324。
9　資中筠：〈記餓——「大躍進」餘波親歷記〉，載《書屋》（長沙）2008年第1期，頁10。
10　賀黎、楊健：《無罪流放》，光明日報出版社（北京）1998年版，頁45。
11　錢理群：《拒絕遺忘》，汕頭大學出版社1999年版，頁68。

　　1969年，長白山某屯十幾位七旬老農被問同一問題：「經歷好幾個朝代，哪一個朝代最好？」老農異口同聲：「當然張大帥啦！」「為什麼？」「他讓你開荒，開多少都是你的，幾年就能當地主！」[12]

　　1970年代，杭州街頭頻發流氓圍哄扒撕女青年衣褲，被扒裸的姑娘逃進浴室，萬餘人圍觀，警察只能在崗亭裡靜觀事態。此類惡性案件在全國各大城市時有發生。1979年9月9日下午，上海「控江路事件」——一群流氓當街圍搶一婦手錶、皮夾，撕掉襯衫、胸罩、褲子。[13]文革十年，二十世紀中國治安最糟時段。

文革後

　　1977年，中國社科院長胡喬木為顧頡剛等三位老年高知住房，打報告給副總理李先念，要求撥房。[14]副總理竟要管到基層具體住房！

　　寧夏固原縣羅窪公社流諺：「得罪支書不得活，得罪隊長派重活，得罪會計拿筆戳，得罪保管耍秤砣。」寧夏海原縣19個公社主任，11個沒文化，不會做計畫、批方案。不少文盲幹部出去開會三天，回來只能傳達「三句半」，公款訂報多被幹部糊牆或捲煙。陝北靖邊縣林業局長：「這樣搞法，真還不如封建時代的縣太爺。」[15]

　　1980年，陝北老紅軍、高崗「五虎將」之首張秀山（1911～1996）復出，國家農委副主任，從甘肅走到青海：

　　一路上看到很多地方的植被遭到嚴重破壞，比我30年代在這裡打游擊時的狀況還差。在甘肅有的地方連吃水都很困難，老百姓的日子過得很貧窮。

---

[12]　孟歌：〈公正的歷史老人〉，載《開放》（香港）1991年2月號，頁72。

[13]　李軍：〈1983年「嚴打」的悖論〉，載《南方都市報》（廣州）2008-11-3。

[14]　錢江：〈胡喬木的一封「要房信」〉，載《新民晚報》（上海）2000-12-22。

[15]　胡國華等：《告別饑餓：一部塵封十八年的書稿》，廣東教育出版社2008年版，頁100～103

1981年4月，張秀山到江西老區，瑞金農民人均年收入52元，興國縣（出了八萬紅軍）55元，「群眾對我說：過去我們養一個保長，現在要養幾個保長。……農民負擔太重了，生活水準太低了，我們對不起老區人民。」[16]

1986年中秋，陝北烈士謝子長之子謝紹明（1925～　　），訪大別山老根據地英山縣（紅四方面軍駐地）：

在一戶農民家裡，節日的「奢侈」就是政府救濟的一碗豆渣和半條小魚；瓦罐裡鐮刀大的一片黑乎乎的豬皮，就是一家人半年的食油；鍋灶就是幾塊石頭支著的一只破鍋。由於年長日久的煙薰火燎，房屋都黑透了。聽說中央下來的幹部，老人顫巍巍地問：「你們到這裡來，是不是又要打仗了？」

1988年……全國尚有592個窮困縣，8000萬人口沒有完全解決溫飽。[17]

1977年10月，陳學昭上京探友，得自攜大米豆油，因全國限量配給糧油。1980年，陳學昭寫道：

想想祖國，心裡總是難過，特別是看著這下一代，書既不愛讀，工作又不願做，遊來蕩去，說謊、欺騙、打、砸、搶。[18]

1980年代

1980年代初，家長擔心「全國分配」，不願子女讀大學（尤其重點大學），因為畢業分配大學不如中專、中專不如技校——出來就是工人階級，還能留城。整個1980年代，腦體倒掛嚴重，讀書無用論仍「很有說服力」。北京一副教授三個子女：長子大學畢業留校，月薪90元；次子高中生進廠，月酬100多元；幼女初中生，飯店服務

[16] 張秀山：《我的八十五年》，中共黨史出版社（北京）2007年版，頁346。
[17] 賈芝主編：《延河兒女》，人民出版社（北京）1999年版，頁490～492。
[18] 陳學昭：《浮沉雜憶》，花城出版社（廣州）1981年版，頁142、132。

員，月收入200多元。廣州「中國大酒家」服務員，中學生經短期培訓，月薪195元。上海復旦大學一退休工人賣包子，收入比一級教授還多。這位一級教授問經濟學家陶大鏞：「（這）合乎什麼經濟原理？」[19]

1985年2月，丁玲創辦《中國》，第一期出版後，向總政劉白羽求援，因為沒有印刷第二期第三期的紙張，每期需紙30噸。[20]

1988年，一台灣老兵回鄉——魯西南清平縣，發現「幹一天活的男女，不洗手臉，不洗澡、不換衣服上床就睡，同四十多年前絲毫未變。」小學教師的侄子亂扔煙蒂，不相信台灣農民已富起來：「怎麼會大家都富裕？」[21]

1983年初，一位工農副廠長壯聲歪問：

是否念了幾年書，有點書本知識就算「明白人」，而我們這些工人出身、幹了二十多年工作的反倒成了沒有知識的「糊塗人」呢？……工人具有三大革命鬥爭的豐富經驗，這是知識分子所不能比擬的。我們廠裡有些技術人員，墨水雖然喝了不少，可是沒有辦企業的經驗，我們不能把領導權交給他們。……究竟怎樣看待知識？是先有勞動還是先有知識？我認為當然是先有勞動，爾後才有知識，知識應該從屬於勞動。知識分子的知識是靠勞動人民的血汗培養出來的。工人不做工、農民不種田，你知識分子吃什麼？穿什麼？我聽到周圍有人說：「黑手」（工人）養活「白手」（知識分子），這話有一定道理。四個現代化要靠工人農民幹出來，而不能靠知識分子畫出來（指設計、繪圖）。……歷史已經證明，「科學救國」是行不通的，我們切不可重蹈覆轍。否則，就有可能改變國家的性質，走到「勞心

[19] 〈暢談「尊重知識、尊重人才」〉，載《群言》（北京）1985年第1期（1985-4-7），頁7。
[20] 胡世宗：〈我憶丁玲〉，載《丁玲紀念集》，湖南文藝出版社2004年版，頁605。
[21] 吳長波：〈仍是老樣子〉，載《中國大陸》（台北）1989年9月號，頁67～68。

者治人，勞力者治於人」的道路上去，這種局面不能不使人擔心！[22]

「新社會新風尚」

1982年夏，復旦七旬史學教授譚其驤（1911～1992），赴長春開會，軟臥上舖，弟子葛劍雄與同廂下舖商換。兩位出席同一會議的幹部比譚老年輕十來歲，一口回絕。半夜，葛劍雄從硬臥車廂過來，照顧老師起夜，怕譚先生下來不方便，聽到兩位下舖幹部一段對話：

現在這世道也真奇怪，我們身強力壯就讓離休了，人家又老又瘸倒還在幹活。

人家是知識分子，是人才，我們算什麼？

倒不是我不肯讓舖位。走不動了就別出門，出來太方便了，跑得不更歡了？

可他不出來，也輪不到你開會啦！[23]

此時學術會議多少得講一點實質性內容，知識分子唱主角了，官員淪為配角，故有「陪會」的失落感。

「新社會」沒湧現大批「社會主義新人」，反倒湧現大批「社會主義懶漢」。年年救濟的西北，越救越靠、越靠越窮——「吃糧靠返銷，花錢靠救濟，生產靠貸款，建設靠投資」。1949年以來，陝北延安等六地區，領取各類救濟、投資、信貸20億，收效甚微，當地幹部花撥款根本不心疼，也不算計，反正花光了還能再要。[24]

1981年，復旦大學黨委書記做學生思想工作：

你們懷疑社會主義的優越性，這是沒有根據的。拿我來說，住四大間房子，租金才不過兩塊，這不是社會主義優越性的具體表現嗎？

---

[22] 蘇德山：〈我有些問題想不通〉，載《工人日報》（北京）1983-1-12，版1。

[23] 葛劍雄：《看得見的滄桑》，上海教育出版社1998年版，頁291。

[24] 胡國華等：《告別饑餓：一部塵封十八年的書稿》，廣東教育出版社2008年版，頁131～132。

　　書記的話沒說完，學生哄堂大笑。書記乃1929年入黨的留日大學生，既氣憤又茫然。其時滬上住房奇缺，人均二三平米比比皆是，這位書記竟以特權作為「社會主義優越性」?!復旦教授賈植芳：「這位領導同志有點像晉惠帝……他說的是封建制度的優越性。」[25]

　　老外說：「你們搞社會主義，把所有的人都變成無產階級；我們搞資本主義，把所有的人都變成資產階級。」[26]曹禺晚年詩云：「死去原知萬事空，忍看山河代代窮。」[27]

一則花絮

　　1998年曾志病重，女兒陶斯亮攜女探母，突發奇問：「如果讓你再選擇一次，你選什麼樣的男人？」外孫女不假思索：「我會選壞男孩！」陶斯亮：「我選比較優秀的男人！」曾志認真想了想，斬釘截鐵：「他首先必須是共產黨員！」陶斯亮母女哈哈大笑，曾志沒笑，她從來不說笑話。2009年，陶斯亮說母親屬於「騎馬挎槍走天下的那種女性」，紅色狂熱滲透骨髓，永遠政治第一。陶斯亮溫情得多，原則性不強，自認為不適合從政，辭去中央統戰部副局長。外孫女的「背叛」更意味深長。[28]

2013-8-6　上海

原載：《爭鳴》（香港）2013年9月號

---

[25] 賈植芳、任敏：《解凍時節》，長江文藝出版社（武漢）2000年版，頁328。

[26] 趙士林主編：《防「左」備忘錄》，書海出版社（太原）1992年版，頁66。

[27] 李夢橋：《中國世紀名人遺囑‧遺書‧遺言‧遺作》，湖北人民出版社2000年版，頁422。

[28] 劉暢：〈陶斯亮回憶母親曾志〉，載《環球人物》（北京）2009年第4期，頁78～79。

五十年黃河蘭州段漂屍萬具

　　2012年10月9日上海《東方早報》：〈黃河蘭州段浮屍調查：每年超過二百具〉。當地公安、民政以及職業撈屍者確認：1960年代以來，黃河蘭州段80公里水域至少漂屍萬具，近年仍以每年200～300餘具在增加。一些浮屍被隨意棄之，繼續漂蕩千里黃河，污染水質。由於漂屍已有「規模效應」，1970年代出現職業撈屍人，挾屍要價，一項不錯的生意。

「黃河鬼俠」

　　蘭州下游20公里，皋蘭縣什川鎮河口村。「黃河鬼俠」魏職前，16歲（1960年代）就以撈屍為業，送走浮屍成千上萬，每一具均有記錄。「夏天多、黃河發大水的時候也多，最多一天撈過20具。」魏職前從出生起，順河而下的屍體就在他家門前灣裡遊蕩，雖然每年數量不一，但數十年並無顯著變化。

　　什川鎮下河坪村，魏職軍父子搭起一座簡易石屋，屋下河面栓著快艇。白天守坐門前，瞥見順河而下的浮屍，便下河駕艇撈屍，拖拴河邊樹下。先搜身，看看是否有手機、身分證、電話本什麼的，以便聯繫家屬，但領走的屍體不到一成。今年「收成」不錯，已有20具被認領。浮屍只能擱置一～三周，無人認領只能解索任其漂走。屍體長期浸泡，腐變污染遠遠大於生活垃圾，無法長期「持有」。之所以任其漂走而非掩埋，乃物價上漲，喪葬費由幾百元漲到一兩千元，負擔不起。

　　近年，前往下河坪村的尋親者絡繹不絕，魏氏父子的名氣越來越大，屍價亦水漲船高，據說每年收入十萬以上。老魏承認屍體打撈

費最高數萬，一般七、八千～兩萬，他們看人要價，最低也要五百塊「油錢」。

魏職軍「從業」以來，每年撈屍60～100多具，2012年截止9月初，撈屍近50具。蘭州水上派出所、榆中縣派出所亦不時打撈起漂屍。

黃河屍源

漂屍「來源」有著鮮明時代印記。1960年代初大饑荒，自殺者較多。稍後「四清」運動，經濟問題出事的多。文革期間，有歷史問題的老幹部、因男女問題跳河者較多。1980年代因家庭矛盾、工作壓力以及畏罪自殺者增加。1990年代以後，下崗失業、病痛纏身、家庭矛盾等原因上升。甘肅警方統計，二十世紀末，黃河漂屍中跳河自殺、失足溺斃、兇殺拋河分別為85%、10%、5%，碎屍、割喉、捆綁、裝袋等兇屍逐年減少。自殺者中，八成16～45歲中青年，多為窮人。皋蘭縣公安局治安大隊長肖振西透露，2008年至今，該局處理的黃河浮屍超過200具，「幾乎都是自殺的」。大年三十、初一早上都有跳河的。

1980～1997年間，蘭州水上派出所撈屍6500具。據該所統計，最近每年約300人在黃河中結束生命，2012年4～9月，該所月均撈屍20具，其中三成「三無」——無人報警、無人認領、無線索。黃河蘭州段漂屍問題長期存在，1980年才成立水上派出所，專責水上救生、打撈浮屍。

2009年，撈上來一位遼寧青年漂屍（有身分證），聯繫其家，表哥借了3000塊，說要過來領屍，最後沒來，因母親聽說兒子出事一下病倒，3000塊給她治病了。水上派出所將照片、屍檢報告傳過去，經家屬確認，派出所出錢火化。骨灰放在布袋裡，看著心酸，派出所買了最便宜的300元骨灰盒，準備把骨灰盒寄過去。一瞭解，骨灰盒不能寄，只好掏錢存放殯儀館，至今沒領走。

黃河大峽水電站建於1991年，庫區每年接屍幾十具，最多時近百具。由於無法查證死因，不排除內有刑案，水庫無權處理屍體，只能

任其漂浮，年復一年等待認領。部分無人認領的腐屍被水輪機打碎後漂向下游，當地農民憤怒地將大峽瀉水稱為「人身肉湯」。沿河兩岸七十多家農戶至今未喝上自來水，飲水為冬天窖藏的黃河水，「人身肉湯」裡撒一些漂白粉、淨水寶，簡單淨化後直接飲用。迄今為止，無任何機構對這些窖藏水進行質檢。

2012年12月7日央視法治頻道「天網」欄目報導，長江流域也有「水屍」，常規現象，僅長江航運公安局南京分局每年就要處理漂屍百餘具。湖北黃石西塞山公園一處陡崖為著名自殺勝地，當地投江者「第一選擇」。

大陸自殺率

據中國疾病監測系統資料：1991～1995年全國自殺死亡率19.85／10萬人。1999年，衛生部公佈1993年自殺率22.2／10萬人。[1]再據中國疾病監測報導：自殺已成為全國意外死亡第一位。大多數國家自殺占死亡人數比例1～4%。[2]

年自殺率大於20／10萬人為高自殺率國家。1990年全球自殺140萬，占該年死亡總數1.6%。自殺一般男性高於女性，大陸則女性自殺率次高，斯里蘭卡最高，女性自殺率＞14／10萬／年。中國自殺絕對數世界第一，全球每年約42%的自殺發生在世界人口20%的中國，世界衛生組織估計中國自殺死亡人數41萬／年。研究者估計：1991～2000年大陸自殺率16.8／10萬人，有人估計18.8／10萬人。台灣自殺率為12～14／10萬人。

大陸農村高發自殺，城市的2.4倍，西方則是城市自殺率高於農

[1] 趙梅、季建林：〈關於自殺的研究〉（二），載《臨床精神醫學》（南京）2002年第12卷第3期，頁161。
[2] 姜峰：〈自殺行為的心理社會因素研究〉，載《山西醫學院學報》1996年S2期，頁17。

村。1987～2007年，中國農村年均自殺17.11萬，占全國年自殺人數85.23%，鄉村女性年均自殺為城市女性6.2倍，55歲以上鄉婦年均自殺為城市女性的5.7倍。

統計表明，每10萬自殺死亡對應80萬自殺未遂；一例自殺至少使六人受嚴重影響，一例自殺未遂至少使兩人受嚴重影響。自殺給親人造成的心理傷害將持續十年，自殺未遂對親人的傷害持續半年。大陸每年20萬人自殺，導致1360萬人（全國人口1%）心理重創。[3]

官員自殺率也在走高。2012-8-18中組部、公安部發佈：近年各地官員因經濟、工作、情感等自殺者持續攀升，社會影響極壞。僅8月上半月，就有93名官員自殺身亡。[4]

自殺率直接體現國民幸福度，亦可視為幸福認同度的檢測指數。中國大陸自殺率居高不下，當然說明「生活竟如此不可忍受」。大陸沒有言論自由，無法有效表達對「社會主義幸福」的評議，也沒有任何社會機構對中共執政搞民調，一部分革命人民只能用自殺「表達」、「身體投票」。

尚未開始關注

許多國家早已預防自殺，美國1950年代就建立「洛杉磯自殺預防中心」。國際上也有「國際自殺預防協會」，努力幫助企圖自殺者。自殺已成為中青年壽命減損第三大因素。在大陸，這項工作尚未提上議事日程，「同志尚未努力」。

2012-10-23　上海

原載：《開放》（香港）2013年1月號

[3] 黃潤龍：〈近二十一年我國自殺人口的性別差異〉，載《西北人口研究》（蘭州）2011年第1期，頁60～62。

[4] 正鳴：〈地方幹部自殺情況惡化〉，載《爭鳴》（香港）2012年9月號，頁25。

拍歪馬屁倒幫忙

　　文佞媚權，1949年後大陸媚共諛文連篇累牘，拍馬文佞層層茬茬。可惜這些文佞只習鑽營不諳學問，智商又低，硬充學者，常常文不對題，拍歪馬屁，攤晾爛瘡當乳酪，不時「反彈琵琶」倒幫忙。更可憐那些「核心」還感覺不到這些濫文的「反作用力」。

為鄧貼錯金

　　《國家人文歷史》2013年第16期〈「嚴打」政策如何出台的〉，吹捧鄧小平1983～1987年「嚴打」重典用世治國有方，云云。

　　文革後，經濟凋敝，就業困難，千萬知青返城，加上此前進城的農村青年，人滿為患，北京40萬待業青年，平均2.7戶一位「待青」。他們思想苦悶、悲觀失望、無事生非，文革的政治暴力此時轉向刑事暴力，治安持續惡化，惡性刑案頻發。

　　1979年9月9日上海「控江路事件」，一批流氓當街扒掉一名女青年襯衫、胸罩、褲子。警方出動大批人馬，午夜才平息事態。1980年10月29日北京火車站，一男子失業失戀自爆，9死81傷……據公安部統計，1980年全國案件75萬多起（大案五萬餘）；1981年增至89萬多起（大案6.7萬餘）；1982年74萬多起（大案6.4萬餘）。1983年頭幾個月刑案猛升。[1]

　　1983年2月8日無錫，江蘇省委書記江渭清向鄧小平彙報：「現在城市裡女工晚上不敢上班，好人怕壞人，這樣下去不得了！」7月19日，鄧小平在家召見主管政法的彭真、公安部長劉復之，念了一段公

---

[1] 李軍：〈1983年「嚴打」的悖論〉，載《南方都市報》（廣州）2008-11-3。

安部報告：

　　要求對各種犯罪分子和流氓團伙的骨幹分子、收容審查一批、勞教一批、拘留一批、逮捕法辦一批，對嚴重犯罪分子堅決依法從重從快懲處；同時，注意不一刀切……

　　小平同志沒再念下去：「這樣四平八穩，解決不了問題嘛。毛病就在於你們後面講的『同時注意不一刀切』，穩穩當當的，就不能解決問題。」鄧接著對劉復之說：

　　為什麼不可以組織一次、二次、三次嚴厲打擊刑事犯罪活動的戰役？每個大中城市都要在三年內組織幾次戰役，一次戰役打擊他一大批，就這麼幹下去。

　　1983年8月，政治局下發〈關於嚴厲打擊刑事犯罪活動的決定〉，強調從重從快從嚴處理刑犯。9月，全國人大常委配套行動，為「嚴打」完成司法程序，如為配合「從快」，上訴期限由刑訴法規定的十天縮至三天。

小平不諳法

　　此文歌頌鄧小平重典治亂，「嚴打」有功。可馬屁拍得很不是地方，「嚴打」恰恰暴露鄧小平對現代法治一竅不通，情緒化處理熾烈刑案，還在沿襲毛時代的運動方式，露了鄧底。法學界指出：1983～1987年運動式「嚴打」，政法一體，「政」大於「法」，重刑過度，罪刑失衡、司法不公，嚴重損害法治。

　　「嚴打」批判西方的「輕刑化」，抱持封建司法觀，高壓恐赫的「堵」，而非化解刑案高發成因的「疏」，違反現代法理，後果極其嚴重──隨意司法，鄧氏治國敗筆之一。文侫因不知何為現代法理，以自己的無知去吹捧鄧氏的無「法」，遺笑世人。

　　「嚴打」要求「從重從嚴從快」，各級公檢法競相邀功，冤殺一大批。這場輕人權重刑典的「司法笑話」，本該披遮雪藏，不便見人

的「醜媳婦」，偏偏諉佞與大陸媒體水準太低，不明就裡，硬將爛屎當美景，拎著缺點當優勢，提溜出來吆喝晃悠，好像鄧小平幹什麼都「偉光正」。以前毛崇拜，現在鄧崇拜，封建內質同一。

此外，鄧小平作為最高領導人，直接插手司法，家裡辦公，還是關涉刑典的重大國事，越權出圈，程序本身就有大問題，實在不是什麼值得宣揚的「偉光正」。再則，「嚴打」只有短期震懾之效，治表不治本，只能說明眼光低窄，並不能為「總設計師」增光添彩。

1987年前後，鄧多次對外賓說：三權分立，互相制約，這一體制無效率：

社會主義國家有一個最大的優勢，凡是一件事，只要一下決心，一作出決議，不受牽制，就能夠立即執行，不像議會民主經過那麼多複雜，那麼多反覆，議而不決，決而不行。就這方面總的說，我們效率是高的，決定了就馬上執行。我講的是總的效率，這方面是我們的優勢，我們要保持這個優勢。

鄧小平把不受制衡這一集權劣勢，視為「我們總的優勢」，甚至說「我看美國搞不過蘇聯，蘇聯政治局開個會就能把這件事辦成（按：出兵阿富汗），美國能辦到嗎？」[2]

鄧小平還將美國的三權分立說成美國有三個政府。集權獨裁雖然省卻民主決策的爭論，但民主在整體優勢上（集智、糾誤），遠遠高於獨裁。如毛澤東的「三面紅旗」、打倒彭德懷、文革，朝野都知道毛錯了，硬無法制止，瞪著眼只能看老毛折騰到死。1987年11月5日胡喬木對美國記者說：

鄧小平以及周恩來、劉少奇、陳雲、李先念等早就不同意毛澤東的許多看法。[3]

這麼多政治局委員咸知毛澤東錯了，甚至判認「偉大領袖」瘋

[2] 趙紫陽：《改革歷程》，新世紀出版社（香港）2009年5月第2版，頁275。
[3] 《胡喬木文集》，人民出版社（北京）2012年第2版，卷2，頁257。

了，也只能乾等毛伸腿。集權制下，無法糾誤呵！一權獨大，何以制衡？小平同志視劣為優，倒置本末，如此低水準理解民主與三權分立，當然不可能去推進民主。至於「美國搞不過蘇聯」，歷史已經作答──蘇聯很快解體。「總設計師」的政治眼光不行嘛，很短淺呵！

冤魂幾何多

為體現從重從快從嚴，「嚴打」主要對象為偷搶流氓案，大量輕罪重判。如「偷一元錢判死刑」、耍流氓判死刑或徒刑二十年；一男青年為女友拍了一些穿著暴露的照片，也判了死刑，連女友也判了刑。1983年，一王姓女子與十多名男子發生性關係，以流氓罪判死刑，留下一段值得複述的遺言：

性自由是我選擇的一種生活方式，我的這種行為現在也許是超前的，但20年以後人們就不會這樣看了。[4]

1984年，北京20歲牛玉強搶帽子、砸玻璃、打架，死緩。[5]

西安婦女馬燕秦組織舞會、性關係較亂，抓了三百餘人，轟動三秦的大案。馬燕秦與兩名舞會組織者死刑，三名死緩、兩名無期。這還是過了「嚴打」高峰的「寬大判決」，若在高峰時段，至少槍斃十餘人。

1982年青年影星遲志強在南京拍戲，與一幫高幹子弟跳貼面舞、看小電影，自願一夜情。「嚴打」開展後，鄰居舉報，因無受害人，南京公安局本擬單位領回教育一下就算了，但《中國青年報》報導成「強姦」、「輪姦」，南京公安局、北京公安部紛紛接到「民憤」電話，遲志強領刑四年，影星就此隕落。遲志強兩位獄友，一位偷窺女

4　〈30年前的預言〉，載《成報》（香港）2013-9-3。
5　劉薇：〈律師上書人大建議赦免「流氓犯」〉，載《京華時報》（北京）2011-1-7。

廁，死緩；一位摟抱女青年，猥褻罪，徒刑四年。[6]

　　1984年北京火車站，一群瓜販哄搶西瓜，分別被判死刑、死緩、無期，最低15年（只搶一個西瓜）。河南一對情侶因女方家長反對，離家同居。女方家長找到後，領回女兒，報案男方強姦，男青年死刑。盜竊罪，此前也就十年，「嚴打」升至頂格死刑。[7]

其他資料

　　「嚴打」得體現於數據，大量輕罪重判，層層「拔高」。

　　1983年，蚌埠青年李和嫖妓不給錢，判刑5年；「嚴打」後改判15年，佈告貼得滿街；李和不服上訴，趕上第二批「嚴打」，改判死刑。北京一小伙見洋妞與人街上撕打扯開上衣，上去摸了一把，槍斃。一女孩夏夜院裡洗澡，院牆較低，一同齡男孩路過，伸頭看了一眼，女孩大叫「流氓」，男孩定「流氓罪」槍斃。一人偷看兩次女廁，掉了腦袋。

　　瀘州納溪王小伙與同伴打賭，親了過路女孩的嘴，槍斃。多年後，王小伙家屬獲賠200元。一入室小偷開走兩輛摩托車，均未銷贓，追回發還失主，公安局委託評估部門將贓物價值提至三萬元以上，以盜額特別巨大判處小偷死刑。

　　豫西一農戶，祖父、奶奶將孫子單獨留家外出辦事，孫子被豬咬死，僅剩殘缺肢體，趕上1983年「嚴打」，大隊未完成抓捕指標，老夫婦雙雙被判「過失殺人」，一死緩、一無期。

　　一位17歲女孩與兩位小男生有性關係，以「流氓團伙」判刑15年，還遊了街。一位女青年與在逃犯發生性關係，也被判刑，罪名「助長犯罪分子氣焰」。

　　一位17歲青年吵架時用鐵鍬拍了對方後背一下（僅輕傷），領刑

6　李軍：〈1983年「嚴打」的悖論〉，載《南方都市報》（廣州）2008-11-3。
7　劉傑：〈從嚴打到收歸死刑覆核權〉，載《京華時報》（北京）2008-11-5。

八年，出獄後成為混世魔王。1983年，豐台慕永順拿了單位一部舊電話機，刑拘15天，「嚴打」一來，一事兩罰，判刑4年。新疆有人偷了15元，判刑15年。路邊撒了一泡尿，也被判刑。

「嚴打」當然只能治標。第一次「嚴打」過後，1984年1～8月，全國刑案比上年同期下降31%，犯罪率接近1949年以來最低。[8]此後還搞過三次「嚴打」——1996、2000～2001、2010。但每次「嚴打」過後，刑案猛烈回升，1988年刑案87萬餘、1998年198萬、1999年224萬、2000年363萬、2001年445萬。[9]

遮面怕真實

只要抖出一點被遮的真相，中共形象就總是不妙。無論「偉大領袖」還是「總設計師」，稍稍撩起帷幕一角，曝一點光，中南海就會一哆嗦。為什麼至今不開言禁、為什麼還在封鎖新聞、為什麼死守「淡化」、害怕網路？宣傳部何以成「不宣傳部」？底牌當然是「難見公婆」。

近年，中共御用文人千方百計論證歐美民主的缺陷，論證民主憲政不合國情，指為西方歧途，試圖以否定西方民主導出中國可以不要民主的結論，至少現階段「還不需要」。2013年6月18日《人民日報》發表〈中國超常增長的文明動力〉，將走資本主義道路獲得的經濟增長論證成「中國特色社會主義政治制度的優勢」，甚至借西人之口：「一部分西方精英因此看到西式民主並非經濟持續繁榮的必由之路，開始反思和修改其價值觀」。如此顛倒黑白、恬不知恥，沉重說明中國通往民主憲政必須面對的艱難。

中共至今還在持用如此拙劣邏輯，除了用刺刀壟斷話筒，暴力護航——不讓對方出聲，難道還能為今天的「革命人民」認同接受麼？

[8]　劉傑：〈從嚴打到收歸死刑覆核權〉，載《京華時報》（北京）2008-11-5。
[9]　李軍：〈1983年「嚴打」的悖論〉，載《南方都市報》（廣州）2008-11-3。

現在可是誰都明白了——無非為罪惡四綻的「無產階級專政」尋找合法性。

今天，國人至少明白一點：中國「最佳藥方」，方向只有一個——民主，途徑只有一條——開啟言禁黨禁，各種設計都得通過博弈實踐檢驗，誰的藥方都無權免檢。任何一種不讓質疑的「真理」，絕不可能是真理。經歷巨大赤難的中國，一個世紀才「買」回這點認識。中共想「淡化」，淡化得了麼？有可能性麼？

初稿：2013-9-15～23；修訂：2013-11-11
原載：《開放》（香港）2014年5月號

失去信任

　　赤繩鬆弛，恢復私有，經濟發展，「陸民」生活水準漸升，逐漸提出更高標準，此前相對隱蔽的社會問題漸漸凸顯。誠信，既是持續發展的基本建設，也涉及撥亂反正的深層肌理。

　　2002年3月19～27日成都～西安歸還密碼箱風波，「經典」說明社會誠信度甚低，2002年4月9日《報刊文摘》轉載〈想當「活雷鋒」還真不容易〉。提倡雷鋒精神40年了，居然想當雷鋒沒人相信，成都失主不相信有人千里迢迢從西安趕來歸還。2002年4月7日此事上了央視「實話實說」。是年，中宣部大力掀倡「誠信」。

　　2002年4月16日，上海財經大學經濟新聞系學生召開「誠信座談會」，邀我發言。當時覺得崇尚誠信，社會風氣扭轉有望。11年過去了，全社會最大道德缺陷還是「誠信」，各色騙子有增無減，電信詐騙每年「圈去」數十億人民幣。為防範「不誠信」，社會代價巨大：不敢去扶倒街老太（怕被訛上）、各種優惠都遭懷疑「笑裡藏刀」、任何好意須先「自證純潔」。2012年11月6日，110國道大雪封堵，北京大榆樹鎮村民為滯留車輛送去盒飯，竟遭拒絕，不開車門，不相信會有免費盒飯。[1]

　　夜半靜思，誠信——這麼一個基礎常識，需要一本正經坐下來討論，還需要號召，十多年竟未見好轉，感慨良多，感受複雜。

　　幾乎每個中國人都聽著〈狼來了〉的故事長大，並不缺乏誠信教育。就我國人文傳統，儒家以誠信為本，不僅強調誠信立身，更強調誠信行世。可是，「半部《論語》治天下」的中國，竟需要基礎道德大教育！社會道德何以如此缺失？何以普遍失去信任？基礎價值何以

---

[1]　原載《新華每日電訊》（北京）2012-11-6，轉載：《同舟共進》（廣州）2013年第3期，頁37。

受到重大破壞？人文傳統何以斷撚？社會誠信何以一路走低？誠信，竟成大陸亟須壘砌的一塊文化基石。

道德危機不停啃齧價值支柱，一定會引發公正危機。1994年第8期《中國農民》載文〈為什麼應該排隊乘車〉，批評粗野的「一窩蜂擠搶上車占座」，遠不如守紀排隊，速度更快。「先來後到」乃基礎公德，居然需要一本正經論證告知。大陸國人並沒普遍意識到這是「基礎性缺失」，司空見慣，引不起關注，更不會去掘根探源。

缺失誠信源於反右～文革，價值倒置、是非混亂，一直在支付「欠息」。一例「經典」：1992年兩位青年編輯去錢鍾書家取校樣，82歲的錢鍾書傳授人生經驗：

一個人對自己身邊的人甚至自己的朋友，在與他們說話時要十分謹慎。如果他是一個表裡不一的人，他可能會抓住你話中的漏洞從你身後捅你一刀，把你賣了；如果他是一個軟弱的人，在他人的恐嚇威脅下，他可能會作一些偽證，捏造一些無中生有的事件；如果他是一個正直誠實的人，他可能會十分坦率地承認一些對你十分不利的事情；如果他是一個可以信賴的知心朋友，他可能會因為保護你而犧牲了他自己。總之，心中毫無阻礙，說話毫無顧忌的人，很可能害人又害己。[2]

得出如此陰森可怕的人生經驗，江湖如此險惡，人心如此叵測，那一代大陸士林處世之累，不堪回首的一段歲月，一斑凸顯。

反右～文革，許多響徹雲霄的口號──「大公無私」、「狠鬥私字一閃念」，聖人都達不到的標準。周恩來說：「先公後私就不錯了」。如此這般，逼得國人只好玩虛，民諺「八路軍唬弄共產黨」，虛偽成為求生的客觀需要。

社會意識總會放射出後滯性影響。從史學角度，今天總是昨天的「人質」。今天缺失誠信，根鬚當然在昨日。

---

2 駱玉明：《近二十年文化熱點人物述評》，復旦大學出版社2000年版，頁389。

　　除了歷史原因，也有近因。恢復市場經濟後，全社會急功近利，重工輕文。為糾正此前虛假的「精神第一」，一下子滑拐「物質第一」，一個極端走向另一極端，拜金主義囂然塵上，製假售假堂皇登場，假言假行見怪不怪，人文精神黯弱無光。

　　1990年代，一位波蘭漢學家質疑中國「言行不一」。他問中國學者：中國春藥在波蘭賣得很好，聲譽極佳，可中國的性倫理如此保守，春藥製作何以如此先進？水準如此之高？中國學者無法「正確解答」。[3]

　　誠信降低、人際關係淡漠，相互提防相互制約，手續繁雜勢必影響效率。一手交錢一手交貨，只能適應小生產，無法與國際化集約化現代經濟接軌。低層次的人文環境如同一條坑窪鄉道，集卡車如何起速奔馳？如何與高速運轉的全球經濟接軌？

　　2002年，中國企業聯合會理事長張彥寧透露：中國每年因誠信損失5855億元人民幣，其中逃廢債務直接損失1800億、合同欺詐直接損失55億、產品低劣售假至少損失2000億，三角債等財務費用2000億。[4]

　　加入世貿後，必須與國際接軌，誠信成為「客觀需要」，此為「入世」放射性影響。較之空洞的道德提倡，客觀需要的多元制約畢竟力量大得多。

56個報喪電話「喚不醒」

　　2013年夏，武漢學生池某玩水溺亡，同學們急忙給福建鄉下池家打電話。56個電話，池家就是不相信，認定詐騙。同學們只好勸池家無論如何來武漢看一下。池家總算派出堂姐，當她告知池父確訊，電話那頭嚎啕大哭。2013年初，中國社科院社會學研究所發佈《社會心

3　秦暉：《天平集》，新華出版社（北京）1998年版，頁40。
4　〈我國每年因誠信損失5855億〉，原載《江蘇經濟報》2002-3-26，轉載《報刊文摘》（上海）2002-3-31。

態藍皮書》，調查顯示社會信任指標進一步下降，跌破及格線，只有50%的人認為大多數人可信，僅20～30%信任陌生人。信任度如斯之低，還是「新社會」的成功麼？[5]

提高誠信，除正面教育倡導，還得對「非誠信」加強懲罰。「不願為」終究需要「不敢為」的協助。誠信必須有「價值」，才能真正體現「力量」。賞罰分明，民知趨避，法治之所以高於人治，根鬚深遠呵！

2010-5-28　上海

原載：《陽光》（香港）2013年第10期

---

[5]　王方傑：〈不信報喪電話只因社會誠信已失守〉，原載網易新聞2013-7-3，轉載《文摘報》（北京）2013-7-9。

國失誠信怪事多

「領導階級」誠信度

　　一則報導多年難忘：〈來時哭哭啼啼，走後泥牛入海──萬名受助者良心何在？〉1990年代，杭州火車東站民警個人資助上萬困難者購票返程，老周一人就先後「借」出近萬元。萬名受助者中，僅一名大學生還款。95%以上受助者為「品德高尚的領導階級」──工人農民。最令民警寒心的是受助者回家後，無一人打電話報平安。（《杭州日報》下午版1999-5-19）

　　蘭州火車站1995年成立「救急基金」，幫助遭遇意外陷入困境的旅客，八年救助268位「陷困」旅客，總額43330元。發放時一再聲明「救急」非「救濟」，基金需要循環使用，回家後務請寄還，僅28人返還4811元。很多受助者留的就是假地址、空電話，就是打通電話，不少矢口否認到過蘭州。1997年冬，一位落魄大學生接到車站100元救助金及領班田永安身上的棉大衣，熱淚盈眶，主動寫下地址，一再表示回家後立即歸還。還有一對六旬老夫婦，值班主任憐其慘狀，撥借400元救助金，老夫婦又磕頭又作揖，留下戶口本。但大學生、六旬老夫婦都一去無訊，戶口本還在值班主任的抽屜裡。[1]

　　1995年8月，張家口柴溝堡師校六名貧困生拖欠學費，無法領取畢業文憑（校方惟此制約學生），為了六名貧困生領證就業，班主任劉秀余簽約擔保三月後歸還欠費，總計兩萬餘元。三月後，信誓旦旦且順利找到工作的六名學生，無一還錢，校方按約從劉老師570元月薪中扣除500元抵欠。本就不寬裕的劉老師立陷窘境，到處告貸，艱

---

[1]　狄多華：〈蘭州火車站救急基金拷問旅客誠信〉，載《中國青年報》（北京）2003-9-19，版1。

難度日。至1997年7月，四名學生歸還欠費。2004年，一名學生因被告上法庭才向老師賠禮還款，最後一名學生仍遲遲不還所欠4500元，三次開庭一言不發，法官無法審案。

看到劉秀余老師的遭遇，再也沒有教師願出面為學生擔保了。學生既窮又缺乏誠信，銀行也不願意放貸，使得助學貸款折戟河北。[2]

「沒良心的學生」（劉老師語），如此人心不古，且不說詐術日新的滿街騙子（如背著書包偽裝學生乞討），當人們的同情心一再被欺騙利用、遭遇尷尬，他們還會再次施予同情麼？杭州火車東站的警察如今仍在掏兜為求助者購票返鄉，但當對方一再賭咒還款，警察已不抱任何希望——「那麼多受助者不都這麼說的麼？」

最近又傳苦澀笑話——作秀紅包。蘭州市官員慰問環衛工人，每人發紅包300元，官員一走，紅包收回。[3]

公民誠信度

失去公正公信，善事也做不好。《21世紀經濟報導》：1998年啟動的北京第一代經適房，交付使用14萬套；截止2011年8月，約13萬套轉為二手商品房上市，剩下的一萬套，40%在出租。北京第二代經適房，交付約十萬套，25%出租。甚至兩限廉價房（限房價、限套型）交付七萬套，目前出租率也約20%。2010年7月首批業主入住北京豐台區萬科紅獅家園（保障房項目），11月就有租客入住。儘管此類房規定只能自用不能出租，房東租客都明白不該出租。

按規定，北京市內八區申購限價房條件：①三人以下家庭年收入8.8萬以下，家庭總資產57萬以下；②四人以下家庭年收入11.6萬以

---

[2] 楊振東：〈學費難題——教師好心擔保，苦苦追債10年〉，載《中國商報》（北京）2005-2-15，新聞周刊。

[3] 《檢察風雲》（上海）2012年第4期，頁79。

下，家庭總資產76萬以下。[4]事實卻是，絕大部分經適房沒有分給需要者，沒有雪裡送炭，而是錦上添花便宜了那些「先富起來」。由於執行政策的部門未嚴格把關，即使出台惠民政策，也會在執行中大走其樣，給大批不誠信者鑽了空子。筆者熟人圈中，滬杭兩地均有不少不合條件者申請到經適房，他們至少比筆者有錢，擁有一套出租閒房，筆者只有一套自居屋。

2006年喧騰一時的南京彭宇案、2011年天津許雲鶴案（被扶起老太索賠十萬）。如今欲扶倒街老人得停車二百米外，先找證人後上前。一位「的哥」見老太摔倒，剛買的早點撒了一地——

我猶豫半天還是掉頭走了。真不是沒有同情心，而是實在怕被訛上。賠錢在其次，關鍵是受不起那個刺激，也沒時間跟他們掰扯這些糾纏不清的事。

那麼多「碰瓷」，那些真正需要幫助者，人們因怕「沾包」而躲遠。[5]

2011年8月26日，江蘇又曝倒地老太訛詐案。如皋大巴司機殷紅彬停車去扶遠處騎車側翻的老太，老太誣攀「是他撞我」！幸有車載監控與眾多乘客，還司機清白。錄像公佈，老太改口「一時糊塗」，其子送錦旗致歉。[6]但若沒有監控呢？2009年南京鄭先生扶起跌倒孕婦，亦遭「咬」，一旁「證人」和趕來的孕婦丈夫都認定鄭先生應負責，索賠二千，民警用監控才證其白。[7]

---

[4]　耿玲：〈北京保障房出租亂象調查〉，載《21世紀經濟報導》（廣州）2011-8-18。

[5]　〈天津「許雲鶴案」的背後〉，載《新民晚報》（上海）2011-8-23。

[6]　滬視新聞，2011年8月30日。參見《揚子晚報》（南京）2011-8-30；閔湘子：〈誣陷救人者，應以詐騙未遂追責〉，原載《新京報》2011-8-31。

[7]　孟非（寧視「非誠勿擾」欄目主持人）博客。

司法誠信度

2009年，廣東江門常務副市長林崇中貪賄領刑十年，這邊剛宣判，那頭就已辦好「保外就醫」，一年多後遭舉報，重新收監。明明不符合「保外就醫」，卻「翻山越嶺」一路辦成。司法幹部「階級覺悟」太低，防線太脆弱，一只「炸藥包」（賄賂）塞入，便「城門」（原則）洞開。河源市看守所長劉××、指導員徐××及法醫等五人，全被「阿堵物」砸中倒下。《廣州日報》（2011-8-6）：

貪官被判刑後不用坐牢，林崇中不是特例。據統計，2006～2010年，廣東省公檢法司等部門共糾正脫管漏管罪犯2951人……這些人中，肯定有和林崇中情形類似的罪犯。這還不算那些利用減刑、假釋、保外就醫等各個方面的漏洞，在獄中呆上幾年甚至幾個月，就堂而皇之地出現在公眾面前的貪官。全國目前在押犯每年有二至三成可獲減刑，但同為在押的貪腐高官獲減刑、假釋和保外就醫的人數要高於該比例，達到70%。

官員特權亦隨身入監，連保外就醫、假釋、減刑等都數倍普通囚犯。成都金牛區副區長馬建國判刑15年，獄中給獄警「發薪」，法院以行賄罪加刑至20年。有些服刑貪官出獄，因咬牙未揭發，「受益人」送來補償費。[8]

從錯案上也能看出司法的糟糕。這麼多年，大陸公檢法竟強迫嫌疑人「自證其罪」。杜培武案、佘祥林案、趙作海案等，之所以昭雪，乃真凶落網或受害人「死而復生」，方還清白。[9]

漢文帝都知道：「法者，治之正也，所以禁暴而率善人也。」（《史記・孝文本紀》）無產階級專政，「最新最美」，卻連兩千多年前「禁暴率善」都達不到，對官員無法禁暴，對百姓無法率善，還

8　李龍：〈貪官服刑不坐牢應罪加一等〉，載《廣州日報》2011-8-6。
　王琳：〈「不得強迫自證其罪」應儘快入法〉，載《羊城晚報》（廣州）2011-8-18。

不准批評，動輒對全國媒體下「不」令，奈何？奈何！

住院廿八天，欠費45萬

　　外來工吳喜英因膽管結石入住東莞鳳崗鎮廣濟醫院，搶救28天死亡。繳了1300元押金的丈夫肖國海，接到45萬元的賬單。不到一月，輸液330公斤、輸血1400多毫升，各種檢查、各種貴藥。醫院不是活雷鋒，意在掏空患者「醫保」，不僅「全力以赴」，普遍小病大治，動輒全身檢查，不是CT，就是這個鏡那個鏡。[10]醫院已成為下刀最快最狠的黑洞，醫患糾紛不斷。民諺：「一進醫院就害怕！」唯禱不得病不進醫院門，要死就死在家裡。

入獄養老

　　2008年底，湖南年近七旬老農傅達信在北京車站「搶劫」，完了不跑不逃，靜候警察來抓。他說：搶劫乃為養老，兩年沒吃肉了，生活十分困難，希望入獄度過餘生，誠求法官重判「無期」。農村養老問題竟以這一極端案例得到關注，成為新聞熱點。中國社科院《社會藍皮書》：

一、農村居民養老保險制度的缺失問題更加突出；

二、1991年開始的農村社會養老保險試點，政府基本沒投入，實際上是農民自己交錢養自己。自我儲蓄式的「老農保」猶如雞肋，農民對其根本沒有積極性。即便參加了農村養老保險，養老金水準也非常低，月養老金不足三元者很多。[11]

---

[10]　鄭家俠：〈住院28天，欠費45萬元〉，載《廣州日報》2011-4-9。

[11]　汝信等主編：《社會藍皮書——中國社會形勢分析與預測》，社會科學文獻出版社（北京）2009年版，頁54。

社會心理一斑

　　最麻煩的是社會心理。2011年，上海一八旬老太被殺家中，兇手為樓下女租客——53歲「支內」子女。凶婦父母1950年代赴陝「支援內地建設」，凶婦離異單身，退休後攜女回滬，每月退休金1100元，兼大學清潔工（月酬千元），可每月房租1600元，女兒大學畢業因病一時找不到合適工作。該婦心理失衡，婚姻失敗、無上海戶口、生活拮据，周圍滬人則一個個那麼得油，房東老太不僅有戶口還有裝修極好的私房，於是拎著大扳手入室借錢，遭拒絕，怒而殺之，僅從老太袋中翻得45塊錢。

　　上海市社科院，一位新疆回滬六旬老知青議曰：

　　殺人當然不對，但要深層次看問題，是社會矛盾的反映。伊（她）為啥殺人？伊從內地回上海，政府勿安排伊生活，就掙格（這）點銅鈿，哪能過日腳？只好去搶去殺了！

　　四旬女工接話：

　　是格，都是共產黨不好，老太一人住一套，這女的帶女兒租一套，房租又介貴，心理哪能（如何）平穩？屋裡相困難，伊殺人有道理呵！

　　很怪的社會兩極。筆者岳母（「30後」解放牌），近十年被噱騙約十萬塊，如被忽悠買下一張按摩床（近三萬），說能治她的腰間盤突出，結果越按摩越突出，原床退回，僅收回六千塊；其他被噱購林林種種的字畫、保健品，無論拙妻怎麼攔阻都無效。岳母太「弱智」，總以「50年代」心理看待社會，一次次相信那些推銷者，總是「人家說……」。筆者之子「85後」，正好掉個兒，什麼都不信，要他掏兜，一個字——NO！祖孫兩代，恰好映出國失誠信的「社會效果」。當然，「六〇後」就已經「不信」了。1986年，江西泰和師校幾位應屆畢業生（1968年出生）：

　　老實說，現在要我們相信什麼，那太難了。……有些幹部為什麼那樣虛偽？明明是老爺，卻硬要說成是公僕；明明是當官就得利，非

得說是為人民服務的……我們真想為改變這個現狀做些什麼，可又覺得自己無能為力。[12]

是呵，當國家的根本制度就是虛假，官員嚴重言行不一，怎麼可能建立「誠信社會」？

定稿：2011-9-2；增補：2015-7-19
原載：《爭鳴》（香港）2012年3月號

附記：

2014年春，網識浙東岱山老知青李萬祥，黑龍江兵團統計員，1986年畢業東北財經大學統計系。他閱讀極認真，撥找出拙著一些隱誤，於是請他助校數本拙集，一再感受他的細緻，不免推想他會因認真多得嘉獎。他回函——

裴老師：

因認真獲獎是有的，但更多的還是麻煩。兵團半軍事化，官大一級壓死人，無效益觀念，經濟上巨虧。1976年改農場，定額管理。從額度的制訂到驗收，統計為主角。我一認真，老實能幹的不吃虧，偷懶耍滑的就難受了，這些人能量較大，不好對付，能不麻煩嗎？

1983年我調水泥廠任統計。原料庫一個個幾十米高的圓柱倉，裡面漆黑，無檢測設施，上進下出，日積月累，車間主任毛估估隨口報數，統計據此填表，虛報空間很大，日子一長，窟窿漸大。我接任後，每月末到倉頂測算體積噸數，據實測噸數造表。車間主任不好受，又不能明說，轉彎抹角找我麻煩。

1986年廠裡添一名統計，由我主考，堅持按分錄取，得罪廠長。社會氛圍如此，認真總是吃虧。

李萬祥　2016-2-17

---

[12] 胡平、張勝友：〈井岡山紅衛兵大串連二十週年祭〉，原載《中國作家》（北京）1987年第1期，頁163

看熱鬧之後
——審薄觀感

審薄大戲終於開鑼，公開審理（嚴控旁聽人數），微博直播。雖有人質疑庭審記錄的真實性，官方有可能動手腳——「選擇性直播」，次日一度停播，不過即便摻虛拌假，已公佈的庭審記錄仍信息甚豐，中共法治起點甚低，已算「歷史性進步」，冒了相當風險——弄得不好會掉底。文革以後，另兩位倒台的政治局委員——陳希同、陳良宇，他們的庭審不僅不公開，事後亦未提供細節。三位政治局委員倒台當然都是政治因素，可拿出來問罪的均為經濟貪賄，真正「中國特色」——政治問題經濟解決。

從抓薄到審薄，時近一年半，一再延期，做足功課，攢足把握，辦足交易，包括可以想見的百般手段。但這次公開審薄，還是傳遞出中南海信息——儘量公開化，既讓薄氏「死」得明白，也讓中外看到「中共在進步」。

民間心態

不可一世的薄熙來受審，一場精心設計的「政治秀」，無論律師如何出色發揮，無論薄氏如何自辯，結局都在北戴河擬好了。對億萬幸災樂禍的「陸民」來說，看熱鬧不嫌麻煩。一看薄熙來笑話——你小子也有今天！二看共產黨笑話——薄大書記屁股下也有一灘屎，也有幾百萬的「小意思」！文革後，每揪出一位高級貪官，民間都一陣高分貝歡呼。

港媒認為這次以三宗罪審薄，相比去年的中紀委報告，已大打折扣，本來還有唱紅打黑、玩女人、谷開來謀殺、與「康師傅」（周永

康）密謀政法委書記等罪名，現在六罪縮三，只剩下貪賄兩千多萬，明顯縮小「政治因素」。

「陸民」當然很瞭解特色國情，這次審薄起訴書，肯定比任何一份紅頭文件都慎重，反覆斟酌，「群英會」不知開了多少場，其間分寸不知多少次拿捏再拿捏。起訴書只問經濟不問政治，除儘量降低政治斤量，多少還得有點「事實依據」。

筆者當然屬於「歡呼」一族。去年春節前，我撰文為重慶老知青丁惠民再陷勞教呼籲，將載港刊（《動向》2012年2月號），有關部門請酒，要我撤稿：「重慶薄熙來老屬害格，不像上海俞正聲，你要是惹怒他，我們可保不了你……」拙文已上版，撤稿來不及了，只能連夜致電港刊，換用筆名，以避薄焰。不料月餘薄倒台，本人得赦。有關部門再請酒，不免調侃：「這下你們的敵人可是薄熙來了，本人好像還屬於『人民內部矛盾』。」兩位上海「文保」先噴飯後尷尬，低聲喃喃：「想不到薄熙來會這麼快倒掉！」我開導他們：「共產黨的政治，來來去去很快的。」

「警報」雖解，仍歎息陣陣：整出薄谷夫婦這樣的「人才」，國家如何得了？民間對高官倒台的大分貝歡呼，卻忽略每一陣歡呼之下襯著墊著幾多國家利益蝕損、百姓利益虧減。歡呼之後，看熱鬧之後，怎麼辦？政治不改革，四個現代化缺了最重要的政治現代化，今後還不得再出一個個胡長清、成克傑、薄熙來……

薄、谷、王的三國戲

薄熙來、谷開來、王立軍，智商一個個還低麼？薄熙來北大生、中社院新聞碩士；谷開來北大法學碩士，高級律師；王立軍黨校管理學碩士，從底層一點點升起。沒點能耐，能呼風喚雨三十年麼？1982～1984年，本人供職浙江省政協，根本無法適應中國特色——必須戴上假面具，必須習慣人格分裂。這不，政治局委員、高級律師、

公安局長，一個個「萬民表率」都揣著明白賣糊塗，陰陽兩臉，人命都不當回事兒，遑論其他？

英人尼爾・伍德不是什麼好東西，捏攥「趙家」私密大肆勒索，一口欲吞兩個億，逼得谷開來「最後解決」，行兇時竟有「荆軻刺秦」的豪邁。不過，這邏輯怎麼過來的？萬一暴露，丟得起這個人麼？答案只有一個：絕沒想到會翻船。如知今日，肯定不會當初了，早踩煞車了。

谷開來毒死尼爾・伍德、薄熙來拳擊王立軍、王局長一頭扎進美領館，都不是凡人之舉。尤其薄谷夫婦，惟我獨尊、霸道驕橫、毫無顧忌……之所以如此這般，當然基於深諳國情，明白就是高人幾等——「法律是管百姓的」。絕大多數情況下，他們確實「可以」如此這般，多少齷齪還不是正常運作？惟這次谷開來太失分寸，不僅毒死老外，還留下錄影。鐵證之下，王立軍無法包庇遮醜，只好通報主子。暴露之初，谷開來未向薄吐實，還想瞞天過海，以致薄王主僕失和，動了粗。蒙古漢子血性大，徑入美領館「政治避難」，薄書記竟將重慶警車開到成都……

本來，死個把老外也沒什麼，幾百萬也就搞定了，已拿到遺孀認同心臟猝死的簽字，問題在於曝光了。「潛規則」的前提是悄悄的，打槍的不要，一旦公開，只能公辦。加上「重慶模式」太招搖，毛幌勁舞，叫板習總，觸犯大忌；「唱紅打黑」蒙蔽愚民，逆潮流而動，引士林唾棄。節骨眼上，谷開來兇案曝光、王立軍逃館，公賬私賬一起算，不究政治究刑事，薄熙來只好「名垂青史」——第一位倒台的政治局紅二代。

說到底，薄熙來終究智商欠高，家奴王立軍怎會背叛主母？何況還暗戀著她？即便從利害關係，倒谷豈非招惹主公？他與薄一條繩上的螞蚱，榮毀與共，這點眼力都沒有麼？庭審中，薄熙來一再說王立軍人品太陰，對谷開來恩將仇報。那麼，王立軍的犯罪動機呢？必要性呢？他對王立軍那一猛拳，終於打醒蒙古漢——一條薄門狗

耳！人家可以當眾搧你！設若薄熙來有周恩來一小半功夫，不打那一耳光，不將人家逼急了，王立軍還不至於徑入美領館。就算谷開來栽了，薄熙來沾點包，大船還不至於兜底翻沉。性格決定命運，驕橫使薄三公子澈底翻船。

春風吹又生的貪官

中共一直「重在教育下一代」，六十餘年著力培養「共產主義新人」，至今卻連「社會主義新人」都沒培養出來，倒是茌茌層層盡出「社會主義貪官」——成克傑（人大副委員長，死刑）、李嘉廷（雲南省長，死緩）、胡長清（江西副省長，死刑）、田鳳山（國土部長，無期）、劉方仁（貴州省委書記，無期）、宋平順（天津政協主席，自殺）、王守業（海軍副司令，死緩）、劉連昆（軍械部長，少將，死刑）、鄭筱萸（國家醫管局長，死刑）、劉志軍（鐵道部長，死緩）、劉鐵男（國家發改委副主任，無期）……僅1994年以來落馬的省部級貪官就百餘名，縣團級四萬餘。

據歷屆最高檢察長遞交全國人大工作報告，近20年貪官概況：

1993～1997年，省部級7人，廳局級265人，縣處級2903人。

1998～2002年，縣處級以上12830人。

2003～2007年，省部級35人，廳局級930人。縣處級12964人

2008～2012年，省部級30人，廳局級950人，縣處級12193人。

顯然，隨著社會日趨市場化，貪官人數劇增。省、廳、縣三級貪官15年基本持平，中共高調肅貪未能從總量上遏制貪賄，二十年沒一點長進，當然「有力證明」體制無能。

防堵「社會主義貪官」乃國家急中之急，重中之重。光看薄熙來的「謝幕演出」與共產黨笑話，意義不大哩。據百年中外歷史，以權力制衡為核心的民主憲政，成熟有效，防堵嚴密。中共的「中國特色社會主義」，實質只有一條——中共專政。鄧小平多次說：四項基

本原則的核心是「黨的領導」，不許他人染指政權，一黨私心重得很哪！但市場自由經濟需要政治民主配套，國家發展需要中共必須放權。「無產階級專政」不僅與多元民主價值悖向，集權政制亦無法防堵官吏本私人性，給了各級貪官制度上的方便之門，還名之似乎高貴的「中國特色社會主義」，奈何？

審後一感

本人擁護倒薄，薄在重慶「唱紅打黑」，高矗毛像，借毛魂造勢，為「反思改革」張目；「打黑」很大程度上變味「黑打」，沒黑找黑，或「小黑」打成「大黑」，看起來為窮人出氣，實則奪了窮人飯碗──打擊為窮人提供就業的民企，拉了重慶市場經濟的後腿。「重慶模式」當然是司馬昭之心，既為薄氏「入常」挺台，亦含更高覬覦。此為絕大多數中外士林擁護倒薄的「大道理」。薄熙來若上台，勢必左拐，扭轉改革開放大龍頭，大陸人民可是真要吃二遍苦、受二茬罪了。

經濟上，薄最多算「小貪」，指控他的幾樁經濟犯罪，就算全部屬實，亦「情節輕微」。用老百姓的話來說，一個政治局委員，只貪幾百萬（巴黎房產歸薄貪賄很勉強），很「清」了；現在一個科長處長動輒上千萬，薄熙來就這麼一點，算啥？港媒認為薄熙來通過公審攢到一筆政治資本──「比較清廉」。

庭審應該是薄熙來的最後演出了，筆者感覺不如張春橋。張春橋玩政治願賭服輸，倒了認栽，但絕不「配合演出」。薄熙來不太明白如何塑造歷史形象，儘管「爭取」到公審，爭取到當眾「說清楚」，卻顧此失彼，謝幕演出並不精彩。

有關中共高層鬥爭，陳雲曾有「下不為例」。1976年10月初，葉劍英、華國鋒、汪東興密謀抓捕「四人幫」，葉劍英派王震徵詢陳雲意見。陳雲反覆掂量，讓王震轉告葉劍英：「看來，只有採取抓的辦

法。不過，黨內鬥爭，只這一次，下不為例。」[1]陳雲慮及暴力解決畢竟不合民主程序。但此後中共高層權爭「次次為例」，趙紫陽、陳希同、陳良宇、薄熙來，哪次敢走「民主程序」？還不都是「先抓起來再說」？集權制下，宮廷政變保險係數最大，「動靜」最小，怎麼可能「下不為例」？

2013-8-26～27　上海

原載：《開放》（香港）2013年9月號

---

[1] 李菁訪編：《往事不寂寞》，三聯書店（北京）2009年版，頁175

「成名」之辯

赤潮禍華，最深巨最慘烈的影響還是毀我中華文化，大亂甲乙、顛倒祖先經驗凝結而成的價值序列，以虛空的國家利益否定個人權益、以階級鬥爭破壞和諧穩定。我們青年時代一直被教導不能有個人願望，「成名成家」屬於必須狠鬥一閃念的資產階級思想。

「七月派」詩人魯藜的〈泥土〉（1945），1950～1980年代大陸最強烈的主旋律——

老是把自己當作珍珠

就時時有怕被埋沒的痛苦

把自己當作泥土吧

讓眾人把你踩成一條道路[1]

很崇高很犧牲，但高尚外衣下裹含蔑棄個人價值的歪歧方向。今天看來很荒謬，為什麼不能自視「珍珠」？為什麼只能作「泥土」？個人為什麼必須「被埋沒」？個體茁壯不是集體強大的基礎麼？

心理學認定人人都有表現欲，都希望實現個人價值最大化。換言之，人人都希望成名，都渴望得到更多更大的社會承認。無論政壇人士商海眾客，還是莘莘學子芸芸眾生，大多皆然。只是有的行業（如文體界），出鏡率較高，渴名度較外化，有的行業相對隱蔽。再說了，為什麼不能希望成名？追求成名又有什麼錯？沒有個人追求的人生還有什麼意思？沒有個人追求的社會還有什麼色彩？什麼希望？

筆者歲過天命，青年時代植入的各種赤說大多自行糾正，思想深處發生一系列「深刻轉變」。眾所周知，1950～1980年代，大陸意識

魯藜：〈泥土〉，原載《希望》（重慶）第一期（1945-1）。參見吳子敏選：《七月派作品選》，人民文學出版社（北京）2011年版，上冊，頁

形態強調「狠鬥私字一閃念」，一句擲評「自私自利」，可不是鬧著玩的。隨拈一例：1966年7月陳伯達家書致兒：

個人主義是資產階級的東西，是最最害人的東西。永遠永遠不要讓個人主義盤踞在你的腦子……[2]

「私」字很醜，不能沾碰，個人權利、主體意識、獨立觀念直不起腰。順著這一邏輯，「成名成家」被批得臭要死，最骯髒的「資產階級思想」！直到如今，許多知識分子（包括筆者）一涉及自身利益，仍有點張不開口。意識形態的後滯力很大呢！

可是，演員、作家、學者、科學家不追求「成名成家」，追求什麼？藝術境界、科學高峰不也與榮譽、利益連在一起？難道不追求發財的商人會是好商人？不追求成名的作家藝員會優秀麼？絕大多數情況下，成名的身後是社會承認、價值貢獻。成名固回報豐厚，但須建築在滿足社會需求的基礎上。這有什麼不對？利人利己，主客觀一致，皆大歡喜呵！反過來，士兵行軍囊中沒了那根金光閃閃的「元帥杖」，這支軍隊還有戰鬥力麼？

奮發向上需要激勵，精神凝聚需要價值斂合。商鞅變法後的秦軍之所以強大，就在於赫赫有名的「首功制」。商鞅將一根「元帥杖」悄悄放進每位秦兵的腦中──讓他們看見獲得賞賜的希望。上陣之前，每位秦兵都躍躍欲試──獲爵取祿的機會到了！

青年不思上進懶怠終日，一定被指缺乏志向。反過來，青年有了志向，希望有所作為，靠什麼支撐？「崇高理想」終究要轉化為具體目標，離得了「成名成家」麼？「狠鬥私字一閃念」，既無必要，更無可能，且悖人性，只會誘假。文革後思想融冰、社會解凍，核心內涵還不就是羞答答迎回被圍剿三十年的「私」，重新承認個人權益的合法性，確認其不可褫奪的價值內涵。

---

[2]　葉永烈：《陳伯達傳》，人民日報出版社（北京）1999年版，頁35。

　　希望成名，努力向上，不斷修正自身，尋找與成功者的差距，至少大方向正確。青年追求上升的愿望，正是社會發展最重要的驅動力，改革開放最重要的人文實績。當今中學生，動輒自許「本天才」、「本才子」、「本才女」，雖含調侃，卻也體現人文水準的實質性提高。很簡單，社會成員希望上進有為，不正是全社會上升的堅實地基麼？美國的強大，表面上好像是他們的經濟軍事，實質卻是人文根基。集體的強大當然來自個體成員的優秀率，小河漲水大河滿。美國青少年個個都大大方方懷揣「總統夢」，中國青少年幾個敢有此「非分之想」？哪怕偷偷轉上那麼一瞬？

　　十八世紀以來，歐美尊崇天性，培養孩子的獨立個性，鼓勵自由發展，我們卻長期朝著反方向使勁，強調集體性服從性，大力壓制天性個性，虛假鼓吹「大河漲水小河滿」，赤潮禍華對我們知青一代最大的傷害是從一開始就領錯道，從小輸入《鋼鐵是怎樣煉成的》、《紅岩》、《青春之歌》、《雷鋒日記》……

　　我們青少年時期的經典語——

　　人最寶貴的是生命。生命屬於我們只有一次。人的一生應當這樣度過：回首往事，他不會因為虛度年華而悔恨，也不會因為碌碌無為而羞愧；臨終的時候，他能夠說：「我的整個生命和全部精力都已經獻給了世界上最壯麗的事業——為人類的解放而鬥爭。」

　　　　　　　　　　　　　　　　　——保爾·柯察金（1935）

　　我們接受的是貌似崇高的黨奴教育——

　　在這樣一個偉大的、史無前例的時代，怎麼能生活在黨外呢？就是在以後，也離不開黨；……沒有聯共（布），能有生活的歡樂可言嗎？不論是家庭不論是愛情——什麼東西也不能離開意識形態賦予我們的意義深長的生活。

　　家庭——若干人，愛情——一個人，而黨——160萬人。只是為了家庭而活著——這是動物的利己主義。為一個人而活著是卑劣的，

只為了自己是恥辱。

——尼・奧斯特洛夫斯基1930年4月底[3]

共產黨要的就是青年先黨後己這股奉獻勁，紅軍、解放軍、紅衛兵都是這樣煉成的。

1950年代，蕭乾狠批人生觀，將家庭與個人視為可鄙物，將「天天向上」醜化為可恥的「向上爬」，錯移諸多基本價值。否定個體輕視個權，似乎很崇高很偉大，卻錯移重大社會價值。否定個人價值正當性，不僅集體價值懸空、國家福祉斷絕根鬚、社會利益無法落實，並導致更大的價值偏向——蔑視個體生命。

事實證明：馬克思主義一出門就邁錯了步——蔑視個人權益，直至漠視所有生命，只有他那個「主義」才值得萬萬歲。公有制勢必鑄思想、願望、人格於模式化，澈底悖反「自由」。

五四提倡「個性解放」（個人主義），確立個體價值，尊重個人自由。中共則極端強調集體性，將個體批得一錢不值。1950～1980年代社會價值導向重大歧誤，只有「要我」，沒有「我要」。2002年3月，文革遼寧「知青先進」吳獻忠（女）：

> 我就是這麼一個觀念：黨要我當學生，我就當個好學生；黨要我下鄉，我就當個好知青；黨要我當幹部，我就當個好幹部；黨要我當犯人（按：因與毛遠新有涉蹲獄三年），我就當個好犯人。出獄以後，要我當工人，我就當個好工人。[4]

53歲的吳獻忠缺乏起碼獨立意識，哪還有一點個體能動性？一架馴服工具耳。最最悲劇的：還將這種喪失倚為人生炫耀！

再說了，哪一位名人會預知成名？「七・七」後，丁玲的「西

---

[3]　（蘇）尼・奧斯特洛夫斯基：《鋼鐵是怎樣煉成的》，梅益譯，人民文學出版社（北京）1952年版，頁308。
　　（蘇）奧斯特洛夫斯卡婭：《永恆的愛》，郭鍔權譯，花城出版社（廣州）1982年版，頁205、150～151。

[4]　劉小萌：《中國知青口述史》，中國社會科學出版社（北京）2004年，頁226。

北戰地服務團」從山西運城一路向西安，「西戰團」成員：塞克、艾青、田間、聶紺弩，以及火車上碰見的蕭紅、端木蕻良、王洛賓，哪會知道日後一個個都有「聲響」？

每一社會成員都有自由書寫個人歷史的權利，當然應儘量走出精彩人生。人人都有不可褫奪的天賦人權，他們的人生旅囊中就應放入那根「元帥杖」。

亞當・斯密（1723～1790）對這份渴望社會承認明確予以支持：

希望得到他人尊敬和欽佩的欲望，是一種對名副其實的光榮的真正的熱愛，這種熱愛即使不是人類天性中最好的激情，也肯定是最好的激情之一。虛榮心通常不過是企圖過早地僭取今後在時機成熟時應該得到的榮譽。[5]

2007-3-10　上海

原載：《同舟共進》（廣州）2010年第4期

轉載：《雜文選刊》（石家莊）2010年第5期

（英）亞當・斯密：《道德情操論》，商務印書館（北京）1997年版，頁
7。

結語
——紅牆雖厚，風雨必入

　　1989年「六‧四」槍響北京，美國前總統老布希當晚就說：「我不相信坦克能夠阻擋中國社會的民主進程。」[1]儘管中共用坦克鎮壓了1949年後最大一次民運，但民主之力畢竟來自地心、升騰於人類本性。一時成敗決於力，千秋勝負決於理。民主車輪軋軋隆隆，難以阻遏矣。

翹盼百年

　　戊戌以降，國人已為民主奮鬥百餘年，士林更是翹盼很久了。任何一位關心國務的中國知識分子，都從親身經歷中感受到民主的必要。沒有民主化，且不說監督公權運作、選拔才俊、防貪堵賄，就是集思廣益、公民參與，也孔道被封入徑被堵，歷代英傑報國無門，空懷悵恨！就是我們知青一代，從青壯入秋暮，已然老去，為國盡力的時日無多矣！

　　數代國士不能參與國務，智能釋放嚴重不足；數代國人才能空耗，浪費之巨，莫此為甚。同時，沒有民主也就沒有自由，言論被禁的身後是政治恐怖、思想被抑，公民素質提升成為空話。只習慣聽吆喝當順民的奴才，哪還會有權益意識、主人翁態度？所謂政治現代化與社會層次提高，公民對公務的社會參與可是一項硬指標。歐美港台的民主進程證明：權力越解析越細化，公民個體就越活躍越積極。官權過重，民權自輕。港諺「甯可怕老婆，不可怕政府」，確含現代政治原則。

　　如今大陸，官強民弱，國民整體缺乏平等意識，賑災捐款都得「領導先行」——捐額不敢超越。此外，不敢說真話，一說肝兒就顫，恐懼成為下意識的「國民自覺」。言論空間逼仄促小，各種積極性普遍被抑，海內外關心民主的人士，怎能不急？再就社會現實，民主一日未臨，各路俊傑便一日無法輸送各級職崗，公權運作便一日無法優化，防腐制貪便一日只能依賴官員的「階級覺悟」，特權必然大於法律。1999年處理「軍中敗類民族敗類」（江澤民語）姬鵬飛之子——總參少將姬勝德（貪污近3000萬），從死刑、死緩一路寬大至無期、保外就醫。只要特權大於法律，就必然出現第二個第三個「以自殺對抗中央」的姬副委員長。

精英總結

　　不過，歷史經驗提醒我們：解決問題得靠理性，不能靠著急。亞洲第一個共和國為什麼在民主進程上如此落後？智商一路領先的民族為何不能戰勝自身弱點？

　　綜而括之，封建毒素嚴重腐蝕中國革命，加上馬列主義誤導，致使革命披新衣而存舊質。集權專制、暴力偏激、蔑視人權、重官輕民等封建臟器，一個都不少，且披「新」衣而閃光、借「科學」而神聖。以暴力推行主義，領袖絕對專權，八億國民只准毛澤東一人思考，美其名曰「全國一盤棋」。從「偉大領袖」到「英明領袖」再到「總設計師」、「核心」……無非強調最高權力，誡示莫生非分之念。當真「無產階級真民主」，何須突出個人？

　　馬列主義以新避檢、以反動充「先進」，嚴重遲滯國人對赤說的辨識，以為請來一幅「最新最美」，卻走入更斜更偏的死巷。國際共運標榜「全新」，以避常識鑒偽。等到曉風殘月夢醒人悟，半個世〔紀〕已過，七千萬國人非正常死亡、前後二十億國人非正常生存，可憐〔中〕國為馬列主義繳納了最大學費，走了大彎路，與歐美的差距更大

了。各路精英總結經驗：

一、五四走得太急太猛，讓赤色思潮搭了車，請神容易送神難。（胡
　　適、錢穆）

二、過於輕蔑傳統，保守力量未起遏濾作用，致使赤潮滲透蔓延，結
　　論：「告別革命」。（余英時、李澤厚）

三、封建力量強大，革命黨雖籲求民主，但內部運作為求效率不期然
　　而然走向集權，走向目標的反面。（李慎之、李銳）

　　國共兩黨都出現巨頭與欽點傳位，說明都沒學會民主，或不習
慣民主程序。發生爭論，大家都嫌麻煩，還是「聽司令的」，方便簡
捷。孫中山不厭其煩地列寫如何開會如何選舉，實有感於建立程序的
必要。1980年代鄧小平怕爭論，怕不同意見干擾效率，讚賞「蘇聯出
兵阿富汗，政治局開個會，第二天就出兵了；美國要出兵，國會要爭
上幾個月。」[2]說明鄧小平根本不理解民主內涵。民主雖不如專制高
效，但卻能博采眾智、糾錯及時、有效制衡。民主雖有爭吵，決策過
程慢一些，但換來正確率。這裡的要害是：不能保證正確的效率，還
有意義嗎？缺乏制衡的權力，還不可怕嗎？

紅牆雖厚，風雨必入

　　《開放》主編金鐘先生來函：「你雖好心，紅牆太厚，風雨難入
呵！」我當然不可能寄望一夜革命瞬改天地，不太看重政治神力，不
會將現代化看得太容易，尤其「六四」巨袱未卸，折返尚且遙遙。但
另一方面，鄧小平「九二南巡」以來，經濟轉型、收入提高、民工進
城、高校擴招、意識形態有所鬆動、《炎黃春秋》推開民主門縫……
事情在悄悄起變化。今年，中共高層傳出「加大思想解放力度」，田
紀雲為「六四」上書見於香港，「天安門母親」提出「政治問題法

---

[2] 趙紫陽：《改革歷程》，新世紀出版社（香港）2009年版，頁274~

解決」，李銳新近提出從言論自由、輿論監督、官員財產申報等入手政改。江水漸暖，紅牆雖厚，風雨終入，也必然要入。一個不接受批評的政黨，一個不允許質疑監督的政府，能永遠正確嗎？自稱自封「偉光正」，不難為情嗎？常識告訴我們，任何政府都必須接受批評與監督，惟此才能及時糾錯，才可能保持公權運作的公正性。

我並不同意海外激進派對中共民主派的不屑一顧，他們認為黨內民主是中共自家事，與國家民主無關。此言雖有一定道理，政黨畢竟不是國家，但中國的現實是黨國一體，中共黨內民主不僅僅是其「自家事」，結結實實與國家民主「血肉相連」。黨內民主長一分，國家民主長一寸。就是從政治策略角度，將中共整體推向民主對立面，也十分不智。人家要自新，難道還不准麼？如果中共改革停擺，民主派失勢、極左派上台，豈非大事更不妙?!承認中共執政的現實已然性，並不等於承認中共政權的合法性。尊重現實並不等於放棄原則、不等於放棄民主自由。

現今，大陸言禁未開、報禁未啟、黨禁深深，民主監督、公開競選、六四平反、制度孵貪……民主自由路漫漫其修遠，大家當然很著急。然而，著急歸著急，還是不能著急過頭，不能讓感性漫溢理性堤壩，不能讓著急衝至偏激，再從偏激進至「重上井岡山」。民主法治需要穩定的社會秩序為保障，五四激烈的反傳統粉碎了社會穩定，民主之花才結出暴力之果。世界近代史一再證明：暴力革命的負弊遠遠大於正效。暴力擅長破壞而非建設，社會進步只能是點點滴滴的謹慎修正，積量變為質變。

堅持和平緩進，既以當下形勢判斷為依據，亦切實可行。中共畢竟表現出一定的政改意向，慢雖慢矣，相對平穩扎實。從理論上，不可能得到「最好」，只能得到「較好」。當然，如有更好更佳方案，可拿出討論，或有其他更佳選擇。

另一方面，平穩政改需要一定條件，至少得有一個「戈巴契、中共老人胡績偉（1916～2012），概括中共接受政改四大難

點：①黨國；②黨軍；③黨產；④黨魂。[3]如此黨國一體，從經濟基礎到上層建築、從社會存在到意識形態，根歪枝斜，積重難返，確實藥石無力矣！怎麼辦？怎麼辦？中國士林當然很著急！

　　人類社會的核心價值是信仰──由歷史經驗確認未來走向，正義必勝！紅牆雖厚，風雨必入，民主必勝！

初稿：2008-6-4；修改：2008-11-14
原載：《開放》（香港）2009年1月號（略增補）

附記：

　　原擬載《開放》2008年7月號，有關部門來電話叫停，延宕至2009年1月號。

---

[3] 《一生追求老時醒──胡績偉紀念文集》，卓越文化出版社（香港）年版，頁118。

跋

　　歲月如梭，文革少年已成「遺老」。12歲遭逢文革，16歲「支邊」，28歲回杭，政界學界，人海商海，遍嘗冷暖，體察國情。暮年靜思，感覺很有必要將辛酸苦辣「吐出來」，為共運赤難再勒一塊小碑。

　　本集敘說「上山下鄉」、控訴「史無前例」、裸呈「深遠意義」。當然，僅僅控訴遠遠不夠，應下大力挖掘赤禍根鬚。歷史無法複製，經驗或可繼承。史料散碎，提純得晶，化史為識，轉傷痛為原則，才能「返哺」社會，立警於後。

　　清算毛澤東、揭示「黑太陽」、解剖「毛時代」，既是我們這一代學子的歷史責任，也是我最願完成的人生功課，無論遭受怎樣的打壓棒喝，都得「硬著頭皮頂住」。

　　當年不敢喘粗氣的「狗崽子」，三十年後真正關心國家大事，「妄議中央」、擺評國史，不僅於港台、北美發表近兩百篇「反動文章」，從頭到腳評論中共，裡裡外外剖析共運，還原這段醜惡的「東方紅」，標注一路滴淌的紅血，批駁「光芒萬丈」的馬列主義、痛斥「戰無不勝」的毛澤東思想，真的很爽！如此血腥穢物、如此禍世之說、如此罪孽深重，還不許說臭麼？

　　只有感受到的，理解才更深刻。一路體驗的種種紅色感受，實為治史析赤必不可少的感性基礎。1995年，余英時（1930～　）：

　　現代人類學家強調在地區文化研究上，研究者必須身臨其境（being there）和親自參與（participation）。

　　階級鬥爭和我早年在鄉村的生活經驗格格不入。[1]

英時：《我走過的路》，聯經出版公司（台北）2012年版，頁5、10。

　　等我們知青一代有能力識破馬列之謬，悄悄挖出久埋的「自我」，已過「而立」矣。1984年，我已認清不能「一生獻給黨」，不僅思想上告別中共，也辭離官場，轉入學界。「六·四」後，更是下力撥找馬列謬根。60歲後出版《烏托邦的幻滅——延安一代士林》、《紅色生活史》及本套叢書。我們這代學子實在沒有從容研學的條件，只能「先破後立」——先砸碎馬列歪屋，才可能搭建文明正廳；連跑帶顛邊破邊立，同時還須兼帶覺民行道，只能「行中清，廢中權」（《史記·孔子世家》），沒時間博雅考訂，來不及先「明道」再「救世」，一路磕絆，總算大致走了想走的人生之路、說了想說的話、出了想出的書，稍遂微志。

〈七律·知青赤災〉

陸雲入洛我飄嶺，生不逢時誤此身；
莊舄越吟懷故井，鍾儀楚奏寄歸心。
身行萬里知國病，史閱千年辨赤根；
本是翩翩一少共，翻成掘墓最勤人。

2017-8-15　紐約·法拉盛

Do歷史75　PC0516

紅色史褶裡的真相（四）：
知青紅淚・垂暮紅漪

作　　者／裴毅然
責任編輯／林世玲
圖文排版／楊家齊
封面設計／楊廣榕

出版策劃／獨立作家
發 行 人／宋政坤
法律顧問／毛國樑　律師
製作發行／秀威資訊科技股份有限公司
　　　　　地址：114 台北市內湖區瑞光路76巷65號1樓
　　　　　電話：+886-2-2796-3638　傳真：+886-2-2796-1377
　　　　　服務信箱：service@showwe.com.tw
展售門市／國家書店【松江門市】
　　　　　地址：104 台北市中山區松江路209號1樓
　　　　　電話：+886-2-2518-0207　傳真：+886-2-2518-0778
網路訂購／秀威網路書店：https://store.showwe.tw
　　　　　國家網路書店：https://www.govbooks.com.tw

出版日期／2018年1月　BOD一版　定價／440元

獨立 作家
Independent Author

寫自己的故事，唱自己的歌

紅色史褶裡的真相. 四, 知青紅淚.垂暮紅漪 / 裴
毅然著. -- 一版. -- 臺北市:獨立作家, 2018.01
  面; 公分. -- (Do歷史;75)
  BOD版
  ISBN 978-986-94308-8-3(平裝)

  1. 中國共產黨 2. 歷史

576.25   106022709

國家圖書館出版品預行編目

讀者回函卡

感謝您購買本書，為提升服務品質，請填妥以下資料，將讀者回函卡直接寄回或傳真本公司，收到您的寶貴意見後，我們會收藏記錄及檢討，謝謝！

如您需要了解本公司最新出版書目、購書優惠或企劃活動，歡迎您上網查詢或下載相關資料：http:// www.showwe.com.tw

您購買的書名：_____

出生日期：_____年_____月_____日

學歷：□高中 (含) 以下　　□大專　　□研究所 (含) 以上

職業：□製造業　□金融業　□資訊業　□軍警　□傳播業　□自由業
　　　□服務業　□公務員　□教職　　□學生　□家管　　□其它_____

購書地點：□網路書店　□實體書店　□書展　□郵購　□贈閱　□其他

您從何得知本書的消息？

　　□網路書店　□實體書店　□網路搜尋　□電子報　□書訊　□雜誌

　　□傳播媒體　□親友推薦　□網站推薦　□部落格　□其他_____

您對本書的評價：(請填代號　1.非常滿意　2.滿意　3.尚可　4.再改進)

　　封面設計____　版面編排____　內容____　文／譯筆____　價格____

讀完書後您覺得：

　　□很有收穫　□有收穫　□收穫不多　□沒收穫

對我們的建議：_____

_____

_____

_____

11466
台北市內湖區瑞光路 76 巷 65 號 1 樓
獨立作家讀者服務部　　　收

....

（請沿線對折寄回，謝謝！）

姓　　名：＿＿＿＿＿＿＿＿　年齡：＿＿＿＿　性別：□女　□男

郵遞區號：□□□□□

地　　址：＿＿＿＿＿＿＿＿＿＿＿＿＿＿＿＿＿＿＿

聯絡電話：(日) ＿＿＿＿＿＿＿＿＿ (夜) ＿＿＿＿＿＿＿＿＿

E-mail：＿＿＿＿＿＿＿＿＿＿＿＿＿＿＿＿＿